西北政法大学涉外法治研究成果

TRIPLE TENSION AND

三重张力与国家重建

以西亚北非六国为例

NATIONAL RECONSTRUCTION

张金平——————著

时 事 出 版 社
北 京

目　　录

导　论

本书将张力关系作为一种分析方法。张力，存在于自然界的现象之中，指交叉接触层面上的相互牵引力在物体内部各部分之间产生的作用力。张力关系是事件表现出来的外在拉力、牵引力与各种力量感应外力而产生的内在张力。它是物体内在结构的一种回应，即对外在拉力与牵引力的回应，同时也作用于外在拉力与牵引力。

一、张力关系中的三个层面和整体环境

（一）张力关系中的三个层面

张力关系存在于社会与政治生活之中，社会与政治事件形成的拉力与牵引力在相关社会、政治力量内部的各个层面形成了张力，内部张力又直接作用于外在事件的发展演变。本书中的张力关系，包括社会、政治力量内在层面的张力，以及社会与政治事件具有的拉力与牵引力。西亚北非六国局势中的张力关系包括政治、社会、国际三个层面，动荡爆发、政局演变期间一系列重大事件的发生，都对三个层面的主要力量形成了拉力与牵引力，而三个层面主要力量内部的张力作用于主要事件，影响推动着一些重大问题（事件）的发生、演变。

（二）张力关系的整体性

张力关系存在于不同层次的关系环境中，既在各自领域发挥作用又相互作用。每一层面的张力关系与其所对应的问题领域的联系最为直接。政治张力关系对政治转型与重建的影响最为直接，社会张力关系是政治张力关系的基础并从根本上影响政治张力，国际张力关系体现着国际社会对国家的影响与国家对国际社会的反作用力。

张力关系具有体系性。张力关系的生成、发展和维持具有多重环境，一对张力关系与其他张力关系同时存在，互为环境。张力关系的行为关系

体有其所在的社会环境，行为体成为“关系体”结构中的“要素”，形成纵横交错的“关系体”张力关系。三层张力关系之间相互联系，形成一个体系性的整体“环境”。国际社会、地区、国家、社会群体等，都是某种张力环境。本书中的“社会结构”指的就是这些不同的环境。

二、社会张力关系在六国局势中的表现和影响

社会张力关系，既有传统期的张力，也有新生期的张力，且在地区、国家局势动荡中成为一个突出、基本性的张力关系。

（一）社会张力关系的主要表现及其影响

社会张力关系主要表现为：民生基本需求、不断增长的发展需求与现实经济困境之间的矛盾，经济发展现代化活力的激发与经济制度、体制和机制的束缚，经济发展差距，经济分配间的社会鸿沟，不断积蓄而产生的社会群体之间的矛盾、对立。

阿拉伯地区的政治动荡，是这些国家国内社会张力持续发酵的结果。他们或忽略甚至损害国家的长远发展和广大民众的现实利益，导致经济发展长期踟蹰不前；或在国家政治转型基本实现后，经济转型举步维艰，经济发展中的张力关系没有得到缓解。

（二）社会力量的政治化

在民众和政府的对立中，涌现出一些具有突出特点的社会力量，这些社会力量在动荡中实现了组织化、政治化，或者以广场抗议的形式表达政治诉求，或者成为某些政治势力的社会基础，其中网络等新兴通信工具成为社会力量政治化的一个主要条件。社会力量的政治化及其活动，交织于西亚北非政局动荡的各个阶段当中。

一是青年力量。六国政局动荡，几乎都与青年力量的抗议示威活动有关。如突尼斯青年的自焚和抗议示威、叙利亚青年的政治涂鸦，便是双方对抗的直接导火索。而各国街头政治活动中青年都是主力。阿拉伯国家的青年人口占其人口总数的一半以上，失业、性别歧视、阶层固化等问题在这群人中广泛存在。这就使得青年团体容易成为政治运动的先锋。年轻人参与政治活动的积极性增强，谋求社会群体权益的积极性普遍较高。但总体而言，他们在政治对话中的话语权还很弱，其诉求带有一定的盲目性和

激进的特征；没有形成政治组织，多以小团体的形式存在；具有持续的行动，但一般都仅限于呼吁针对政府的抗议示威，提不出全面、有效的改革方案，他们的呼声不能有效地转化为国家的大政方针，更像是被其他政治力量利用的工具。

二是民众力量。普通民众积极参与成为此次地区动荡的一个重要特点，民众的关注焦点是民生与社会矛盾等问题，由于民众力量的广泛性，动荡的重点在短时间内便转移到了对政治（政权）的变革层面。此次地区动荡中，民众的政治参与更加成熟，形成了对政治改革强大的牵引力。随着民众力量的不断演化，各国的相关政治势力和派别的争斗，某种程度上也成为获取民众力量支持的争斗。

此外，一些社会群体如部落力量以更大规模、更为直接的方式向政治力量转化。部落力量本身具有严密的社会组织，拥有武装力量。在动荡中，他们或者直接以部落的组织形式参与政治活动，或者与其他政治势力联合追求重大政治利益目标。

三是媒体力量。互联网、手机以及相应社交软件的普及，极大影响着西亚北非政治动荡的演进。媒体早已不满足于简单报道和追踪相关的政治事件，而是试图通过各种方式不断引导甚至塑造舆论，使政府完全丧失了合法性——媒体已然成为一股强大的政治势力。参加示威抗议活动的民众尤其是青年人充分利用网络媒体进行宣传、动员，聚合了反政府力量。

三、政治张力关系在六国局势中的表现和影响

在政治动荡与政治体制剧变中，各派政治力量间的张力关系异常紧张，政治张力关系是动荡中最突出的关系，决定着动荡局面以及未来政治发展等走向。

（一）政治力量的张力关系及其影响

政治张力关系，包括反对派与执政当局、不同政治力量之间、各政治力量内部等层面的张力关系。其间掺杂各种社会力量介入后的复杂张力关系，以及政治力量背后的社会基础。

在动荡中，反对派以“民众的代表”自居，将其政治诉求与民众诉求结合，实际上引导了民众的抗议活动。反对派与民众共同形成要求改革的牵引力，向当政者发力，往往提出激进的改革要求；一旦其利益不能被满

足，会出现暴力的相互对抗；双方之间的张力造成了国内局势的动荡。转型后，反对派往往借助民众的示威抗议活动来打击执政党的形象。

一些国家的政权被颠覆，或者政治转型进入一个新阶段后，反对派势力之间会出现新的分化和张力。如也门的胡塞武装力量与萨利赫集团经过对立、结盟、敌对等过程，利比亚各种政治力量一度导致形成三个政府等。政治力量内部有分歧，一些具有重大影响的政治势力发生了分化重组，如也门内战前的最大政党，突尼斯 2015 年以来的执政党。

突尼斯、利比亚、埃及、也门等地在政治转型中都出现世俗政治道路与宗教极端政治的张力关系。伊斯兰政治势力通过组建政党、提出具有宗教色彩的改革主张，其影响力总体在扩大，但是由于其保守性并不能真正代表民众的诉求，在政治转型中没有成为主导力量，各国的政治转型基本上都沿着世俗政治方向发展。

（二）政治转型焦点议题中的张力关系及其影响

政治转型中的焦点议题是受内外张力关系影响程度最深的，也是各种张力关系发力的落脚点。相关张力关系既有单纯的权力争夺，也有体制之争、治国理念之争，往往就未来国内政治制度、权力架构及分配等进行较量，这一张力关系表现为以下三方面的焦点议题。

如何对待前任领导人。一般来说，国家政权被颠覆后面临如何对待前任领导人的问题。这一过程伴随着多种张力关系的紧张对立。

政治权力分配与政治重建。在政权过渡时期，国内各派势力之间围绕制定新宪法、政治权力分配、建立“包容性”政府等方面进行改革。宪法与未来政治体制建设、政体，是政治转型的焦点，需要新的宪法和法律来确认，并成为一种更为公平和民主的保障方式。

社会稳定与经济发展。主要目的是维护社会、政治稳定，保障民生的基本需求。对经济转型的期盼与经济发展迟滞的现实之间存在巨大张力，政府宏观调控能力的严重不足，使基础公共服务部门的功能与作用几乎丧失殆尽。

（三）安全领域的张力关系及其影响

安全领域的张力关系主要包括：社会骚乱类的张力关系、恐怖活动类的张力关系。

社会骚乱在各国的政权颠覆期、政治与经济转型期都时有发生。此时一些社会团体往往因自身利益难以得到满足而以骚乱方式表达不满。

动荡为恐怖势力的滋生、跨境活动提供了巨大机会，西亚北非六国的恐怖势力都普遍得到膨胀。恐怖势力不但在国内形成了新的恐怖活动中心，还外溢到周边国家，并吸引世界各地的暴恐分子到中东参加恐怖活动。

四、国际张力关系在六国局势中的表现和影响

国际张力关系，包括全球与地区两个层面；不同主体的张力关系、张力关系的倾向，有重大差异。西方国家主要是推动政治民主化，联合国、阿盟、非盟等国际组织则是以促和为主。

（一）国际张力关系的焦点及其影响

阿拉伯地区具有重要战略地位，因而域外国际力量对地区动荡的干涉不但力度强且是多方面的。

美国等西方国家对六国政治转型起到了一定的牵引作用。处于收缩态势的美国，除了在利比亚进行武力干涉，其他主要以“隐蔽性政治干预”手段为主，从各方面围堵政府、给予反对派资金援助、承认反对派的合法性及对其人员培训等。即使在叙利亚，美国也是通过支持库尔德人间接形成对叙利亚政府的牵引力。美国更多希望以此方式影响转型中和转型后的各国，谋取利益。西方国家的援助偏重于安全而轻视经济，偏离了阿拉伯国家转型中紧迫的民生问题。

联合国在各国政治转型中的基本理念是回应各国民众的政治诉求，主要在民主过渡、力促政治转型及协助社会秩序的重建与恢复等方面。一些国际组织的援助会要求被援助国进行经济体制、财政体系的重大改革，这样的要求往往成为各国政治转型的阻碍。国际组织的“规范化”要求与各国动荡转型期脆弱的社会政治现实情况之间的张力，导致大多数国际组织的援助要么口惠而实不至，要么对各国政局影响甚微，对人道主义灾难的改善也是杯水车薪。

（二）国际张力关系的表现及其影响

西亚北非地区域内国家在动荡演进中呈现出多种差异化的国际张力，对动荡国家的政治、社会转型进程影响较为直接。2014 年 9 月也门内战以来，地区大国沙特与伊朗不同程度地卷入其中，各支持内战对立的一方，

使得也门问题变得更加复杂。在叙利亚，伊朗、黎巴嫩真主党力挺巴沙尔政权，沙特、以色列等则支持反对派，使得叙利亚陷入长期内战。

阿盟、非盟和海合会等域内国际组织试图依托联合国、国际社会进行斡旋、调控、援助等。经济与人道主义援助在一定程度上缓解了动荡国家的经济与社会压力，但其总体影响力不足。

五、三重张力关系的整体性及其影响

每一组（类）张力关系是一个整体，多种张力关系之间相互影响，形成一个大整体。

（一）各种焦点议题间的相互影响及其张力关系的整体性

一个议题所展现出来的张力，往往迅速地传到其他议题和其他层面的张力上。政权的去留、国内新政治架构如何实施等焦点议题，相互影响、相互作用。各种政治、经济和社会问题的不断累积，驱使民众通过游行示威、集会等方式实现政治参与，表达改革诉求。伴随着社会力量的政治化，反对派开始向政府发难，又出现了反对派之间围绕政权归属的争夺。

政治张力、社会张力、国际张力，每个层面的张力关系呈现为相互间拉力—牵引力的关系，而对不同类型的重大议题的影响力各有侧重。比如叙利亚内战中一方的实力变化会引发另一方策略的调整，突尼斯经济迟滞会引发经济体的紧张关系等。三层张力关系相互间影响，导致不同张力层面问题间的相互牵引。

（二）重大议题的地区联动性及其张力关系的整体性

由于地区国家间地理位置的毗邻、国情的相似，突尼斯局势动荡迅猛波及到整个阿拉伯世界，埃及、利比亚、也门、叙利亚、沙特等国的政权都受到了强大的冲击。可以说，突尼斯局势动荡揭开了阿拉伯世界埋藏已久的各种矛盾，并以地区性连锁反应的巨大压力要求阿拉伯世界予以认真回应，并解决这些矛盾。

本书试图在以下问题上有所突破：

1. 一个新的分析视角

以“张力关系”为脉络观察2010年12月以来西亚北非六国局势的演变、政治经济转型、重大社会与安全等问题，增加与拓宽对相关问题的认识角度、观察视野。

在本书中，张力关系指的是各种力量之间的相互牵引、影响、矛盾或不相容关系，可以视为一种方法论，本书中的张力关系包括政治、社会、国际三个层面。张力关系是由内而外的，内部事物及其结构是张力存在的原发基础；张力关系之间又是相互牵引、影响的，政治、社会、国际三个层面的张力关系相互影响构成了相关国家、地区动荡在当代世界中的全貌。

2. 一个新的解读

突尼斯、叙利亚等国本身可被视为国内政治张力关系、社会张力关系的环境，阿拉伯地区可被视为各国之间张力关系的环境，全球可被视为西亚北非六国局势张力关系的环境。通过“张力关系”，分析六国局势的地区、国际联动性——各国的政治动荡与安全威胁外溢为地区性问题，地区性政治动荡与安全威胁外溢为全球性问题。

3. 一个新的分析逻辑

张力关系中的拉力与牵引力是一组基本的关系。一个力量受到拉力后，会内在地产生一种对应的回应性牵引力，这样一组张力关系的状况、程度影响着事件的演变。拉力与牵引力之间经过冲突后会形成并保持一种动态平衡，这样的张力关系是在发展变化中实现的。

张力有一种聚拢的能力，它通过既否定又肯定的相对立的力相互作用结为一个整体。张力关系中的各种力量在本质上便是这种收缩的“力”撕扯开又汇拢在一起。而经过张力关系的对立、演变后，西亚北非各国、阿拉伯地区、地区与世界，会出现某种平衡并进入一个新的阶段。一旦在动荡后形成动态的、相对稳定的张力关系结构，就会有利于激发张力的积极性和创造性，使各种潜能得以最大程度的现实化。这是一种必然趋势，也是一个基本理念。

4. 一个新的国际治理思路

“张力”存在于事物的内部。张力及其关系存在于何处、如何把持张力关系，是两个较为关键的问题。第一个问题是前提性的、基础性的，只有找到了张力及其关系所在，才能进一步深入到“张力”的把持问题上，通过“张力关系”来判断、解决问题。

可以通过疏导、控制张力关系来处理西亚北非以及相关的全球性重大事务。西亚北非地区及其域内国家的张力关系，通过内在的“张力”相互牵引表现为各种张力关系。外在的张力关系是显性的、可以把握和调适的量。可见，张力关系存在于对立相反的事物之间，对立相反的二元之间差异越大，张力也就越强。从张力关系着眼、入手可以认识到，动荡剧烈期是最能发现张力及其关系所在的时期。认真从张力关系的多种外在表现中把握核心的内在矛盾，是相关国家、国际社会推动西亚北非六国局势动荡较顺利解决的一种思路。

第一章　突尼斯转型中的多重张力及其“模板”困境

2010年年底动荡发生之前，突尼斯被称为非洲国家发展榜样。2010年12月动荡以来，突尼斯作为这一波阿拉伯地区性动荡的肇始之地又被西方称为政治转型的“民主模板”。八年多来突尼斯通过了新宪法、举行了数次重大选举并在2019年迎来新的大选。2019年7月25日，突尼斯总统贝吉·埃塞卜西在大选前夕因病去世。2019年10月下旬的大选中，独立候选人凯斯·赛义德当选新一任突尼斯总统，赢得了72.71%的选票，突尼斯从政治转型走向经济转型。2019年10月上旬举行、11月中旬揭晓的议会选举中，“复兴运动”党（获得52席）成为议会第一大党，组建新政府。“突尼斯之心”党（获得38席）成为第二大党。执政的呼声党仅仅获得14席。当前，转型的一些重大历史使命仍然没有完成，如对“政治素人”执政能力的考验。[①] 多重张力关系在不同阶段影响着该国的重大事件及其走势。

第一节　突尼斯动荡及转型中的张力概述

突尼斯在政治、社会、国际层面的张力关系，与其他西亚北非国家相比，有明显的本国特点。

一、国内政治张力

在动荡及其之后的转型、重建中，主要是三类政治力量的相互较量。这些力量之间的矛盾张力、斗争较量是突尼斯政治走势的决定性因素。

---

① 李竞强：《突尼斯的“二次革命”》，《世界知识》2019年第21期，第38页。

（一）本·阿里政权的政治力量及其张力

本·阿里政权的主要政治代表力量是宪政民主联盟，该联盟在1987年11月通过所谓的“医疗政变”掌握了政权，在突尼斯开始了威权统治，[①]此后一直到2010年长期控制突尼斯政权。该政权政治诉求的核心就是维护其统治地位，无论是动用警察力量暴力镇压，还是发布紧急改革方案，都是为了保证其执政地位和政治主导权。这导致该政权难以与民众、反对派进行畅通的对话、理解、沟通，在抗议示威发生后主要依靠强硬的举措来弹压，使得形势进一步激化，这也为后来民众强烈要求解散宪政民主联盟埋下了伏笔。

本·阿里政权及其政治势力主张民族主义、世俗主义，是开国者布尔吉巴领导突尼斯取得独立及建设过程中形成的一系列政治、社会主张，其政治建立在世俗主义基础之上，即反对、打击宗教势力干预、控制社会和政治事务。执政党社会主义宪政党在1988年2月更名为“宪政民主联盟”，倡导“法制、民主、开放”等理念。联盟在1989年4月的首次多党议会选举中囊括了所有141个席位，此后一直在议会中保持压倒性优势。

本·阿里执政期间在政治和经济方面进行了一系列改革，一度被赞誉为“突尼斯榜样”。执政党宪政民主联盟在政治上保持了绝对的主导地位，在经济上奉行自由化和私有化政策，其所进行的经济结构调整得到了国际货币基金组织和世界银行的支持，20世纪90年代为适应与欧盟贸易关系的改革进行了经济转型，GDP年增长长期保持在5%[②]。

由于政治与经济的集权，本·阿里政权及其势力在统治突尼斯期间虽然一度促进了政治、经济的发展，但一些顽疾始终没有得到很好的解决，反而有恶化之势，例如政治参与渠道问题、有效就业问题、社会发展的成果分配问题等，而这些方面都有可能成为动荡爆发的因素。

这些矛盾的长期积累导致了民众、社会力量、政治反对力量与政府的严重对立，人民对其的不满情绪也与日俱增，这一张力将一件暴力执法事件演化为“茉莉花革命”的序幕和导火索。

（二）世俗政党及其政治力量

突尼斯的世俗政党主要指左翼政党。由于突尼斯共和国成立之初实行

---

① Yahia H. Zoubir, The Democratic Transition in Tunisia, APR 11, 2015, http://www.accord.org.za/conflict-trends/democratic-transition-tunisia/.

② 向文华：《突尼斯宪政民主联盟的宪政社会主义实践》，《当代世界与社会主义》2009年第6期。

一党制，之后左翼势力发展及其社会影响比较突出，所以国家很长一段时间内没有右翼政党，只有自由社会党具有右翼色彩[①]。世俗政党的政治诉求主要是提倡权力制衡、扩大政治参与、主张成立联合政府；强调国家政治中的政教分离原则，反对政治伊斯兰化；拥护代议制。

世俗政治力量的政治基础也是以民族主义和世俗主义为主，与政治伊斯兰对立。世俗党派以左翼为主却能够兼容右翼，左右翼之间不但没有相互对立、相互抗衡反而多有一致性及合作。世俗政治力量主要的政治对立面是伊斯兰党派，在动荡后的转型中左翼政党与伊斯兰党派之间的“对抗尤其明显”，而呼声党的成立是左翼力量团结反对“复兴运动”的体现。[②]

左翼政党在突尼斯政治中长期有较大影响力，在转型时期对国家政治发展的影响力在增加，左右着突尼斯的政治转型和发展走势，在一定程度上是一种居于主导地位的政治力量，决定着突尼斯国家政治的基本格调。该势力积极参与议会和总统选举并取得了胜利，制定了新宪法、组建了联合政府，因而推动了突尼斯的和平过渡。这一势力在民众中获得了较大支持与肯定的同时，也得到了国际社会特别是西方世界的认可，这有利于阻止伊斯兰政治力量在突尼斯的增强，也有利于树立突尼斯这一西方民主的样板。

（三）伊斯兰政治力量

伊斯兰力量分为两派，一派是温和的中间派，以“复兴运动”为代表；另一派是激进派，以“萨拉菲”派为代表。二者虽都突出政治伊斯兰化，但在路线上有重大区别。“复兴运动”主张国家法律应该反映突尼斯人的宗教属性，其观点接近于“消极世俗派”；[③] 激进的“萨拉菲”派则主张国家政治全面伊斯兰化。

伊斯兰主义是所有伊斯兰政治力量的基础，温和派、激进派的区别只在于行动方式的不同。“伊斯兰主义”主张伊斯兰教法（沙里亚）在政治、社会所有领域有指导作用，以此形成伊斯兰秩序。[④] 其中激进派主张宗教思想政治化、宗教组织政党化，并且以实际政治行动包括一些激进的行动来实现政治伊斯兰的目标与纲领（如回归伊斯兰教原初教义），既反对殖

---

① 易小明：《转型时期的突尼斯政党政治：左翼政党透视》，《西亚非洲》2017 年第 2 期。

② 余维海、高云：《突尼斯左翼政党的发展演变探析》，《社会主义研究》2018 年第 4 期。

③ 卢云：《审思政治伊斯兰：类型、特征与影响》，《文化纵横》2018 年第 2 期。

④ John L. Exposito et al. , The Oxford Encyclopedia of The Islamic World, Oxford University Press, 2009, Vol. 3, p. 191.

民主义、霸权主义，也反对本国和中东的世俗政权。[①] 突尼斯的温和派认为，执政合法性来自包容不同观点的组织；承认、保护女性权利（如在女性着装上没有极端保守的主张），也在一定程度上推动更多女性参政。温和派的政治基础立足于现代政治文明的现实及其理念。[②]

政治力量之间的对立主要有两个方面，一是各政治反对派力量与本·阿里政权及其政党之间的斗争；二是世俗政党与伊斯兰政党之间的斗争和竞争。本·阿里政权长期一党独大，各政治力量普遍反对其政权，成为其迅疾崩溃的主要原因之一。本·阿里政权被推翻后，“复兴运动”一度走向政治中心，该政党将民众的一些社会、政治愿望转化为自己的政治主张，因而得到了广泛的支持，在动荡后第一次议会选举中大获全胜，成为议会第一大党。但世俗政党与宗教政党具有根本的政治立场差距，且现代世俗政治理念在民众中的影响力已经普及，因而当“复兴运动”与“萨拉菲”派在政治上的勾连逐步显现后，其在民众中的影响力便严重受损，2013 年 7 月伊斯兰极端势力实施的两次政治暗杀事件牵连了“复兴运动”，经过协商后“复兴运动”向世俗政党移交了权力。

在突尼斯的政治转型以及发展中，世俗政治力量、伊斯兰政治力量的温和派、激进派是主要的博弈力量。

二、民生问题及其突出的社会张力

突尼斯动荡与转型中的民生问题是最突出的社会张力。民生问题是导致本·阿里政权迅疾垮台的主要原因，也是转型中的重大考验。

（一）民生基本保障中的物价、就业问题

本·阿里政权的经济结构改革的一个重要基础就是与欧盟加强了经济联系，欧盟地区的经济对突尼斯的影响直接且巨大。全球金融危机及国内粮食产量下降严重冲击了突尼斯，突尼斯国内物价上涨，通货膨胀严重，很多基本的生活用品成为突尼斯人眼中的奢侈品，基本生活甚至得不到保障。这一难题挑战每一届政府。

失业问题是困扰突尼斯多年而一直未得到解决的顽疾，无论是在政局动荡前，还是转型期，突尼斯的失业率维持在 15% 左右，其中青年的失业

---

① 金宜久主编：《当代伊斯兰教》，东方出版社 1995 年版，第 144 页。

② 覃胜勇：《北非成长中的伊斯兰政党》，《南风窗》2012 年第 17 期。

率甚至一度高达30%。据统计，2017年突尼斯民众最为担心的问题是失业，[①] 这也成为转型时期恐怖主义能够趁虚而入的主要原因之一。

（二）贫富差距、腐败等社会公正问题

这也是民生问题的衍生。突尼斯沿海地区及旅游业发达地区经济实力更强，人民生活水平也相应更高，而中部地区的经济则十分落后。内陆地区在突尼斯历史上长期处于发展的边缘位置，在2010年前，该地区的贫困程度和失业率分别是东北沿海发达地区的2倍和3倍。长期的地区间经济发展不平衡造成了大量民众对政权的不满，相关社会积怨是2010年爆发政局动荡的主要原因之一。2016年1月起，突尼斯内陆各地区频繁爆发骚乱，甚至出现警民冲突。

但突尼斯动荡肇始于沿海地区，的确是另一个有关社会公正的突出问题——腐败导致的社会发展成果分配不公正，使大多数民众难以享有社会发展的绝大部分成果。社会发展成果分配不公正不只是本·阿里政权的痼疾，也“传染”给了动荡后的突尼斯政府，甚至还更加严重。2016年12月的一项调查显示，78%的突尼斯人认为腐败状况比政局动荡前严重，54%的人承认“深受其害”。[②] 社会文化、地方政治、国家政治重建的缺陷等，长期影响腐败问题的根治。腐败危害政治秩序、市场经济秩序，更危害社会秩序，成为突尼斯的一个持久性问题。

（三）青年问题

人口结构年轻化或老龄化会带来诸多社会问题，突尼斯等大多数中东国家存在人口年轻化问题。突尼斯人口结构年轻化带来的社会冲击包括：其一，社会舆论的冲击。威权政治自身以及威权政治带来的公民与政府之间无法形成有效沟通等问题往往会引起青年的不满，而突尼斯的青年大多接受过良好的教育，在娴熟使用现代社交传媒工具的同时也更容易接触并接受西方的思想。其二，易于成为不成熟不稳定的社会群体。青年群体社会阅历较

---

① Public Opinion Survey of Tunisians, Center for Insights in Survey Research, 202.408.9450, August, 2017, p.12.

② Sarah Yerkes, Marwan Muasher, Tunisia's Corruption Contagion: A Transition at Risk, Carnegie Endowment for International Peace, OCT.25, 2017, https://carnegieendowment.org/2017/10/25/tunisia-s-corruption-contagion-transition-at-risk-pub-73522; Sarah Yerkes, Corruption, Not Terrorism, Is Tunisia's Biggest Threat, Carnegie Europe, DEC.08, 2017, https://carnegieeurope.eu/strategiceurope/74952.

浅，是非判断能力不足，容易受到西方意识形态和价值观的影响，[①] 加上高失业率、高物价、腐败等社会问题，青年群体极易受到蛊惑，成为社会的不稳定因素。亨廷顿曾预言，突尼斯、埃及、叙利亚等阿拉伯国家中青年数量的增长、青年就业压力的增大会持续到2010年左右，知识化的年轻一代与老一代之间会产生巨大的社会、政治理念鸿沟，这些将导致政治关系的紧张状态。[②] 因此，动荡方式及此后转型时期的不稳定、极端暴力要素，都与青年群体的社会冲击因素有关。

三、突尼斯动荡转型过程的国际张力

国际力量是影响突尼斯政局动荡与转型的重要因素。

（一）西方国家在突尼斯动荡过程中充当着重要角色

西方投入大量的人、财、物用以支持反对派，并利用现代网络技术为动荡推波助澜；而在转型时期，他们又积极援助突尼斯的“转型民主”，控制突尼斯的政治发展。从形式上看，美国、英国等主要西方国家除了通过传统的经济合作等形式之外，还通过其他手段，如教育、医疗等进行援助。上述这些内容除了出于人道主义之外，更多的还是出于政治考量，突尼斯也沦为了大国角力的场所。随着整个阿拉伯地区局势的演变，西方世界对继续加大对突尼斯转型的援助力度又有了新的考量，即树立“突尼斯范例”来为其干预阿拉伯地区性动荡提供舆论支持。

（二）周边国家及阿拉伯世界对突尼斯的影响

突尼斯西临阿尔及利亚，东与利比亚接壤。突尼斯的动荡很快波及利比亚并最终导致了卡扎菲政权的垮台。而利比亚与阿尔及利亚对突尼斯的影响主要体现在恐怖主义问题上，阿尔及利亚与利比亚境内有恐怖主义势力的重要据点。本·阿里倒台，突尼斯国内对伊斯兰势力的控制力大不如前，这就给这两个国家的恐怖分子提供了空间，从转型期开始，突尼斯经历的多次恐怖袭击都与此有着必然的联系。

---

① 刘勃然：《“阿拉伯之春”的历史回眸》，《内蒙古民族大学学报（社会科学版）》2015年第6期。

② ［美］塞缪尔·亨廷顿著，周琪等译：《文明的冲突与世界秩序的重建》，新华出版社2002年版，第122页。

突尼斯与其他阿拉伯国家有着密切的联系与重要的影响。西亚北非局势动荡始于突尼斯，后蔓延到整个阿拉伯地区，因此，突尼斯“茉莉花革命”点燃了整个阿拉伯世界的汽油桶。受其影响，埃及、利比亚、也门、叙利亚、沙特等国的政权都受到了较大的冲击，有些国家甚至伴随着政权的更迭；而阿拉伯国家之间的关系也因为此次动荡有了重塑的需求，如叙利亚与海湾国家之间的关系恶化，突尼斯担任了马格里布联盟的领导人并寻求在“5 +5”政治模式中发挥主导作用等。可以说，突尼斯动荡揭开了阿拉伯世界埋藏已久的各种矛盾，并以地区性连锁反应的巨大压力要求阿拉伯世界予以认真回应。

（三）国际恐怖势力猖獗

由于政权颠覆动荡造成的反恐怖能力削弱，周边地区的恐怖主义势力开始利用突尼斯的动乱、社会矛盾以及边境安检制度，向突尼斯渗透、扩散。2015 年两次震惊世界的恐怖袭击就是恶果之一，2020 年 3 月更发生了针对美国大使馆的恐怖袭击。因此，恐怖主义势力蔓延所带来的安全问题成为了突尼斯迈入转型期后国内最主要的问题之一。

第二节　突尼斯动荡发生及政权颠覆

从 2010 年 12 月 17 日到 2011 年 1 月 14 日，在较短时间内，突尼斯发生了执政 20 多年的政权被颠覆的重大事件，因此该阶段倍加引人注目。

一、“茉莉花革命”的发生

突尼斯的“茉莉花革命”爆发得很突然，由一个社会事件诱发却很快演化为全国性的政治动荡。

（一）动荡的发生

此次动荡发生于 2010 年 12 月 17 日，突尼斯南部地区（西迪布吉德）发生了当地民众与突尼斯国民卫队的冲突，起因是一名长期失业依靠卖水果蔬菜维持生计的大学生与城市管理执法人员发生冲突后自焚抗议致死（此后该地区又有两名青年因失业而自杀）。2010 年 12 月 17 日后，民众因就业等民生问题针对政府的抗议示威活动在全国范围迅疾蔓延，当时突尼斯失业率达16%，有一半大学生毕业即失业。人们对失业青年遭遇的同情，事实上也是对自己境遇、对政府解决就业问题乏力的强烈不满，这种不满转化为对政府暴力执法的愤慨。12 月 25 日，参加抗议示威的大学生打出了“报仇”的横幅，将反政府的情绪提升了一个程度，而政府也动用警方弹压包括开枪。①

（二）动荡的迅疾扩散

突尼斯的动荡扩散得非常迅猛。一是在全国范围、各个阶层的扩散。动荡从局部扩散到全国，各地民众纷纷走上街头向政府抗议示威。12 月 27 日，首都的记者、律师及工会组织举行的示威与罢工，使抗议活动进入了一个新的阶段。② 二是议题范围的扩散。在普通民众表达对高失业率、物价飞涨等民生问题的不满后，记者、律师等阶层则对政府对自由的压制、腐败提出了抗议，而政府则将抗议示威人群描述为“恐怖分子”“歹徒”。三是对立紧张关系的加剧。面对民众的抗议示威，政府最初试图以强力弹压，双方激烈的冲突导致了数十人伤亡。③ 同时突尼斯政府没有耐心倾听人们的呼声，总统向人们做出的改革承诺没有得到民众的信任，而政府又采取了严格的新闻管控措施，④ 抗议示威活动利用现代社交媒体进行联络、宣传并向全世界传播相关信息，民众与政府的对抗扩展到网络空间。

（三）政府的垮台

突尼斯局势很快失控，其直接表现就是民众对总统完全失去了信任。本·阿里在第二次、第三次讲话中的政治、社会改革承诺已经难以在民众中产生任何影响，民众对于总统、政府回应抗议示威的态度非常不满，从要求政府改革转变为推翻政府。在总统完全失去民众信任之时，突尼斯军方甩开了总统，陆军参谋长在 2011 年 1 月 13 日宣布支持抗议示威民众。民众因而得到鼓舞，于 1 月 14 日在突尼斯内政部门前举行数十万人的突尼斯历史上规模最大的静坐示威，要求本·阿里下台。本·阿里在当天宣布全国进入紧急状态，解散内阁，授权给总理后出逃。到 2011 年 1 月 15 日

① 陶赋田：《“茉莉花革命”祸起水果摊》，《中国青年报》2011 年 1 月 18 日。

② ［突尼斯］伊美娜：《2010—2011 年突尼斯变革：起因与现状》，《阿拉伯世界研究》2012 年第 2 期。

③ 刘滢：《突尼斯“变天”的缘由》，《工人日报》2011 年 1 月 18 日。

④ Fatima el - Issawi，Tunisian media in transition，Carnegie Paper，Carnegie Endowment for International Peace，2012.

总理继任共和国总统，随后又被宪法委员会宣布为违反宪法，由众议长从15日起在大选前（在60天之内）代行总统职权。

二、各方围绕政权进行的较量

政权问题是这一阶段的核心问题，各方力量围绕本·阿里政权的去留展开的较量，是这一阶段的主要内容。

（一）本·阿里政权及其家族维持政权的努力

本·阿里总统长期依靠打压反对派来维持威权体制，包括以“消除恐怖主义”为名打压其他政治势力，反恐维护国家安全一度成为突尼斯首要的政治宣传口号。[①]

随后，本·阿里领导宪政民主联盟逐步控制了国家的立法、行政和司法系统，因此，要解决人民的民生问题需要本·阿里满足人民的诉求，要推翻旧政权则需要赶走本·阿里才能实现。

本·阿里家族控制了突尼斯经济的各主要部门与行业，包括金融、主要工业行业（石油、矿业）、旅游业、通信与媒体，从传统产业到新兴产业，从国营企业到私营企业、从大型企业到小型企业；[②] 其家族还掌握了巨额的慈善基金。家族垄断及其腐败导致直接投资剧减，衍生出一系列普遍性的全国范围的民生灾难。因此，民众强烈反对该家族及其统治，而该家族则力图控制局面维持对国家的控制，这就造成动荡之初民众与政府对立的迅猛升级与扩散。

2008年全球金融危机后，在突尼斯境内的许多投资项目包括本·阿里家族的资金流到了海外，使原本突出的就业问题更加严峻。本·阿里政权不仅没有积极有效地改善经济困境，反而使民生的基本权利因地方政府层层剥夺而丧失殆尽，不少家庭的生活水平处在贫困线以下。[③] 突尼斯政府

---

① Alexander Christopher, Anatomy of an Autocracy, Foreign Policy, January 14, 2011.

② Tristan Dreisbach & Robert Joyce, Revealing Tunisia's corruption under Ben Ali – New World Bank report shows how Tunisia's ousted Ben Ali regime tailored laws to enrich cronies at the public's expense. Aljazeera, 27 Mar. 2014, https://www.aljazeera.com/indepth/features/2014/03/revealing-tunisia-corruption-under-ben-ali-201432785825560542.html; Babak Dehghanpisheh, Tunisia's Ben Ali and Family Ran a "Mafia State", News Week, Jan. 1, 2011, https://www.newsweek.com/tunisias-ben-ali-and-family-ran-mafia-state-66921.

③《数据显示：50万突尼斯民众处于贫困线以下》，人民网财经频道，2012年9月24日，http://finance.people.com.cn/n/2012/0924/c70846-19093491.html。

与本·阿里的威权政治是一体的，但看到本·阿里政权无法逃脱被颠覆的命运时，政府中的一些势力便开始抛弃本·阿里及其家族，其中军方最具有代表性。军方立场的变化是国家局势的一个重大逆转，激励示威者进一步扩大对本·阿里政权的反抗。

（二）反对派围绕政权斗争的目标及活动

在政权较量中，反对派借助民众运动向本·阿里政权发难。“复兴运动”在动荡中提出的政治主张体现了中产阶级的利益而得到该阶层的普遍支持，[①] 还以其一贯的反政府角色而将自己塑造为“追求自由、民主和尊严的新希望”[②]。伊斯兰政治势力通过强调增加就业、提高工资与社会保障、惩治腐败等民生诉求，而得到民众支持；又提出推翻威权政治，实行广泛的公正、自由等民主诉求，以提升政治影响。在动荡大潮中，伊斯兰政治势力为了争取民众支持而不再谈论实施伊斯兰教法、建立伊斯兰秩序等政治目标。[③]

传统反对派进步民主党在1月14日呼吁突尼斯进行大力改革，以求在未来的政治重建中处于有利地位。但在动荡中真正对本·阿里政权具有决定性冲击的主力军并非反对派，突尼斯的反对党总体实力比较薄弱，要么未被本·阿里政权承认，要么长期遭受打压。而且反对派也没有全力参与抗议示威活动，主要是用相对温和的手段去支持民众来达到推翻执政党政权的目标。

（三）民众成为推翻本·阿里政权的主力

以青年力量、中产阶层为主的广大突尼斯民众成为推翻本·阿里政权的主力。青年力量与中产阶级大多接受过高等教育，掌握信息技术革命，对政治变革的诉求比较强烈。但就业前景黯淡、物价飞涨等经济和社会现实严重困扰着青年及中产阶级的发展空间。青年群体通过互联网、卫星电视等媒介动员和协调民众，促成了大规模的游行示威，[④] 而后加入的记者、

---

① Ewan Stein, etal, Islamism and the Arab Uprisings, The Centre for the Advanced Study of the Arab World, June 2014, p. 12; Hamadi Redissi, The Decline of Political Islam's Legitimacy: The Tunisian Case, Philosophy and Social Criticism, Vol. 40, No. 4 – 5, 2014, p. 384; Event Summary, A View from Tunisia: Elections after the Arab Spring, Chatham House, November 2011, p. 4.

② Ahmad Najib Burhani, The Reformasi '98 and the Arab Spring: A Comparative Study of Popular Up – risings in Indonesia and Tunisia, Asian Politics& Policy, Vol. 6, No. 2, 2014, p. 206.

③ 王凤：《中东剧变与伊斯兰主义发展趋势初探——以埃及穆斯林兄弟会和突尼斯伊斯兰复兴党为例》，《国际政治研究》2011年第4期。

④ Carolina Silveira, Youth as Political Actors after the "Arab Spring": The Case of Tunisia, MIB – Edited Volume, 2015, p. 4.

律师和工会成员等中产阶级力量又进一步壮大了民众队伍。突尼斯民众力量不仅数量众多、掌握现代信息且成为中坚力量，整体素质比较高，突尼斯青年的动员能力甚至以多米诺骨牌效应推动了阿拉伯地区的政局动荡，吸引了全世界的关注。

（四）外部势力助力反政府活动

从突尼斯开始迅即蔓延到整个阿拉伯世界的地区性动荡，背后有美国及其盟友的霸权干预，其中美国是主要策划者，海湾地区及西欧一些国家是积极参与者。[①] 海湾地区一些国家希望通过谨慎地介入突尼斯动荡以凸显国家政权的合法性，[②] 西方国家则将支持反政府势力颠覆本·阿里政权作为“9·11”后其全球战略中的“大中东计划”的自然延伸。如欧美媒体“预言”，突尼斯动荡将会向埃及、阿尔及利亚、利比亚和约旦扩散，其实质是助推动荡祸水从突尼斯蔓延到整个地区。[③]

在推翻本·阿里政权方面外部势力的作用是决定性的：其一，相关政府投入了大量的人力和物力支持非政府组织、培训中东地区的反对派骨干分子以助推反政府活动。其二，一些非政府组织和基金会通过网络空间培训反政府骨干力量，包括网络舆论技术、街头非暴力活动技巧等；这些非政府组织中的一些也是曾经操控东欧中亚“颜色革命”、推行“输出民主”的急先锋。其三，美国等国内媒体一方面大肆宣扬西式民主，另一方面妖魔化突尼斯政府，鼓动民众以“街头革命”的方式推翻本国政府。

三、突尼斯动荡的特点及性质

突尼斯动荡是地区性动荡的起始点，其本身与此前的动荡、此次其他国家的动荡相比，有着明显的特点。其动荡性质决定着其影响力。

（一）突尼斯动荡的特点

突尼斯动荡是阿拉伯地区政局动荡的肇始，这一动荡呈现出来一系列

---

① 姚立：《美国是“阿拉伯之春”的背后推手——法国出版〈阿拉伯革命背后隐藏的一面〉一书予以揭露》，《光明日报》2013 年 1 月 10 日第 8 版。

② 崔向升：《“革命”来袭，阿拉伯君主国抱团取暖》，《青年参考》2012 年 5 月 16 日第 11 版。

③ 《阿拉伯世界忧虑茉莉花革命蔓延》，中国网络电视台，2011 年 1 月 19 日，http://jingji.cntv.cn/20110119/100279.shtml。

的特点：其一，发生突然，演化迅猛。此次动荡没有明显的先兆，是由偶发的城市市政管理事件诱发，而且动荡的演变非常迅猛，数日内波及全国，不到一个月即发生了政权更迭。

其二，动荡颠覆了国家政权，提出了国家政治重构的重大命题。这一动荡颠覆了国家政权，颠覆行为本身即为重大事件，产生了重大影响，且政权颠覆不是简单的政权更替而是开启了政治重建与重构。在本·阿里下台后，宪政民主联盟一家独大局面结束，国内政党重新洗牌，力量对比相对平衡，曾经受到打压的伊斯兰力量以及众多左翼政党开始活跃起来，但这些政党由于没有成熟的执政经验，想要稳定国内政治局势并非易事。突尼斯政坛一定程度上出现了派系林立的局面，[①] 政治整合不足给国家重建带来很大挑战。

其三，动荡参与力量的广泛性及非暴力性。突尼斯各阶层，如普通劳工民众、中产阶级，以及众多的反对派政治力量，都参与了动荡。这场动荡虽然参与者广泛而众多，却主要以“广场革命”的形式为主，基本没有暴力抗议或者推翻政权的行为。在对抗冲突激烈时期，“基地”组织马格里布分支曾呼吁突尼斯穆斯林以极端暴力形式颠覆本·阿里政权，扩大极端主义在突尼斯的影响。[②] 恐怖主义在突尼斯开始抬头并存在扩散的条件与空间，但在这一阶段还没有对国内安全构成明显威胁。

其四，地区扩散性及其国际性。突尼斯动荡向本地区阿拉伯国家迅猛扩散，国际社会广泛卷入了突尼斯及该地区的动荡。2010 年 12 月，突尼斯的自焚事件引发国家动荡后，北非各国也连续发生多起仿效的自焚事件，自焚者布阿齐兹成为一个地区英雄符号，抗议示威游行、迫使政府下台、进行民主改革等成为地区性风潮。[③] 突尼斯动荡引发的地区性动荡在剧烈、深远地推动这一地区力量格局的重新分配，[④] 同时难民压力激增，[⑤]

---

① 安惠侯：《阿拉伯国家政治和社会动荡的前因及后果》，《阿拉伯世界研究》2012 年第 1 期，第 5 页。

② Yakkov Lappin, Al - Qaeda is Trying to Exploit Tunisia's Uprising, Jan. 24, 2011, http: // blogs. Jpost. com/content/al - qaeda - trying - exploit - tunisias - uprising.

③ 秦天：《突尼斯“茉莉花革命”的前因后果》，《国际资料信息》2011 年第 2 期。

④ 安惠侯：《阿拉伯国家政治和社会动荡的前因及后果》，《阿拉伯世界研究》2012 年第 1 期。

⑤ Pew Research Center, Widespread Middle East Fears that Syrian Violence Will Spread, http: // www. Pewglobal. Org/2013/05/01/widespread - middle - east - fears - that - syrian - violence - will - spread/, 2013 - 05 - 01.

中东陷入了一连串的动荡中，处于十分危险的困境①。

（二）突尼斯动荡的性质

在动荡发生前，虽然有言论指责本·阿里政权将经济发展置于政治自由化之前，但西方国家却一直认为突尼斯保持着经济发展、政治稳定。②但在这样的经济发展、政权稳定的表面下却酝酿着巨大的社会分裂及不满，在一个城市管理事件的诱发下即能够引发一场政权颠覆的动荡。该动荡呈现“三无运动”特点，③ 因此，这一动荡具有自下而上的内生性，具有求民主、求民生的进步成分④。

突尼斯民众渴望民生问题，如物价、就业等得到解决，但国家统治体制（者）不能自觉地解决这一问题，没有及时实施社会改革。突尼斯有大批受过良好教育的中产阶级，女性也具有一定程度参与社会经济的自由。⑤但长期存在巨大的城乡差距、地区经济差距（尤其是在发达的、常有游客光顾的沿海地区与贫困的内陆地区之间）。至少有一半的人口居住在突尼斯市和沿海城镇，且人口还在不断地向这些地区流动，⑥ 而与地区间发展差距相一致的是资源分配严重不均衡、不公正。这三类差距下的政治环境就是本·阿里政府。政治体制因素影响着经济的活跃性和社会的包容性，迫切的现实问题需要僵化体制的变革。因此，这一动荡是对威权体制的激烈否定，呼吁政治体制与结构的根本性重建。

这是一次复杂的变革诉求。有多方势力参与其中：突尼斯的动荡受到国际社会的深度干预，域外大国、地区国家、国际极端暴力势力都参与其中；突尼斯动荡又蔓延到该地区其他多国。因此，该动荡具有国际势力复杂参与的性质。国内各势力也是如此，阿里家族一方利用政府维护自己的既得利益，而民众、反对派和部分国际力量则有力地联合起来，民众的诉

---

① Avier Solana, Waking from the Middle East Nightmare, http://www. Project - syndicate. Org/commentary/change - in - iran - and - the - future - of - the - middle - east - by - javier - solana, 2013 - 08 - 30.

② Alexis Arieff, Political Transition in Tunisia, Congressional Research Service, September 20, 2011, p. 2.

③ “三无运动”：无明显宗教主张驱动，无强大反对派组织，无明显外来敌人唆使。不同于以往的军事政变或者自上而下的精英改革，是自下而上的人民运动。徐华强：《突尼斯宪政发展研究》，硕士学位论文，湘潭大学，2012 年，第 30 页。

④ 田文林：《落入寒冬的“阿拉伯之春”》，《人民日报海外版》2014 年 12 月 25 日。

⑤ Tunisia's spending on education (7.2% of gross domestic product) is high by regional standards. CIA, The World Factbook, updated January 3, 2011.

⑥ EIU, Tunisia: Country Profile, 2008.

求并未得到当权者实质性的回应，因此动荡形势愈演愈烈，最终使本·阿里政权下台。

（三）突尼斯动荡的特点

其一，民生问题的严重性决定了动荡的突发性、全国性。突尼斯的经济发展水平在非洲一直名列前茅，但突尼斯经济十分脆弱，对西欧的依赖性很强，比起其他南地中海国家，全球经济与金融危机对突尼斯的冲击更为强烈。[①] 2008 年金融危机直接冲击了突尼斯的旅游业，旅游业从业者大量失业；大学生就业难度大，许多人才根本无法被社会吸纳；[②] 突尼斯种植粮食作物的条件不理想，一直未能实现粮食自给，主要粮食近一半依赖进口，经济下滑加剧了粮食供给困难，2010 年突尼斯粮食产量又骤降 50%，[③] 当期世界性通货膨胀和粮价冲高。这些都危及基本的生活与生存，政府对物价上涨不作为，民众曾经上街抗议出现了“粮食暴动”。[④] 民众在面对迫切的生存危机的时候最容易联合起来并爆发出巨大的能量来推翻政权。

其二，政治僵化导致政权迅疾被推翻，提出了政治重构、重建的重大命题。面对严峻的民生问题及国际金融危机的冲击，突尼斯政府及其媒体一味地宣扬“突尼斯什么问题都没有”，[⑤] 显示了该政权的僵化。事实上两年前突尼斯最大的磷肥矿所在地（加夫萨省）就发生了抗议游行，所提出的诉求正是就业与反腐败，本·阿里政权应对的策略是迅即平定，一方面撤换当地加夫萨磷肥公司的董事长、加夫萨省长，另一方面对当时所有被逮捕的示威者加以严惩。但政府没有对民众的不满及其根源进行治理层面的反思，而仅仅将抗议示威事件视为一个例外。这种做法反而僵化了治理思维，将迅即处置、多面打压视为一种固化的应对方式，[⑥] 这一方式在 2010 年 12 月动荡发生后也被采用。

领导突尼斯于 1957 年建国的布尔吉巴在担任总统期间政治上逐渐出现

---

① Maria Cristina Paciello, Tunisia: Changes and Challenges of Political Transition, MEDPRO Technical Report No. 3, May 2011, pp. 8 – 9.

② Thameur Mekki, Tunisie: 160000 emplois High Tech envue, Jun, 10. 2010, http://www.Tekiano.com/ness/n – c/5 – 0 – 2277/tunisie – 160 – 000 – emplois – high – tech – en – vue – html.

③ 方文军：《突尼斯粮食因干旱减产过半，今年总产量仅为 120 万吨》，2010 年 8 月 22 日，http://gb.Cri.cn/27824/2010/08/22/107s2963235.html。

④ 秦天：《突尼斯“茉莉花革命”的前因后果》，《国际资料信息》2011 年第 2 期。

⑤ Béchir Turki, Ben Ali le Ripou, p. 51.

⑥ ［突尼斯］伊美娜：《2010—2011 年突尼斯变革：起因与现状》，《阿拉伯世界研究》2012 年第 2 期，第 74—75 页。

僵化现象，本·阿里借助民众的不满在1987年通过和平政变掌权。本·阿里主政前期励精图治，后期却走上了布尔吉巴的老路，没有摆脱被推翻的宿命。政治军事强人虽然一段时期能够高效整合全社会的资源，但非常容易与社会变革相脱节，最终只能是为少数统治阶层服务。在推翻某一个威权政治体制后，要寻求重建一个适合突尼斯政治、社会环境的具有先进性、现代性的政治体制。

其三，反对派及民众等力量的涣散在一定程度上决定了动荡的非暴力方式。参与抗议示威的民众虽然人数多，包含众多社会阶层，但没有严密的组织性，显然难以采取较为一致的政治运动方式。突尼斯政党的动员能力有限，受到政治环境影响，突尼斯除了执政党之外只有六个政党在议会中享有席位，这其中又只有三个政党敢于批评现有政权而被视为真正独立的政党。这些合法的政党影响政府的能力非常有限，也不能发动大量的选区选民支持自己，[①] 在议会中缺少实质性的力量限制执政党。在动荡中，突尼斯的世俗政党难以发挥领导民众的作用，宗教政党虽对一部分民众的影响力比较大，但并不具备暴力活动的能量。

其四，政治力量的代际变化及动荡中的现代政治气息。本·阿里政权容纳不下新生的政治力量，也无法引导、甄别新生代的政治力量；而新生政治力量的产生、发展是必然的，也必然提出新的时代政治诉求，采取新的时代政治斗争方式。新生代政治力量的政治诉求所冲击的不仅仅是本·阿里政权，还有传统政治力量、保守宗教政治势力和霸权主义等。这些冲击在动荡及重建的各个阶段中都有表现。而追求政治参与的民主化、网络政治、广场政治等，都体现了突尼斯动荡中的现代政治活动气息。

突尼斯新生代政治力量最突出的代表是大学生和中产阶层。这些政治力量没有固定的政党形式，以社会力量如行业组织等形式存在，如学术机构、工会、商会、青年组织等。这些力量对公民权利、民主的意识较强，[②] 能够熟练运用网络等现代工具，受其影响，突尼斯民众更倾向选择非暴力的社会运动表明他们的诉求，从而保证了政权较为和平地过渡。这批社会—政治力量数量很大，是在突尼斯长期的经济结构变化中形成的。由于突尼斯的经济结构高度依赖欧盟、旅游业以及外商直接投资，新生代政治力量的社会地位易于受到国际经济状况的冲击，其政治意识与危机感都很强。

---

① Maria Cristina Paciello, Tunisia: Changes and Challenges of Political Transition, MEDPRO Technical Report No. 3, May 2011, p. 5.

② 黄民兴：《再论中东剧变的背景、发展阶段和主要特点》，《史学集刊》2016年第3期。

新生代政治力量的政治意识在动荡中呈现多元性，既受到西方思想的影响，也受到地区传统政治文化的影响，如伊斯兰中间主义思潮主张“民主政体原则”和“尊重民意原则”等①。

其五，国际干预实施政权颠覆的舆论策略。在阿拉伯地区动荡中对当地政权的颠覆成为西方国家干预的一种固化目标，② 而围绕颠覆政权这一目标西方国家采取了支持、鼓动反对势力，国际施压与武力干涉，舆论抹黑等手段。其中舆论抹黑策略在颠覆突尼斯政权的过程中表现得很突出。

本·阿里政权有明显的亲西方倾向，民众抗议示威浪潮发展初期，美国等西方国家以沉默、观望的态度谋求国家利益。③ 法国曾在 2011 年 1 月 1 日考虑派法国特警支持本·阿里政权，遭到突尼斯民众强烈抗议后，④ 转而与美国一道支持反对派和民众的活动。

虽然突尼斯危机让美国等有些措手不及，但他们很快摆脱了犹豫开始干预。美国相关组织通过网络散发本·阿里政权“操控经济命脉”等“实情”，助推了突尼斯民众反政府情绪。网络社交媒体的基本功能是信息的传播载体，是中性的工具，本·阿里政府、反对派、西方国家都可以使用。但本·阿里政权的网络舆论没有产生效应，而反对派的网络舆论在西方舆论策略支持下取得了成效。⑤

第三节　突尼斯新宪法的制定与政治转型

这一时期，突尼斯国家大计的核心是实现政治转型，而政治转型的核心是通过新宪法。新宪法既决定着国家发展方向，也决定着每一个政治势力、社会阶层的未来。新宪法的制定经历了数年才完成，各种张力关系保障了这一时期突尼斯的基本稳定。

---

① 刘中民：《关于中东变局的若干基本问题》，《阿拉伯世界研究》2012 年第 2 期。

② 胡献忠：《互联网与青年：影响政局的工具变量——由突尼斯、埃及“街头革命”引发的思考》，《中国青年研究》2011 年第 3 期。

③ 刘煊霖：《从突尼斯与埃及骚乱看美国二战后的理想主义外交理念——兼论其面临的现实困境》，《文史博览（理论）》2012 年第 6 期。

④ ［突尼斯］伊美娜：《2010—2011 年突尼斯变革：起因与现状》，《阿拉伯世界研究》2012 年第 2 期。

⑤ 高正波：《“阿拉伯之春”与虚拟社交网络》，硕士学位论文，兰州大学，2014 年；王广明：《社交媒体时代国家政治安全探析——基于案例的研究》，硕士学位论文，外交学院，2010 年。

一、主要议题及演变阶段

制定新宪法、实现政治转型的核心议题是明确的。新宪法的制定与通过需要一系列的工作，这些工作的落实面临各种张力关系的影响，因而政治转型时期的工作呈现为几个阶段。

（一）主要议题：制定宪法及其相关工作

围绕新宪法的制定与通过，有几个主要工作。一是组织工作，即新宪法制定与通过的权力组织，组织与实施新宪法制定中的各项任务，这包括带有议会性质的权力机构与政府；二是维护、确保政治与社会秩序，避免新宪法制定中的政治博弈造成重大动荡甚至是战乱，保障新宪法制定与通过的基本秩序；三是恢复与改善民生，这是非常紧迫的一项任务，2010 年 12 月动荡发生的主要原因之一就是严峻民生问题，解决民生问题、缓和社会矛盾，是避免动乱、稳健实现政治转型的基本条件。

新宪法的制定与通过，是政治转型的核心。新宪法将决定国家的政治体制、各方面的重大政治关系。其中包含克服威权政治的弊端、宗教在国家政治生活中的地位、总统制还是议会制等重要内容。

（二）2011 年 1—11 月代总统期间的政治过渡

2011 年 1 月 14 日本·阿里出逃后，其政府总理宣布出任代总统，但突尼斯议会（宪法委员会）15 日否定了总理代行总统职责（该委员会认为本·阿里总统是永久性不能履行总统职责，也没有以委托书的形式授权总理加努希代行总统职权），而由众议长（福阿德·迈巴扎）即日起代行总统职权，原总理被授权组建民族团结政府。民族团结政府在 1 月 17 日成立。

代总统及其政府的使命有三个方面：一是恢复基本的社会与政治秩序。二是筹备在 60 天之内举行总统大选（选出新一届任期五年的共和国总统）。三是清算原执政党，代总统与民族团结政府总理都辞去了原执政党（宪政民主联盟）中的职务，原执政党的全部资产在 2011 年 1 月 20 日被政府宣布没收，宪政民主联盟在当天宣布解散。

但民众很快以静坐示威的方式表达对代总统政府相关举措的不满。民众的要求有两个方面：一是将原本·阿里政权中的政要（包括民族团结政府总理穆罕默德·加努希）从临时政府中全部驱逐出去，彻底解散本·阿里的政党、解散秘密警察，审判本·阿里政府的犯罪行为；二是要求解散议会，重新选举国民制宪议会以制定新宪法（突尼斯第二共和国宪法），实行议会制（取代现行的总统制）。临时政府（民族团结政府）接受了民众的要求，在2011年3月4日解散参、众两院，在3月7日组成新政府，内阁成员完全排除了本·阿里政府中的人员。资本势力与政治势力试图控制政治进程，3月7日后组建的政府也一度武力弹压示威活动，民众的示威活动成为推动政治重建的重要动力。[①]

临时政府的行为加重了突尼斯民众一直以来对政府的不信任感，因此对国民制宪议会大选更加期待，希冀新的议会及其政府能够实现政治、社会、经济等一系列重大改革。制宪议会选举在2011年10月23日顺利进行。但“基地”组织马格里布分支2011年5月18日在西北部（西莉亚娜省）与突尼斯军队发生冲突的事件表明国际恐怖势力已经渗透到突尼斯。[②]

（三）马尔祖基总统时期及“复兴运动”的起伏（2011年12月—2013年10月）

经过大选，新议会（国民制宪议会）在2011年11月形成，新的过渡政府在2011年12月成立。在议会和政府中形成了右、中、左三大阵营，右翼与中间派结盟。宗教政治力量“复兴运动”是第一大党（在217个议会席位中获89席），其秘书长（哈马迪·杰巴里）担任政府总理；“保卫共和大会”是第二大党（获29席），其党主席（蒙塞夫·马祖吉）出任总统；“争取工作与自由民主论坛”是第四大党（获20席；第三大党是“人民请愿”党，获26席），其党主席（穆斯塔法·本·贾法尔）出任议长。中、右翼力量占据主导地位。

制宪议会与政府运作后的工作重心有三个方面：一是制定新宪法；二是恢复、维护安全与社会秩序；三是经济保障，特别是基本食品的供给及其价格稳定。但由于宗教政治力量与世俗政治力量之间的斗争特别是“复兴运动”专权导致政治失衡，这一时期成为“政治多元、经济低迷、失业率激增”的时期，[③] 2013年2月、7月的政治暗杀事件更将动荡推向了一

---

① ［突尼斯］伊美娜：《2010—2011年突尼斯变革：起因与现状》，《阿拉伯世界研究》2012年第2期。

② Aaron Y. Zelin, Andrew Lebovich, Daveed Gartenstein - Ross, Al - Qa'ida in the Islamic Maghreb's Tunisia Strategy, July 2013, Vol. 6, Iss. 7.

③ 《突尼斯：总统大赦纪念“阿拉伯之春”事件四周年》，人民网，2015年1月14日，http://world.people.com.cn/n/2015/0114/c1002-26386379.html。

个新的高潮。在巨大的政治压力下，宗教政治力量交出了政府权力，突尼斯开始新的政治对话并加快新宪法的制定。

（四）马尔祖基总统时期的政治对话及大选（2013 年 10 月—2014 年 12 月）

实现安全与社会稳定、恢复政治秩序成为这一阶段最紧迫的任务，完成新宪法制定是这一阶段的根本使命。

包括 20 个党派参加的突尼斯各政治势力间的“全国对话大会”在 2011 年 11 月举行，对话很快取得了成果，签署了危机解决路线图，组建了包容性、技术性（独立人士领导的技术政府，该政府成员不得参与下次大选）过渡政府，[①] 并于对话大会后的七周内完成了新宪法。鉴于对话会议取得的成果，积极推动对话会议的四个主要组成机构在 2015 年获得了诺贝尔和平奖。

2014 年 1 月 13 日，国民制宪议会批准了新宪法。新宪法起草工作始于 2011 年末，世俗与宗教政治力量之间的争夺一直影响着宪法制定，争论焦点是伊斯兰教法是否作为宪法及其他法律依据。制宪议会在 2013 年 6 月 18 日成立了“制宪共同委员会”推动各方达成广泛共识，最后通过的宪法中否定了伊斯兰教法的宪法及法律地位。新宪法的通过体现了突尼斯自动荡以来政治结构转型的完成。

突尼斯在 2014 年 10 月举行议会（人民代表大会）选举取代国民制宪议会。人民代表大会中的第一大党是世俗派政党“突尼斯呼声”（在 217 席中占据 85 席），国民制宪议会中的第一大党“复兴运动”在人民代表大会中成为第二大党（获得 69 席；呼声党 2016 年 3 月内讧、一些呼声党议员脱党后“复兴运动”成为第一大党）。与制宪议会相比，此次议会中的世俗力量不仅壮大而且第一大党也是世俗主义政党。[②] 此后 2014 年 12 月揭晓的总统选举中也是世俗力量获胜，宗教政党支持的中间派候选人落败。这一局面是过渡时期的一个重大变化，“复兴运动”执政的基础也悄然消散。[③]

---

① 王金岩：《突尼斯民主转型的成与败》，《青年参考》2013 年 11 月 27 日第 3 版。

② 第三、四、五位的政党分别是：自由爱国联盟（16 席）、“人民阵线”（15 席）、“突尼斯地平线”党（8 席）。其他各党派和独立候选人获得 24 席。《突尼斯：世俗派政党赢得议会选举》，人民网—国际频道，2014 年 10 月 30 日，http：//world. people. com. cn/n/2014/1030/c1002 - 25938996. html。

③ 王晋：《突尼斯大选——阿拉伯之春的残梦》，中国社会科学网，2014 年 10 月 27 日，http：//www. cssn. cn/gj/gj_hqxx/201410/t20141027_1377318. shtml。

二、宪法制定—政治结构转型时期的张力关系

政治结构转型是最根本的政治转型，围绕这一转型各力量之间存在一系列重大、核心诉求的差异，相互间的矛盾与张力关系突出。

（一）世俗与宗教政党之间的路线之争及其张力关系

世俗政治力量（政党）与宗教政治力量（政党）之间围绕国体、政体、政府主导权等一些重大议题展开了争夺。这些重大政治利益是核心的、根本性的，也必须依靠自身的政治势力与民意基础。两股势力之间的争夺是激烈的，中间力量在两股势力之间摇摆；但两股势力之间的争夺又受到国内、国际政治环境的限制。

首先，伊斯兰政治力量的迅猛增长与其政治目标之间的张力。突尼斯的伊斯兰政治力量分为极端派和温和派，在这一阶段都获得很大发展，温和派力量“复兴运动”的发展与活动尤为突出，一度控制议会及政府，这是该政治力量具有广泛政治基础的表现。宪政民主联盟中的一些政客也加入“复兴运动”来维护自己利益，有意以宗教话语进行政治活动并激化伊斯兰政治力量与世俗政治力量的矛盾，从而牟利。但其试图将宗教法作为国家指导原则、控制政府等目标、目的却难以实现，因为其政治目标违背突尼斯民意与政治重建的潮流。拥有较为广泛的民众政治支持与其政治根本目标违背国家政治重建潮流，是其政治势力相争的根本性张力。

伊斯兰政治力量在布尔吉巴和本·阿里时期一直遭到严厉打压。突尼斯长期坚持世俗化政治道路，这遏制了宗教政治力量的发展、遏制了极端主义的滋生空间，也让世俗主义理念深入社会、深入民众。但威权主义政治在失去民心的同时也让民众对伊斯兰政治力量的政治方案增加了兴趣。动荡以来伊斯兰政治力量依托民意、依托民众的宗教情怀赢得了较为广泛的政治基础，“复兴运动”因而成功赢得 2011 年国民制宪议会的选举①；而且“复兴运动”的政治主张以温和宗教政治理念为基础，维护、满足了

① Shadi Hamid, Ennahda and the Islamic Project in Tunisia, July 29, 2014, http://muftah.org/tunisias-battles/#.VIuPbPRIo-1.

中产阶级的广泛利益①。

2011 年 10 月“复兴运动”在制宪议会选举中成为突尼斯议会第一大党，该党成员出任总理的同时支持中间力量出任总统，控制了国家议会及政府，并在各级政府部门、国有公司中安插其成员②。这样，曾以反威权政治而被民众视为追求自由、民主和尊严的新希望的“复兴运动”,③ 却走上了威权主义的老路，还卷入 2013 年的两起政治暗杀事件，因此该党的声望一落千丈。

在这一时期，宗教政治力量在新宪法制定中着力推动将宗教法作为国家政治原则。这一主张不仅遭到世俗政治力量的反对，也严重违反了民意。宗教政治力量不能在根本上把握民众对政治转型的核心诉求，其内部也存在温和派（“复兴运动”）与激进派（“萨拉菲”派）的区别与对立，存在国内温和派与海外温和派的区别与对立。但总体而言，“复兴运动”在制宪会议期间发挥了积极的作用，保持了政局的基本稳定。

其次，世俗政治力量的分散性。世俗政治力量在突尼斯转型时期有很大的发展，动荡以来，本·阿里政权垮台，一党专政结束，世俗主义政党的政治参与空间被释放。世俗主义政党众多，其政治理念在突尼斯深入社会与民众，但不同政党之间的政治理念差别很大，如“民主爱国运动”坚持阿拉伯主义、“工人党”是马列主义、“人民运动”是纳赛尔主义等，组织与政治理念的分散性突出。在这一时期的政府中，世俗力量也发生了重大分化，有的与宗教政治力量合作参与执政，有的则作为议会在野党。

世俗政治力量还有一些沉重的政治包袱，一些政党参与过本·阿里政权，需要在“背包袱”状态下发挥积极作用。军队是世俗主义的重要力量，曾经是本·阿里政权的主要支柱，在动荡的关键时刻又出面维护秩序，避免动荡升级，迫使本·阿里出逃。这些世俗政治力量有时会被打上旧政权的一些“印记”，但总体而言是保持突尼斯政治稳健、避免极端主义、避免剧烈动荡的力量。如军队领导人在 2011 年 1 月曾经到广场与青年

---

① Ewan Stein, et al., Islamism and the Arab Uprisings, The Centre for the Advanced Study of the Arab World, June 2014, p. 12; Hamadi Redissi, The Decline of Political Islam's Legitimacy: The Tunisian Case, Philosophy and Social Criticism, Vol. 40, No. 4 – 5, 2014, p. 384; Event Summary, A View from Tunisia: Elections after the Arab Spring, Chatham House, November 2011, p. 4.

② 包括 24 位省长中的 19 位、324 名地方代表中的 229 名，均为“复兴运动”成员。Hamadi Redissi, The Decline of Political Islam's Legitimacy: The Tunisian Case, Philosophy and Social Criticism 40 (4 – 5): 381 – 390 (2014), p. 385.

③ Ahmad Najib Burhani, The Reformasi '98 and the Arab Spring: A Comparative Study of Popular Up – risings in Indonesia and Tunisia, Asian Politics& Policy, Vol. 6, No. 2, 2014, p. 206.

对话，一方面肯定青年人的积极作用，另一方面又忠告青年人避免被政治势力利用。军方认识到了保持中立、维持战局稳定的重要性。①

最后，制宪会议期间根本的政治对立是政治道路的选择，即世俗主义与宗教主义（伊斯兰政治道路）之间的对立。宗教政党与世俗政党在动荡后都有很大的发展，且都有比较稳定的社会阶层的支持，面对宪法制定这样决定未来国家政治方向的重大问题，双方的较量是这一时期政治张力的基本内容，影响着这一时期转型工作的方方面面。

（二）民众诉求与政府之间的张力

民众是社会变革、发展的推动力量。民众在突尼斯这一阶段的转型中依然非常活跃，经常以示威、抗议活动表达政治诉求，推动重大问题与议程。民众的政治参与虽然广泛而持续，但诉求方式非常易于引发混乱与动荡，其诉求的内容最终需要政党来实现。

首先，街头示威抗议频发，既成为政治转型的推动力，也诱发了社会混乱。本·阿里出逃后民众持续在卡斯巴广场集会静坐，提出清算前政府的政治诉求；2013 年在政治暗杀事件后也发生了大规模的示威活动；其间因政府的民生治理工作乏力、腐败等问题，示威活动也多次发生。这些示威无疑都产生了重大的政治推动作用，但示威活动本身会产生一些社会混乱，不同政治主张群体的示威还会引发冲突，一些政治势力会利用民众的示威活动制造混乱，如 2011 年 4 月在示威期间发生了大规模的越狱事件。街头政治表达方式包含着民众对国家前途的憧憬，对国家重大变革的期待，但民众在政治转型中又表现得无能为力，一些政治活动为政治派别间的斗争所利用。②

其次，民众是决定性力量也是波动性力量。民众的街头政治活动推动了本·阿里政权的颠覆和转型时期政府一系列重大政策的调整。民众的投票直接决定了 2011 年、2014 年两次大选及政治走势。可以说，民众政治力量具有决定性的重大意义。但最初民众没有真正了解突尼斯政治转型这一重大议题及其实施的难度，只是随着进程的演变而逐渐认识到问题的实质。到 2013 年 3 月多数突尼斯民众对过渡政府持不满态度，绝大多数民众

---

① 2011 年 1 月 24 日，武装部队总司令拉希德·欧麦尔到街头示威的青年人中劝说青年撤出街道和广场，“你们的革命是青年革命，当心失去这场革命而被他人夺去”，特别提醒“武力导致空虚，空虚产生恐惧，恐惧催生独裁”。王锁劳：《“阿拉伯之春”：回顾与展望》，《中国国际战略评论 2011》，世界知识出版社 2011 年版。

② 殷之光：《“革命”中的突尼斯》，观察者网，2013 年 9 月 1 日，https：//www.guancha.cn/YinZhiGuang/2013_09_01_169391.shtml。

表示，他们宁愿选择稳定但不民主的政府，而不愿选择民主但不稳定的政府，这与2012年的民调数据相反。[①] 而2011年、2014年两次选举中民众对世俗、宗教政治更是进行了明显的不同选择。

再次，习惯性的示威抗议活动销蚀民众政治参与的形象。民众对民生问题的反应最为直接。政府在物价等民生问题上作为乏力、相关的腐败问题、救灾援助的迟延等，最容易引发民众的强烈反应。在这一阶段中，不少的示威抗议活动都是由这些事件引发的。之后，由于示威抗议活动经常性的发生，加之一些势力鼓动、诱导，民众的街头政治成为某种惯性行为，这就大大减弱了这一民众政治参与形式的作用。

（三）国际社会的显性与隐性张力

国际社会对突尼斯的干预、影响虽然没有采取大规模武装干涉的方式，但突尼斯转型时期在国际层面的张力关系及其影响是很突出的。

首先，西方援助的政治化耽延了转型时期民生问题的解决。与本·阿里政权时期相比，2011年动荡后美国等大幅度增加了对突尼斯的援助以树立阿拉伯动荡中政治转型的榜样。[②] 但美国对突尼斯的援助重点是安全援助、“公正、民主治理”援助，2011—2015年间这两方面的援助在整个援助数额中所占比为54.8%，其次是经济援助，占37.4%。[③]

美国对突尼斯的援助注重营造对突尼斯“民主转型”有利的国内政治、安全环境，大力资助与“促进民主”“安全环境”相关的活动，进而以突尼斯的“民主转型”成果支持美国在阿拉伯动荡中的“民主外交”，[④] 且联合国的援助也相对轻视民生，这些都拖延了转型时期突尼斯民生问题的解决，增加了转型时期的压力。2011年突尼斯政权变动后联合国开发计划署加强了在突尼斯的工作，主要为政党执政进行法律咨询、为选举工作

---

① 八成以上突尼斯民众（81%）认为西亚北非政局动荡后国家正朝着错误的方向发展；半数以上的受访者（52%）认为国家的局势比本·阿里在位时明显变糟糕了；七成以上的民众（72%）对民主制度深感失望；认为国家境况正在好转的民众只占1/3。李翠亭：《“阿拉伯之春”的历史后果——兼论美国对阿拉伯世界的民主输出》，《武汉大学学报（人文科学版）》2014年第1期。

② Alexis Arieff, Political Transition in Tunisia, CRS Report, December 15, 2011, p. 20.

③ Stephen Mc Inerney and Cole Bockenfeld, The Federal Budget and Appropriations for Fiscal Year 2015: Democracy, Governance, and Human Rights in the Middle East and North Africa, Project on Middle East Democracy Report, June 2014, table 4, p. 50.

④ 张帆：《试析“茉莉花革命”以来美国对突尼斯的援助》，《美国研究》2016年第1期。

提供帮助，对女性参政的培训，及组织宪法等重大政治议题的研讨等，①而非突尼斯所紧迫需要的重大民生保障。

其次，西方政治选择的多样性与摇摆性。突尼斯独立以来与美国和西欧国家长期保持良好关系，本·阿里时期的一系列经济结构改革更是与西欧拉近了关系，将突尼斯的经济发展命脉与欧盟经济捆绑在了一起。但动荡发生后美国与西欧国家不但没有帮助突尼斯政府稳定局面，反而很快考虑与后继政权进行合作。② 宗教政治力量掌握突尼斯政权后，美国虽通过中东一些国家能够有力地影响政治伊斯兰的温和势力，但却对“复兴运动”的援助迟缓。制宪议会时期“复兴运动”为组建政府、稳定局势而急需援助时欧美国家并无及时回应。美国对该势力的政治伊斯兰倾向持有戒心，怀疑其在政治转型中是否能够发挥主导作用，③ 而 2013 年“复兴运动”下台后西方的援助却很快到位④。

再次，周边国家（地区）的政治与安全环境直接影响突尼斯局势。阿拉伯半岛地区的一些国家如卡塔尔等在突尼斯转型时期有很大的影响。卡塔尔半岛电视台积极报道、支持突尼斯反本·阿里政权的活动；“复兴运动”与沙特阿拉伯、卡塔尔的联系很密切，其控制政权后得到很多半岛国家的积极支持与援助。而埃及对突尼斯的影响，主要是穆兄会在埃及的政治兴衰对突尼斯政治的冲击。埃及穆兄会政府被推翻、穆兄会被取缔后，“复兴运动”在突尼斯的政治威信受到重创，⑤ 之后在 2013 年和平交出政权，2014 年放弃参加总统选举（支持中间派力量）。

周边的安全局势也冲击着突尼斯。利比亚发生动荡后向突尼斯外溢安全威胁，卡扎菲雇佣军、一些恐怖分子、散失的武器等流入突尼斯，暴力分子多次在突尼斯南部发动袭击。“基地”组织、“伊斯兰国”（IS）等国际恐怖势力也向突尼斯成功渗透。突尼斯西部的阿尔及利亚是“基地”组织马格里布分支的大本营，而东南部的利比亚在卡扎菲被推翻之后陷入混乱，成为多支恐怖势力聚集地，周边恐怖势力乘突尼斯动荡之际加紧渗

---

① Supporting democratic transition in Tunisia, Fast Facts, United Nations Development Programme, July 2011.

② Izaak Bruce, The Arab Spring in Tunisia and its Aftermath, Spring 2017, p. 27.

③ Sergio Castano Riano, The Contradictory Position of the EU towards Political Islam and the New Rapprochement to Islamist Governments, Papers Presented 1 to Conference I and II on Thinking Out of the Box: Devising New European Policies to Face the Arab, Lisbon, 2014.

④ New Tunisia Government Receives Foreign Aid, Al – monitor, http: //www. al – monitor. com/pulse/politics/2014/02/tunisia – new – government – positive – signs – aid. html, 2016 – 09 – 18.

⑤ Anne Wolf, Power Shift in Tunisia: Electoral Success of Secular Parties Might Deepen Polarization, Stiftung Wissenschaft und Politik (SWP) Comments 54, December 2014, p. 2.

透。叙利亚恐怖活动中心也影响到了突尼斯，在IS的蛊惑下数千名突尼斯青年前往叙利亚、伊拉克、利比亚等地参加国际极端势力、恐怖势力的活动，回流的暴恐分子对突尼斯造成很大的压力。[①]

三、多层张力关系对重大事务的影响

相关张力关系直接影响了转型时期的重大事件、事务的发展走势及其结局。

（一）世俗主义特色宪法的制定

2014年1月26日晚，突尼斯制宪议会投票通过了新宪法（赞成票与反对票的比例是200：12，只有4票弃权），体现了对新宪法的高度政治认同。新宪法的产生与通过得益于政党间的对话及其达成的共识，也成为政治良性运作的基础。

新宪法开宗明义“以人民的名义”，突出了在民意和法律基础上的民治国家、共和制，[②] 伊斯兰教及其文化是国民精神及社会传统的纽带，但宗教保持中立性。宪法是世俗主义性质的，但兼顾了伊斯兰社会传统。[③] 确立了三权分立、权力相互制衡的政治体制，与2011年之前的宪法相比新宪法限制了总统的一些权力，[④] 并在阿拉伯国家率先规定议员以上直至总理、总统等政要必须公布个人财产。新宪法的确立是突尼斯过渡进程中标志性的重大任务，在政治上负有承上启下的使命，[⑤] 在民生、女性权益以及公民基本权利的维护与保障方面有重大进步。新宪法通过后国家可集中

---

① 王金岩：《突尼斯的和平缘何屡受“伊斯兰国”的挑战》，《当代世界》2015年第11期。

② 若木：《回到“革命”始发的地方——从突尼斯新宪法颁布说开去》，《世界知识》2014年第14期。

③ Malika Zeghal, Is Tunisia a Secular State? Islam in the 2014 Tunisian Constitution, November 10, 2015, https://ilsp.law.harvard.edu/is-tunisia-a-secular-state-islam-in-the-2014-tunisian-constitution/.

④ Mohamed Limam, Is Tunisia's 2014 Constitution already obsolete? Middle East Monitor, August 6, 2016, https://www.middleeastmonitor.com/20160806-is-tunisias-2014-constitution-already-obsolete/.

⑤ 《突尼斯通过新宪法是民主进程中重要一步》，人民网，2014年1月27日，http://world.people.com.cn/n/2014/0127/c157278-24246173.html。

精力开展民生等重要工作，将突尼斯政治发展带到一个新起点。[①]

这部宪法被称为突尼斯共和国历史上的第二部宪法，新宪法是各政治力量的共识，体现了转型时期的重大变革进步成果。[②] 因此，突尼斯新宪法的通过（其内容的进步性，其方式的和平性）得到国际社会的普遍赞誉，联合国认为其具有里程碑意义。[③] 新宪法总体务实，照顾到各方诉求，为地区转型过渡树立了一个标杆。新宪法的通过是力量激烈交锋的结果，是各种张力关系构成的国家政治格局的体现。

首先，民众的意愿不可违。民众以持续的政治、民生诉求的表达，来推动突尼斯的转型，将民生与现实政治问题的解决置于宗教与传统文化之前，从选择伊斯兰政治势力转向了选择世俗政治主义。2011 年 1 月本・阿里出逃后数日，民众又掀起了一波广场抗议示威活动，推动政府重组而打破了本・阿里政权保留其原有框架的图谋，如推翻了本・阿里政府总理代行总统的决定并清除了临时政府中本・阿里时期的政府要员、惩处了一些镇压民众广场活动的责任人、彻底解散了宪政民主联盟。之后，民众就腐败问题、民生问题、社会安全问题等也进行了示威抗议，推动了政治发展。在这一系列的政治参与活动中，民众的政治参与更加成熟，对国家政治发展方向、国家安全稳定等做出了理性的选择。国民制宪议会的选举于 2011 年 10 月正式开始，民众以选票的方式表达了希望自己的国家能够走上正常的轨道、避免动荡的意愿。

其次，伊斯兰政治力量的影响逐步衰减，该势力试图主导新宪法制定的意愿破灭了。伊斯兰政治力量对新宪法的制定非常重视，其核心目标是在新宪法中确定伊斯兰对国家政治、法律的指导地位。“复兴运动”党领袖在 2011 年 11 月刚获得制宪议会大选胜利后就表示突尼斯新的政治结构应当依据宗教的神圣性而建立神圣国家，其突出的泛伊斯兰主义色彩成为突尼斯自冷战结束以来最具意识形态色彩的政治宣言。[④]

但这一核心政治意愿逐步破灭，伊斯兰政治力量制定宪法工作进展迟缓，一点点失去了对民众的吸引力，民众的不满不断积聚并多次进行示威

① Allison Mcmanus, Tunisia's Constitution (and a View to Egypt), The Tahrir Institute for Middle East Policy, Feb. 13, 2014, https: //timep. org/commentary/analysis/tunisias – constitution – and – a – view – to – egypt/.

② Mary Atkinson, Tunisia: Will new constitution protect press freedom in practice? A recent attack on journalists raises concerns about media freedom 10 Feb 2014.

③ 《潘基文：突尼斯通过新宪法是过渡进程中“又一历史性里程碑”》，联合国新闻，2014 年 1 月 27 日，https: //news. un. org/zh/story/2014/01/208212。

④ 殷之光：《“革命”中的突尼斯》，观察者网，2013 年 9 月 1 日，https: //www. guancha. cn/YinZhiGuang/2013_09_01_169391. shtml。

抗议活动，特别是2013年8月数万人的抗议集会活动严重冲击了其政治威信；伊斯兰政治力量一步步被削弱。虽然在2011年10月后一度控制制宪议会、政府，但其政府在2011—2013年间的作为逐渐失去民众信任，2013年的两次政治暗杀使其政治形象跌入谷低，民众及世俗政治力量都担心温和派会走向暴力，① 在严峻的政治孤立形势下温和派被迫交出政府权力。

在失去民众支持的同时，宗教政治力量发生了严重分化。一是，温和派海外回归的宗教政治力量逐渐分离，很多海归势力被指责为亲西方，且不懂国内政治文化传统。二是，温和派与宣扬极端暴力势力划清界限。极端分子的暴恐袭击给伊斯兰温和派造成诸多被动，而温和派与世俗政治力量的和解又进一步加剧了温和派与极端势力的矛盾。

再次，世俗政治力量逐步赢得了政治主导权和民众支持，掌控了新宪法制定的方向。很多世俗政治力量特别是左翼政党长期遭受本·阿里政权的严厉打压，其势力发展在本·阿里政权垮台后也迎来发展机遇，很多世俗主义政党进入制宪议会并占据重要职位，为推动新宪法的世俗主义特性奠定了政治基础。在四年的政治转型过程中，世俗主义政党的主要政治斗争对象是宗教政治势力，逐步占据了政治优势、赢得了民众的支持，为突尼斯世俗主义性质新宪法提供了政治保障。随后在2014年的议会及总统大选中，世俗主义政党都获得胜利，其中呼声党占89席，呼声党领导人当选为总统。

世俗政治力量存在左翼与右翼的分歧与斗争，在两次选举中都有明显体现，且在一定程度上造成世俗政治力量的不稳定性。在左翼与右翼的对立中，左翼占据优势，其政治参与的历史长、组织性强、社会影响力大，政治积累也更深厚，且在世俗主义这一基本方向上保持一致。因此，世俗政治力量基本能够避免内耗而将主要斗争精力放在针对伊斯兰政治力量上。

突尼斯世俗主义政治还具有传统基础。突尼斯民族、宗教比较单一，族群冲突、教派冲突不突出。突尼斯的国民教育水平较高，世俗主义教育深入社会，军队能够保持政治中立，成为政治稳定的重要压舱石，这都是地区其他国家不具备的。② 最后，世俗政治力量的代表呼声党与宗教政治力量的代表“复兴运动”进行对话并带动多个主体参与对话，促成了较为全面的政治和解。

---

① 曾向红、陈亚洲：《政治妥协与突尼斯的和平政治过渡——基于对突尼斯“伊斯兰复兴运动”的考察》，《外交评论》2016年第2期。

② 郭金灿：《“阿拉伯之春”四周年下的突尼斯政治转型》，《当代世界》2015年第3期。

（二）基本平稳的政治过渡

突尼斯转型时期也存在着较为激烈的政治对立与斗争，特别是本·阿里出逃后的数日就发生了新的政府更迭，最能反应政治斗争的激烈性。[①]但2011—2014年间突尼斯保持了基本平稳的政治过渡，这一状况与叙利亚、利比亚、也门和埃及相比，是非常突出的。突尼斯在转型过程中基本上没有经历大规模的流血事件，政党间能够相互妥协，回避过度激烈的斗争；民众的政治参与方式基本是和平的。世俗政治力量通过选举获取了政治主导权，而伊斯兰政治力量虽然失去了政府权力，但维护了其政治合法地位，民众也通过全国大选而实现政治参与、表达政治意愿。美国等外部力量也认为实现了自己的干预目的。突尼斯的政治转型成果为各方所接受。基本平稳的政治过渡有这样几方面的突出表现。

首先，政治过渡基本平衡。这一时期的政治、社会的对立与冲突总体而言是非暴力的。在这一时期，有频繁的街头政治示威与抗议活动，有诸多社会犯罪现象，还有政治暗杀甚至暴恐袭击等，但主要的对立与斗争方式依然保持在政治斗争的范围之内，没有出现大规模的持续的暴力，更没有陷入内战。

其次，权力交接基本平稳。本·阿里政权被颠覆的过程中军队与警方基本保持了中立，国家没有发生严重暴力动乱。2011年与2014年两次大选、2013年的政府更迭，各政治派别都遵守了协议或接受了选举结果，没有发生政变形式的政权更迭。与其他遭受政局动荡的国家相比，突尼斯的转型无疑是成功的。

再次，没有发生外来干涉的战争，也没有形成国际恐怖活动中心。美国等西方国家、埃及等周边国家、海湾地区的一些国家，都对突尼斯的动荡、转型施加影响。但外来势力的干预与影响虽然大，却都没有采取武力干预的方式。国际恐怖势力也试图向突尼斯渗透并且实施了一些暴恐袭击、形成了一些组织网络、招募了一些人员到叙利亚等地参加活动。但突尼斯没有形成国际恐怖活动中心，也没有成为暴恐活动高危地区。

之所以能够在过渡中基本保持平稳，是由一系列的张力关系共同影响的。突尼斯的伊斯兰政治力量中占据主要地位的是温和派“复兴运动”。该政治力量的温和性，确保了其在宪法制定、权力交接等重大政治事件中没有选择极端方式而选择了遵守政治“规矩”，努力建立一个稳定兼容的

---

① Mohamed Chafik Sarsar，Tunisia：Revolution as a new form of political transition persuasion，Analysis No. 194，August 2013.

政治体。

在过渡时期的多次社会动荡和抗议示威中，世俗与宗教政治力量之间的矛盾一度出现激化的趋势，双方不仅没有致力于稳定政府工作及社会秩序，反而想利用双方之间的冲突来推卸责任、掩盖自身的失误。但伊斯兰政治力量与世俗政治力量在政治博弈中都有意防止政变及其带来的国家政治崩溃、失控。[①] 无论是伊斯兰力量、左翼政党、民众，亦或外部势力，虽然都想建立、控制一个符合自己政治意愿的政府，但最后却能够以互相政治妥协而呈现一个任何力量都没有绝对“赢”或者“输”的稳定多赢的局面。

美国对突尼斯的干预除了采取以援助施加压力、进行影响外，还通过卡塔尔、沙特等国影响其宗教政治势力的温和派，以“隐蔽性政治干预”手段为主，排除了武力干预等极端手段。

民众的政治意愿及其表达产生了很大影响。本·阿里政权垮台是民众力量的突出表现，之后，宽松的政治环境及民众对世俗主义政治强烈的不满促使宗教政治力量获得了迅猛的发展，“复兴运动”党所代表的伊斯兰政治温和力量在2011年通过大选控制了国家权力。但伊斯兰政治力量在执政中出现很多严重错误，失去了民心。其以响亮的宗教理念获得了民众支持，但在政治和经济方面并没有明确的改革和管理计划，其掌握政权后将主要精力用于垄断政治权力，持续打压世俗政治反对派力量，严重偏离了民众所向往的政治和经济改革主题。因此，民众在2014年大选中选择了世俗政治力量，而世俗政治力量在突尼斯建国后长期的现代化发展进程中集聚了很大的政治能量。2014年突尼斯的议会、总统选举被国际社会认为是成功翻开历史新一页的大选，[②] 完成了过渡时期的主要议题，实现了国家权力从宗教政治势力向世俗政治势力的转移，实现了权力的和平移交。世俗政治力量代表、呼声党总统候选人埃塞卜西当选为总统，他强调坚持开国总统布尔吉巴的路线。民众选择了88岁高龄的世俗主义政治代表人物，反映了民众希望以强势领导来恢复社会秩序、促进民生问题解决的迫切需求。[③]

---

① Murat Somer, Conquering versus democratizing thestate: political Islamists and fourth wave democratization in Turkey and Tunisia, Democratization, 15 Dec 2016, p. 17.

② 《突尼斯：世俗派政党赢得议会选举》，人民网，2014年10月30日，http://world.people.com.cn/n/2014/1030/c1002-25938996.html。

③ 郭金灿：《“阿拉伯之春”四周年下的突尼斯政治转型》，《当代世界》2015年第3期。

（三）民生与安全重大议题的拖延

突尼斯动荡前存在的、转型时期拖延的棘手的经济发展问题，所衍生出的相关社会问题，十分突出。因此，2014 年大选后突尼斯面临的民生问题更加严峻。一是由于社会动荡和多次罢工与示威，旅游业收入不断下降、不少外资企业离开突尼斯，航空、磷酸盐等支柱产业亏损严重，对突尼斯经济造成一定的打击，使失业问题不断加重，青年失业率高达 25% 以上，大部分青年难以负担生活的基本支出。二是新政府未能控制物价的迅速上涨，不仅基本食品的价格上涨，各种消费品也都大幅涨价。三是在突尼斯遭受自然灾害时，政府对灾区的救援行动不力。[①] 2012—2015 年，突尼斯每年的经济增长率都维持在 2.5% 左右的低增长状态，通胀率在 6% 上下，较之变革前还高。这些问题在这一阶段导致了多次民众示威抗议，但一直没能得到解决，而民生与社会秩序混乱又催生了很多犯罪问题。

恐怖势力乘地区动荡之际向突尼斯渗透，并以地理之便使突尼斯成为一个恐怖风险很高的国家。[②] 边境地区武器流散、贩毒走私、人员偷渡等非法活动泛滥。宗教政治力量有的对暴恐势力、暴恐手段态度模糊，有的如“伊斯兰教法虔信者”则与暴恐势力勾连。事实上，2011 年 5 月在突尼斯西北部就发生了“基地”组织马格里布分支与突尼斯安全力量交火事件，2013 年宗教政治力量交出政权后暴恐袭击事件增多，而到 2014 年恐怖势力针对安全力量的袭击更加猖獗。2014 年 7 月，40—60 名突尼斯和阿尔及利亚恐怖分子在中西部山区袭击了两处国民卫队目标，导致 14 名军人阵亡；到 2014 年 10 月，恐怖团伙在首都附近劫持人质与安全部队对峙。

恐怖势力不断膨胀的主要原因是转型时期政府没有着力打击恐怖活动，政治纷争、动荡导致的失序，安全投入不足（如安检系统于警力的严重缺乏、安全部队人数不足且装备差）等都是具体表现。当前，突尼斯境内的“萨拉菲”派极端暴力势力暂时偃旗息鼓，但一俟时机成熟就可能会猖獗活动。

突尼斯动荡迅速推翻了本·阿里政权，但政治重建却面临很多难题，其中一个重要方面就是政治重建的组织领导力量的选择。民众在动荡中通

---

① ［突尼斯］伊美娜：《2010—2011 年突尼斯变革：起因与现状》，《阿拉伯世界研究》2012 年第 2 期。

② Olfa Erra, Ipco Academy, Latifa Zia, The Impact of Terrorism on the Tunisian Stock Market, International Journal of Economics & Strategic Management of Business Process (ESMB) 2017, Vol. 8, Iss. 1, pp. 39 –46.

过互联网进行其政治主张的传播、组织活动的联系，形成了具有共同政治、行为意识的政治力量。一旦进入政治转型与重建时期，这一方式将难以有效地将民众组织成为政治建设的领导力量，加之社会与政治诉求分散，民众的推动力必须要有政治代表来引领。

民众最先期望伊斯兰政治力量温和派能够承担这一“领导角色”，因此“复兴运动”在转型期取得了第一大党地位。但伊斯兰温和派政治力量在一定程度上被极端势力的暴力行为绑架，民众担心温和派滑向大规模政治暴力，因而该势力难以担当领导角色。

宗教政治力量与世俗政治力量之间的博弈将长期存在，双方的政治理念分歧严重、利益冲突尖锐，将影响政局的稳定及走势。双方当前暂时求得妥协，今后双方会围绕权力争夺、治国策略展开持续较量。在新宪法中限制了总统的权力，这一结构设计是为了避免突尼斯重蹈建国以来至本·阿里时期的威权主义覆辙。但国家建设的严峻挑战、多党制中的政治内耗、传统政治文化的影响，可能会导致突尼斯政治威权主义的抬头。①

第四节　突尼斯经济转型的失败与多重混乱

这一时期从 2014 年 12 月总统大选结束至今。2014 年 10 月、12 月，突尼斯完成了议会与总统大选，随即到 2015 年 2 月组成了新政府。突尼斯进入了第二转型期即经济结构转型、重建的时期。但很快突尼斯的经济转型工作就被暴恐袭击、政党纷争、执政党内部斗争等冲击，甚至超越了经济转型这一中心工作。2015 年 11 月后突尼斯长期处于紧急状态之中，2019 年的大选使政治斗争空前激化。

一、核心议题及主要阶段

经济转型成为这一时期的核心议题，围绕经济恢复与发展的一系列问题需要解决，经济转型的任务不比政治转型轻松。但政治与社会问题冲击着经济转型工作，安全、政治等方面的一些重大问题也是这一时期的重大任务。

---

① 陈敏华：《集群式革命之“阿拉伯之春”》，《阿拉伯世界研究》2013 年第 3 期。

（一）经济转型的重建使命

进入新时期，在新宪法实施的基础上推进经济改革与转型，从根本上解决民生问题，成为突尼斯的核心议题，经济发展、转型成为国家重建的使命。动荡发生的主要诱因就是严峻的民生问题，政治过渡时期经济发展迟滞进一步积累了诸多问题。新政府成立时突尼斯的通胀率高达5.7%，比2015年1月又有较大增长，其中的主要原因是食品价格的增长。[①] 除此之外，失业问题也很突出，其中大学生与女性失业率较高；南部地区与北部沿海地区经济差距拉大；旅游业长期难以得到恢复；国家还面临低增长、财政赤字等一系列问题。此外，在大选中获胜的政治力量中有很多重要人物长期在本·阿里政权中任职，民众的这一选择是对2011年大选中获胜的伊斯兰政治力量在经济等民生问题上作为不力的不满表达。

因此，经济稳定、转型是这一时期的使命性议题。能否解决好经济转型是判断这一时期工作成效的根本标准。2018年1月突尼斯总理在突尼斯经济论坛上表示，自2011年到2016年突尼斯经济总体增长了1%，2017年增长2%，2018年的经济增长预期为3%。国内经济结构调整不顺利，旅游业屡屡遭到重大打击，石油和天然气产业的振兴遇到外来投资乏力、技术等问题的冲击，[②] 可以说这一时期经济转型的核心议题进展得非常艰难。

突尼斯大选后组成的新政府在2015年2月6日宣誓就职，新政府将推动经济改革、反恐工作作为工作重点，而实现这两大目标的基本路径是：加强政党间协商、寻求最大限度共识的解决方案。总理将工作重点描述为民主转型后的经济转型，经济转型将依托经济结构改革、长远的科学发展计划，经济工作的目标是通过刺激经济增长来消除贫困、实现民众特别是青年在2010年12月起提出的核心诉求与期望。

由于2015年3月起连续发生了三起重大恐怖袭击，国家进入长期的紧急状态，与反恐相关的安全工作成为重要议题。反恐工作还关系到政府的执政形象，政府必须分散很多精力处理安全事务。

（二）第一阶段：经济转型与发展的憧憬及新的动荡凸显

这一阶段从2014年12月总统大选结束，到2016年1月民众新的示威

---

① 《2015年1至2月份突尼斯通胀率仍然高企》，中华人民共和国商务部驻突尼斯经商参处，2015年3月16日，http：//www. mofcom. gov. cn/article/i/jyjl/k/201503/20150300910515. shtml。

② Carole Nakhle，Tunisia’s fragile transition，Op – Ed，10 February，2017.

抗议活动的发生。在这一阶段，突尼斯各界与国际社会对突尼斯进入经济转型阶段抱有很高期待，但很快出现了连续的恐怖袭击和民众抗议。

突尼斯新政府在2015年2月正式成立，新政府的内阁成员结构体现了政党合作协商的特点，除了无党派人士外，执政党呼声党有9人、第二大党“复兴运动”有4人、自由爱国联盟有3人、“突尼斯希望”有3人。不仅体现了政党合作，还吸收了很多无党派人士。新政府的顺利成立，其多元化的内阁人员结构，以及自觉将进行经济改革、促进经济增长作为核心任务的承诺，都给突尼斯顺利开展经济转型、社会进步等工作预示了一个良好的前景。

国际社会也力推突尼斯保持稳定，顺利推进经济、社会改革，2015年的诺贝尔和平奖授予突尼斯“全国对话大会”就是一个重要体现。国际社会充分肯定其在2013年的政治危机中积极协调并成功促成和平、稳健的政治过渡，避免了大规模动荡，促成政治转型重新走向正轨。[①] 这一奖项的授予有西方国家试图控制、干预突尼斯的意图，但也体现了国际社会对突尼斯稳定转型的肯定与期望。

但经济转型顺利进行的憧憬很快遭到重挫。

一是，连续的暴恐袭击分散了政府推进经济改革的精力，甚至牵引政府的工作重心向安全问题偏移。在2015年3月、6月、11月和2016年3月，突尼斯连续发生恐怖袭击，袭击地点包括首都、旅游城市及景点。2015年3月发生在首都的袭击地点是博物馆，针对的是游客；11月的袭击针对总统卫队。恐怖袭击造成的人员伤亡很大，对突尼斯经济的主要支柱旅游业的打击很大。实施暴恐袭击的有本国的恐怖势力，也有国际恐怖势力“基地”组织、“伊斯兰国”等。恐怖分子想在新政府上台伊始以暴恐袭击的方式表达对世俗政治力量的不满，[②] 还试图给突尼斯造成更广泛的安全冲击，打击旅游业和政府的威信，牵制政府实现“经济转型”的努力，等等。突尼斯在3月下旬举行了国际反恐怖大游行，表明了国际社会的支持及突尼斯“不会向恐怖主义屈服”的决心。[③] 突尼斯政府在2015年11月宣布进入全国紧急状态，此后多次延期，一直到2019年大选。显然，暴恐袭击牵扯了突尼斯很大的精力。

二是，出现了因民生问题引发的暴力骚乱。2016年1月16日，突尼

---

① 殷之光：《突尼斯：脆弱的宁静》，《世界知识》2016年第1期。

② 王金岩：《突尼斯的和平缘何屡受“伊斯兰国”的挑战》，《当代世界》2015年第11期。

③ 《多国政要参加突尼斯反恐大游行》，新华网，2015年3月30日，http://www.xinhuanet.com/world/2015-03/30/c_1114800113.htm。

斯西部（卡塞林省）发生了一起失业青年自杀事件，当地民众随之进行大规模的游行抗议，抗议活动波及十多个省份。与此前不同的是，此次抗议活动在一些地区演变为骚乱，出现了示威抗议者与安全人员的暴力对峙，多地发生破坏公共设施的事件，盗窃和抢劫事件频发，并造成了人员伤亡。政府在 1 月下旬宣布再次实施宵禁措施。

改善经济不仅仅是一个经济问题，而是政治和社会稳定的条件。民众在 2016 年 1 月骚乱中的诉求与 2010 年 12 月动荡中的诉求基本一致，工作岗位、经济改善等目标长期难以实现，民众的耐心越来越不足，普遍质疑政府并对未来信心不足。

（三）第二阶段：围绕经济转型的激烈较量

这一阶段从 2016 年 1 月中旬的骚乱开始，到 2018 年 5 月地方选举前。这一阶段的国家中心任务是稳健推进经济恢复、转型、发展。围绕着中心工作，各方力量进行了激烈的较量，发生了剧烈的冲突。

首先，政府对经济稳定采取了多种举措，收到一些成效，但总体上远未能达到政策预期、民众愿望。突尼斯的经济有一定的恢复与发展。2016 年突尼斯在全球繁荣指数排名中列第 93 名，[①] 但在全球 149 个国家的排名中比较靠后。2017 年突尼斯 GDP 年增长率在第三季度达到 2.1%，制造业为主的工业复苏势头较好，旅游业收入在 2017 年同比增长 3%，[②] 旅游业与服务业逐步恢复。国际货币基金组织同意突尼斯在实行经济改革的基础上为其提供贷款，外商对突尼斯直接投资在 2017 年增长 12.8%，2018 年继续保持增长态势。[③] 但突尼斯经济面临的挑战与压力很大，包括油气开采量严重下降、非制造业产业萎缩、高失业率、庞大的财政赤字、贫富差距悬殊等问题非常突出。在 2020 年财政法案中，突政府预计全年公共债务将达 940 亿突第，同比增长 13.95%，占 2020 年国内生产总值的 75.1%。[④]

突尼斯政府出台一系列促进经济的政策。突尼斯在 2016 年 11 月举办

---

① 《突尼斯在 2016 全球繁荣指数排行中位列第 93 名》，中华人民共和国商务部网站，2016 年 11 月 10 日，http：//www.mofcom.gov.cn/article/i/jyjl/k/201611/20161101693160.shtml。

② 《2017 年突尼斯旅游业回暖 中国游客增幅超 150%》，人民网，2017 年 12 月 28 日，http：//world.people.com.cn/n1/2017/1228/c1002-29732659.html。

③ 《突尼斯 2017 年外商直接投资整体增长 12.8%》，中华人民共和国驻突尼斯共和国大使馆经济商务处网站，2018 年 2 月 9 日，http：//tn.mofcom.gov.cn/article/jmxw/201802/20180202711093.shtml。

④ 《突尼斯 2020 年财政预算简况》，中华人民共和国驻突尼斯共和国大使馆经济商务处网站，2020 年 3 月 17 日，http：//tn.mofcom.gov.cn/article/ddgk/zwjingji/202003/20200302945972.shtml。

了投资大会，推出总额超过30亿美元的项目以吸引更多国际投资，政府承诺创造有利投资环境，推进深层次结构改革，与国际投资方合作，以共同利益为基础展开合作。

但有一些政策却引发了争议，甚至是激烈反对。2017年9月，突尼斯通过了“经济和解法”，赦免本·阿里时期卷入腐败但未获得“个人利益”的数千人。总统认为赦免的对象主要是经济技术专业人员，这些人员在国家经济恢复中非常急需，因而大赦能够改善突尼斯经济环境特别是投资环境，该法案实际是“经济复苏法”。而政治反对派、民众则认为这是一种民主的倒退。

2018年1月通过的财政预算和新财政法令引起了民众的激烈反对并引发了随后的骚乱。2018年年度财政预算的一个目标是降低财政赤字（到5%以下），以稳定财政、改善国际投资环境（新财政法得到了国际货币基金组织的支持），主要办法就是减少公共支出、提高税收（包括燃料、汽车、电讯、酒店等）项目增税，在高通胀率和高失业率的背景下这些政策激化了民众的不满，政府被迫增加社会福利的公共支出，反对派乘机向政府施压。

其次，恐怖势力以暴恐袭击冲击突尼斯旅游业，打击突尼斯经济，冲击国家安全环境。恐怖势力在突尼斯的活动瞄准了经济领域，针对突尼斯的重要经济支柱——旅游业，通过在旅游胜地、场所实施袭击予以打击。在2015年连续发生的三起恐怖袭击就给旅游业造成了沉重打击。2016年恐怖势力进一步扩大恐怖袭击范围，3月在与利比亚的两国边境地区实施了袭击，之后美国在2016年4月1日发布旅游警告，提醒美国公民“伊斯兰国”可能计划在突尼斯旅游景点发动袭击。夏季是突尼斯的旅游旺季，3月发动袭击就是威吓即将到来的夏季游客。恐怖势力还袭击科学技术人员以破坏经济运行，如在2016年12月袭击杀害了一名航空工程师。而新冠肺炎疫情也对突尼斯旅游业打击沉重，2020年1月至3月，累计取消旅游订单2000—2500例，多来自中国、意大利和其他一些亚洲国家。

此外，恐怖势力利用经济困难在突尼斯进行招募的能力明显增加，一些青年包括女性被招募并前往叙利亚、利比亚、伊拉克等地参加暴力活动。突尼斯的恐怖分子潜往其他动荡地区的有约5000人，约800名又潜回了突尼斯。① 恐怖活动严重牵制了政府本应用于经济恢复与转型的精力，突尼斯在2017年11月再次延长全国紧急状态就是为了打击暴力活动。

---

① 韩晓明：《突尼斯安全形势日益严峻》，《人民日报》2017年1月5日第21版。

再次，民众因经济困境而多次示威抗议所引发的骚乱与动荡破坏了经济秩序。这一阶段，国家经济有了一些发展，但发展的成就远没有达到民众的期望。国家还存在不少严峻的经济和民生问题，既需要政府努力解决，也需要民众与政府共同努力。但民众与政府在这些方面的沟通并不顺畅，民众在这一阶段依然有罢工、示威抗议等活动，这些活动给政府施加了压力，促使政府加快经济工作，但也会给政府的重大经济决策及其实施造成障碍和拖延。

2017 年 9 月“经济和解法”通过后，突尼斯发生了民众的抗议活动，认为政府包庇了本·阿里政权时期的一些与腐败问题有关联的人，政府则希望通过“和解法”将大批技术类人员解禁，以促进国内的投资。2018 年 1 月政府为了争取国际货币基金组织的支持而进行财政改革，这些改革中的一个重要部分是压缩社会福利。改革一方面触及民生的重大利益，另一方面涉及国家重大经济走势。在这样两难的情况下，2018 年新年度预算、新的财政法一出台就引发了大规模的骚乱，迫使政府增加了福利保障开支，大大拖延了政府平衡财政的努力。

而 2018 年 1 月的骚乱中发生了打砸抢、盗窃、纵火等行为，严重偏离了抗议活动的初衷，扰乱了公共秩序；不但袭击了执法人员，还袭击了一所犹太学校，制造了社会分裂，给国家安全、经济与社会秩序增添了负面因素。而自焚和抗议示威成为一种普遍的表达不满的形式，如失业教师在 2017 年下半年进行了示威抗议活动、2018 年年初发生记者自焚事件。这种对立性很强的表达方式，让经济转型更加举步维艰。

最后，突尼斯出现政府危机、政治危机。2016 年 7 月，突尼斯议会（人民代表大会）没有通过总理提出的政府信任案。依照突尼斯宪法，政府成为看守政府，直到 8 月政府总理更迭，优素福·沙赫德总理组建了全国团结政府。

（四）从地方选举到 2019 年大选

这一阶段从 2018 年 5 月地方选举到 2019 年大选。选举及相关权力斗争一时成为突尼斯的国家主要议题。

首先，2018 年 5 月的地方选举，中立候选人获得胜利，对执政党与在野党都形成了挑战。2018 年 5 月突尼斯举行的地方选举，成为 2019 年总统选举的风向标。2011 年后的第一次地方选举允许军人和安全力量人员投票。选举结果，独立候选人领先，以 32.37% 得票率超过“复兴运动”的 28.64%、呼声党的 20.85%。这样，世俗主义与宗教主义政党都对 2019

年总统大选更加着力准备。

其次，政府危机与政治危机。2018 年 7 月，总统批评总理未能在经济领域解决重大问题，要求总理辞职。但总理坚持不辞职，并与总统分别联合不同的政治力量，总统与总理之间的对立逐渐加剧，对经济转型中的重大问题难以形成统一的政策。

再次，恐怖袭击持续，国家总体安全环境严峻。地方选举后，恐怖势力也乘机作乱，连续发动暴恐袭击，通过制造恐怖氛围来加剧大选前的国家安全紧张局势。2018 年 7 月上旬，恐怖分子从多个方向袭击了突尼斯西北部的一所边境检查站，10 月底，突尼斯首都中心地区发生了自杀式爆炸；2019 年 2 月中旬，一批突尼斯工人在突尼斯与利比亚边境地区遭到绑架。恐怖势力的猖獗活动导致突尼斯长期处于紧急状态之中，2019 年 2 月初，突尼斯自 2015 年 11 月以来第 14 次延长国家紧急状态，紧急状态成为突尼斯安全环境的常态。

二、经济转型时期主要的张力关系

围绕经济转型的重点，各种张力关系出现新的矛盾着力点。虽然突尼斯各力量以及国际社会期望经济转型能够顺利推进，但各种张力关系却依然非常紧张。

（一）政治张力关系

这一阶段的政治张力关系围绕新的政治议题展开，呈现新的对立、斗争关系。

首先，是执政党内部的矛盾，主要表现为总统与总理之间的张力。执政党需要政府执行其各项政策，政府工作也需要执政党的支持；但以总统为核心的政党居于主导地位，以总理为代表的政府对此十分不满，相互之间的矛盾不断激化，包括党内权力之争、路线分歧、国家权力的争夺等多个层面。

一方面，对重大经济政策的不同意见与对立。在紧缩财政与保障基本福利的问题上，总统与总理的看法有较大差距。总理力主按照国际货币基金组织的要求进行改革以获得国际金融支持，强调国家不能立即满足民众的民生特别是就业的需求；总统则批评总理出售国有企业等做法。新政府比较注重反腐败，自 2016 年上台到 2017 年，政府抓捕、处置了 100 多名官员，并在2017年出台法律保护揭发人员。从与总统争夺权力的角度，反腐败行动可以打击总统的亲信力量和威信，并且在民众中博取声望。总统则以促进经济发展为由在2017年9月通过了大赦性质的“经济和解法”，赦免了包括经济专家、技术人员在内的人，以恢复、促进经济秩序。这样，经济发展政策与权力、政治斗争相互交织。

另一方面，是执政党内部权力之争，特别是围绕2019年总统大选的争夺。在地方选举失利后，执政党内部的矛盾公开化，总统在2018年7月中旬批评总理未能解决好国家的经济危机与政治危机，要求总理辞职。执政党在2018年9月中旬冻结了总理的党员资格，并准备以分裂政党的名义开除总理。总统担心总理获得党内支持参加总统大选。总理与政治对手“复兴运动”联合并成立新的政党以角逐2019年的总统选举，总统则联合劳工总会遏制总理的政治势力，这使得突尼斯的党派斗争复杂化。[①] 执政党的政治分裂，直接影响了国家政治格局。2019年7月，总统的去世沉重打击了执政党，导致执政党在议会选举和总统选举中惨败。

其次，反对派与执政党之间的政治较量与张力。政治转型以来，突尼斯涌现出80多个政党，政党政治成为常态，政党对立与斗争非常复杂，也很激烈，有时还会采用政治暗杀等极端手段。反对派与执政党在经济转型期间的重大方针、政策上意见相左，当触及深层次的敏感问题时，一些对立、冲突就会激烈发生，严重影响突尼斯的经济改革进程。其核心是争夺对国家发展方向的主导权，在国家事务中的发言权。

2016年8月后，新政府总理推行紧缩财政的经济改革遭到劳工总会的反对，而宗教政治力量代表“复兴运动”则支持总理留任。“意愿运动”党领导人、前总统蒙塞夫·马尔祖基则在2019年1月向“复兴运动”呼吁，建议两党建立联盟，而不要与执政的呼声党及其势力合作以丧失自身的政治独立性。政党的分化组合预示着政治斗争的激烈化。

在2016年以来的反腐败斗争中，反对派不断向政府施加压力，并广泛批评2017年的“经济和解法”。反对派与政府的对立，不仅是要推进反腐败行动，提高政府效率，也是为了借反腐打击执政党的威信。同时，反对派还利用执政党内部的矛盾在反腐败工作中占据更大的主导权，以维持总理与总统的对立。执政党则一方面推进反腐败工作，另一方面尽量避免反腐败工作波及面过大而影响社会稳定及经济秩序。

再次，体制之争与治国理念之争。这是各政治力量在国家权力体系、

---

① 阿里木江·艾合买提、李远：《突尼斯逢“多事之秋”》，《环球》2019年第3期。

相互制衡上的斗争，是世俗主义与宗教主义在国家大政方针层面的较量。

突尼斯在2011年以来的一个政治趋势就是削弱威权政治，避免出现本·阿里之类的专权现象。2014年宪法也限制了总统权力，增加了政府（总理）的权力。但在现实中总统的权力不断扩大。一方面，埃塞卜西总统长期在本·阿里政府任要职，其政治理念比较保守，倾向于以威权政治治国；另一方面，自2011年以来，特别是2015年新宪法实施后的政府工作中，突尼斯一直被民众示威抗议和政治动荡所困扰，在这种混乱环境中政治和经济转型的重大议题被严重耽延，民众与一些政治力量有强化总统领导权的倾向。因此，埃塞卜西总统在2017年曾向国际社会表达强化总统权力的改革意向。[①] 但强化总统权力的做法，遭到反对派的反对。

以“复兴运动”为代表的一些反对派通过加入政府来牵制总统的权力。该政党自2015年2月起通过平衡执政党、总统权力推动形成既容纳大党也容纳小党的各政治力量“合意治理”体制。[②] 因此，抑制执政党、总统权力成为“复兴运动”等政治力量的一种治国策略。

此外，反对派还借助民众的示威抗议活动来打击执政党的形象。反对党“人民阵线”领导人在2018年1月的游行示威活动中就要求政府撤回有关财政预算的决定，并称政府应该为暴力行为负责。

（二）安全领域的张力

这一阶段不存在剧烈的政权颠覆危机，也不存在国际武力干涉，恐怖势力对突尼斯国家安全构成的挑战是最突出的国家安全问题，有这样几方面的表现：

首先，恐怖势力具有能够影响突尼斯局势的实力。恐怖势力在突尼斯拥有持续实施袭击的能力，2015年到2019年恐怖势力实施了多起恐怖袭击，有的恐怖袭击造成了几十人死亡。恐怖势力在突尼斯能够招募大批人员并送往叙利亚、利比亚、伊拉克等地参与暴恐活动。恐怖势力在突尼斯的一些地区、群体中具有较强的活动能力，建立了一些活动据点。

其次，突尼斯恐怖势力具有明晰的策略方向与思路。打击突尼斯的旅游业、牵制突尼斯经济转型成为恐怖活动的一个重点。恐怖势力敏锐地捕捉到了突尼斯经济恢复、发展这一核心目标，其暴恐袭击严重扰乱了突尼斯国家经济秩序。恐怖势力还通过袭击总统卫队、检查站等国家安全目

---

① Frida Dahmani, Tunisie: Béji Cad Essebsi, l’héritier de Bourguiba, Jeune Afrique, 20 Novembre, 2017.

② Lakhdar Ghettas, The Tunisia Revolition Seven Years On, 14 January 2018.

标，牵动国家的整体安全环境。自 2015 年 11 月以来，突尼斯长期处于国家紧急状态，其起因便是恐怖威胁。“伊斯兰国”等恐怖势力以极端暴力手段向政府施压，其策略给政府和民众带来了巨大损失和恐慌。突尼斯恐怖势力不仅善于采取暴恐袭击，还惯于利用国家动乱和重大矛盾来牵引民众的关注、转化矛盾焦点而从中渔利，这成为阿拉伯地区动荡后中东多地恐怖主义肆虐的一个重要原因。[①]

再次，突尼斯的恐怖势力逐渐成为国际恐怖活动的重要一部分。“伊斯兰国”（IS）与 2015 年以来突尼斯境内的恐怖活动有着密不可分的关联。IS 势力成功推动恐怖分子在突尼斯进行暴恐活动，并吸纳人员。该势力的暴恐“大棒”与社会治理“胡萝卜”对长期处于民生困境中的民众来说可能会成为某种替代选择。[②] 随着 IS 分子的回流战略的展开，该势力会更加重视在突尼斯的活动。此外，利比亚等周边地区的安全局势、恐怖势力活动都会影响突尼斯境内的恐怖活动。

（三）社会领域的张力关系

到了这一时期，突尼斯社会张力关系发生了非常敏感的变化。

首先，对经济转型时期的重大期盼与经济发展迟滞的现实之间的巨大张力。2015 年新政府成立时，突尼斯民众对民生问题解决的期望很高，政治转型基本稳健地完成后，经济转型成为中心工作。但突尼斯的经济增长比较缓慢，有些支柱产业如旅游业、石油业等难以起到拉动经济的作用。民生问题解决的期望与现实之间巨大的差距成为社会张力的基本问题，由此滋生、激化了一系列的社会问题和冲突。

其次，改善民生的共同责任与承担责任能力的脆弱性。为了争取国际货币基金组织的支持、增加国际投资，突尼斯政府必须紧缩财政。但紧缩财政会伤及民众基本生活保障，2018 年 1 月的骚乱就是由此引起的。一些重大经济政策的实施及改革的落实都需要民众的配合，但民众承担改革、压缩民生保障的能力有限。这样，维持民生的一些保障条件成为推进经济改革的主要障碍，民众成为这一障碍的基本主体。如突尼斯政府制订了一系列经济改革计划，如经济自由化改革，但这些计划的落实在政治精英阶层与民众之间很难达成共识。

---

① 贾龙阳、赵文亮：《“阿拉伯之春”与“伊斯兰国”的崛起》，《郑州大学学报（哲学社会科学版）》2018 年第 1 期。

② 王泰：《阿拉伯剧变后中东的政治发展：困境与反思》，《阿拉伯世界研究》2017 年第 1 期。

再次，民众表达政治意愿的主要手段具有明显的负面影响。民众往往通过自焚、示威抗议、大选投票表达不满。这几种方式具有明显的负面作用。例如，大规模的示威抗议活动往往都会演变为骚乱，造成民众与政府的冲突、对立，增加民众与政府间的不信任，自然无益于经济政策的落实。

参与大选投票是最为正当的一种政治意愿表达方式。但一方面，民众对大选的热情在降低，不信任这一表达方式的作用与功能，如2018年5月的地方选举中的投票率不足40%，民众对政治参与趋于漠然。另一方面，民众参与投票时易受到民生环境、恐怖袭击等因素影响，对突尼斯经济转型所需要的民众稳健支持、平稳的政治环境是不利的。

（四）国际层面的张力关系

国际社会很关注突尼斯的经济转型，这一时期对突尼斯提供了一系列的援助。但国际社会的行动对突尼斯经济转型也有着突出的负面影响。

首先，西方国家的援助偏重于安全而轻视经济，偏离了突尼斯紧迫的民生问题。欧盟在2015年5月与突尼斯签署协议向其提供6300万欧元援助，援助的领域包括：司法体制改革（1500万）、新闻媒体（1900万）、女性权益保障（700万）、城区维修项目（2800万）、边境控制及移民保护（300万）。[①] 英国资助突尼斯2017年3月到2018年3月的安全规划、安全部门改革，以增强边境防控能力。难民的大批进入推动了西欧右翼势力的抬头，影响了西欧一些国家的政治生态及欧盟一体化进程。[②] 欧盟在2017年10月还试图以援助的方式要求突尼斯建难民庇护中心，后被拒绝。

其次，经济援助中有很多干预突尼斯内政的条款、图谋。国际货币基金组织和世界银行向突尼斯提供了一些贷款，但进一步的贷款要求突尼斯进行经济体制和财政体系的重大改革，而这些改革是突尼斯一时难以承受的。

西方国家一直想保持对突尼斯这一重要国际战略要地的控制。[③] 美国对突尼斯的援助服务于美国重新确立领导力的战略，[④] 2015年5月其向突尼斯新政府进行了军事援助。英国具有政府背景的“威斯敏斯特基金会”

---

① 《欧盟加大对突尼斯援助力度》，中国驻突尼斯大使馆经商参处网站，2015年5月5日，http://www.mofcom.gov.cn/article/i/jyjl/k/201505/20150500962257.shtml。

② 倪海宁：《欧盟的中东—北非战略调整刍议——基于2011年中东—北非变局的思考》，《欧洲研究》2011年第5期。

③ 张文木：《2011：中东动荡与世界变局》，《太平洋学报》2011年8月第8期，第25页。

④ 张帆：《试析“茉莉花革命”后美国对突尼斯的援助》，《社会科学文摘》2016年第6期。

在援助突尼斯的项目中存有干预突尼斯议会的条款。[①] 西方在突尼斯经济恢复疲软、民生问题严峻的情况下依然将宣扬、保持“突尼斯模式”作为重点，在媒体上吹捧突尼斯“民主模板”的“变革成果”“发展红利”，其实质也是对突尼斯的一种绑架和控制。

再次，周边地区政治、安全环境对突尼斯影响比较大。周边地区的暴恐活动、周边国家的大选形势，都对突尼斯有直接影响。阿尔及利亚在2019年也举行了总统选举，与突尼斯的大选相互影响而引发了民众的波动；此外，暴恐分子的跨境活动猖獗。2020年1月，土耳其决定出兵利比亚，阿联酋与俄罗斯也介入利比亚冲突。而美国为了支持土耳其、强化对利比亚的干涉，在2020年5月底宣布将在突尼斯增兵。由此，利比亚局势对突尼斯的影响再次凸显。

三、张力关系对重大事件的影响

（一）经济有所发展但缓慢且脆弱

2015年以来，突尼斯的经济有所发展，2017年之后旅游业的增长明显，国际社会的投资开始回升，2017—2018年的GDP达2%—3%，总体增长水平高于2015年之前。

但2015年以来的经济恢复与发展非常缓慢。一是增长速度低于3%，甚至有的年度低于1%；[②] 二是长期的高失业率、高通胀率；三是经济领域重大结构性问题难以有效解决，如对石油业与旅游业的严重依赖、对西欧市场的依赖、旅游业的恢复主要靠降低价格等，实际恢复有限。[③] 经济发展及民生问题还上升到国家总体安全议题层面，如直接刺激了2016年、2018年大规模的社会骚乱，助长了恐怖势力的扩展等。

2010年动荡以来的一段时间成为突尼斯历史上经济发展的低谷。[④] 民生领域中的遗留问题继续成为2019年大选中的敏感话题。2016年8月新政府组建以来由于物价、税收的上涨导致高通胀，失业率在15%以上，社

---

① Ben Smith，Tunisia 2018，House of Commons Library，Number CBP 8324，15 June 2018.

② Tunisia GDP Annual Growth Rate，https：//tradingeconomics. com/tunisia/gdp – growth – annual.

③ 王琳：《突尼斯骚乱背后：年轻人失业率超35%》，《第一财经日报》2018年1月16日，第A04版。

④ Tunisia GDP growth （annual %），the World Bank national accounts data，https：//data. worldbank. org/indicator/NY. GDP. MKTP. KD. ZG？locations = TN.

会福利与保障没有起色，民生水平在下降，通胀率在 2018 年 6 月达 7.8%。民众在无助、迷茫中对执政党产生了失望情绪。民生难题既增加了执政党参加 2019 年大选的压力，也激化了党内矛盾。

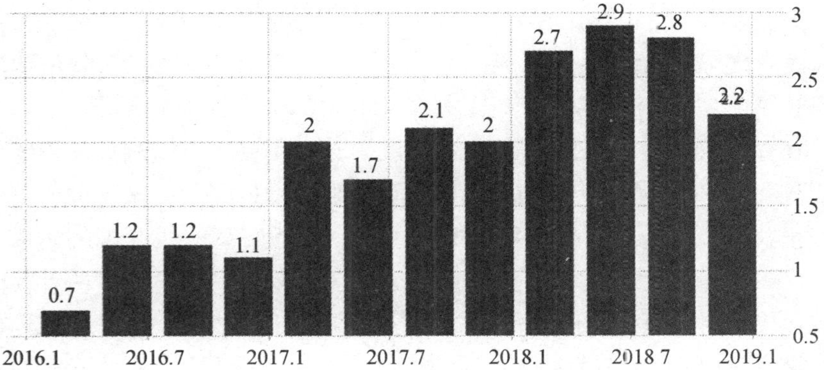

2016 年以来突尼斯经济发展情况

经济恢复与发展持续徘徊是各种张力关系相互作用的结果。

一是，经济领域中的张力关系。首先，经济基础薄弱，如对外贸易过于依赖西欧市场，近几年西欧极右翼势力、贸易保护主义抬头对突尼斯冲击很大。其次，地区经济差别过大，国内经济拉动力严重不足。再次，社会福利保障对财政的压力巨大，财政基础薄弱。截至 2020 年 3 月，突尼斯公共债务增加至 835 亿突尼斯第纳尔（71.3% 为外债，28.7% 为内债），一旦进行财政调整就会严重损及民生利益。

二是，政治对立和权力斗争阻碍经济发展。执政党的重大经济改革举措在党内面临总统与总理之间的政策之争，特别是在财政改革中的分歧最为激烈。反对派与执政党在经济恢复、发展上有道路之争，2017 年执政党的“经济和解法”试图以政治和解让大批经济技术专业人员发挥作用，促进国内投资，反对派却主要从反腐败倒退的层面来看待这一政策，予以激烈的批评、反对。

三是，经济发展的社会与安全环境恶劣。恐怖势力有意打击经济支柱产业，大规模骚乱增加了经济结构调整的难度，国际社会经济与金融支持不力。

（二）政治基本平稳却长期处于国家紧急状态

虽然时有示威抗议及社会骚乱发生，也有政党与政治势力的多重博弈，但总体来说，突尼斯的政治基本稳定，没有剧烈的动荡。但自 2015 年 11 月以来，突尼斯却长期处于紧急状态中，这背后的张力关系包括：

一是，突尼斯新宪法通过后各方的政治博弈更加规范，其温和的政治文化得到进一步体现，保持了政治局势的基本稳定。突尼斯政治过渡时期的主要方式是“协商式”与“妥协式”。[①] 转型时期一度掌权的“复兴运动”与世俗政党在多个方面存在冲突，例如：在政治制度的设计上，前者支持议会制，后者支持半总统制；[②] 涉及宗教问题上，前者认为宪法及其他法律应体现宗教原则，一些激进势力甚至要求国家政治的全面伊斯兰化。[③]

在双方政见对立情况下，“复兴运动”选择了妥协，以避免发生类似埃及的政变。[④] 而双方妥协的结果也以宪法的形式得以保留下来。世俗政治力量与宗教政治力量间的政治妥协推进了国家政治转型路径共识的达成。此外，军队保持中立的立场、“全国对话大会”的积极协调，均对两者政治妥协的达成起到了积极的促进作用。突尼斯政治精英大多深受西方的影响，[⑤] 西方议会政治文化模式有很大的吸引力。因此在2015年后，各方依托新宪法进行政治规范内的博弈与争夺，聚焦2018年5月地方大选与2019年总统选举。

二是，社会骚乱时有发生但很快得到控制。这一时期突尼斯国内发生的这些骚乱很快得到控制，既没有引发全国性的震荡，也没有引发政府危机，其中的原因在于：

在政府方面，进行了及时的应对，或者安抚民众，或者及时管控。如在2018年1月的骚乱中执政党一方面同意增加社会福利，另一方面抓捕了一批参与骚乱者并警告将严厉打压非法活动人员。

在民众方面，虽然对现实不满但也不愿意再次掀起大规模的政治动荡、政权颠覆、国家根本制度变革，民众深刻地认识到了数年来的动荡失序所导致的经济与民生水平严重下落，只希望通过示威抗议表达对现实或某些政策的不满，向政府施压以促进政府更加着力于民生工作。

在反对派方面，虽然有时会与民众一道进行示威抗议活动，以向政府施压、争取民心，但绝不会组织、带动民众与执政党进行重大政治对抗。反对派的主要政治策略是合法参与、维持温和的政治形象。此外，反对派也没有

---

① 若木、唐志超、牛新春、吴晚芳：《对阿拉伯世界，要多一分耐心——“阿拉伯之春”四周年的思考》，《世界知识》2015年第3期。

② Laura K. Landolt and Paul Kubicek, Opportunities and Constraints: Comparing Tunisia and Egypt to the Coloured Revolutions, Democratization, Vol. 21, No. 6, 2014, p. 11.

③ Hamadi Redissi, The Decline of Political Islam's Legitimacy: The Tunisian Case, p. 393.

④ Hardin Lang, et al., Tunisia's Struggle for Political Pluralism after Ennahda, p. 10.

⑤ 殷之光：《突尼斯：脆弱的宁静》，《世界知识》2016年第1期。

动员绝大多数民众以激烈方式颠覆政府的能力。

在国际方面，国际社会普遍希望突尼斯维持稳定。联合国通过世界银行、世界和平基金组织等援助突尼斯。西方国家大力维护突尼斯稳健转型“形象”，同时国内安全也有赖于突尼斯的稳定，因此较为积极地援助、支持突尼斯。

三是，紧急状态成为维持国家秩序的一种基本手段。2015 年 6 月恐怖袭击后，突尼斯在 7 月进入紧急状态，此后突尼斯多次延长紧急状态。长期的紧急状态已经不仅仅是打击恐怖威胁的紧急举措，而似乎成为突尼斯维持国家正常秩序的一种手段。当前，恐怖威胁成为一种常态，“独狼式”和“渗透式”两种恐怖主义形式都对突尼斯有现实影响。周边国家持续的暴力冲突、地区人口贩卖和走私活动、跨国极端暴力组织的猖獗活动等都使突尼斯面临日益增加的恐怖威胁。[①] 紧急状态是遏制恐怖活动的必要，包括遏制恐怖势力在国内的流窜、打击其跨国活动等。政府还以紧急状态防范重大突发事件，如大规模的社会骚乱、有组织经济犯罪势力的膨胀；执政党也以此保证重大选举活动的顺利进行。而为了保障社会、政治秩序，民众与反对派也没有激烈地反对紧急状态的施行。

（三）突尼斯“民主模板”的压力

所谓突尼斯“民主模板”，一是指 2010 年 12 月以来突尼斯局势动荡及之后的过渡、转型时期基本保持了稳定而没有发生战乱、分裂，各政治势力之间的博弈也基本遵守宪法等政治规范。二是指西方大国将突尼斯树立为 2011 年以来阿拉伯地区动荡中转型的“典范”，称其 2014 年宪法是“整个伊斯兰世界最民主、最自由的宪法”，其政治转型在西亚北非地区中是“一种高水平的政治意识和无与伦比的宽容”，“已经具备引领民主过程及其巩固的成熟条件”，因而突尼斯“承载着整个阿拉伯世界对真实的民主化的期盼和希望”。[②]

这种“民主模板”的“典范形象”既给突尼斯带来一定的积极意义，如突尼斯民众对国家仍然拥有一定信心；也存在明显而长远的消极作用，“民主模板”的形象成为一种“鸡肋”式的政治消费品。面对新冠肺炎疫情的压力，2020 年 5 月，突尼斯宣布了一系列恢复生产经营活动措施。

其一，民众为“民主模板”形象付出了沉重的代价。突尼斯的政治秩序

---

① Anna Louise Strachan, Drivers of conflict in Tunisia: an annotated bibliography, 4 September 2017.

② Yahia H. Zoubir, The Democratic Transition In Tunisia: A Success Story In The Making.

避免了国家陷于战乱，这对民众来说是巨大的幸运。但突尼斯动荡毕竟打破了原有的政治秩序，拖延了民生重大问题的解决。民众期待政治转型后有重大的经济转型，但“民主模板”形象却限制了很多重大经济政策的实施，只能以“稳健”为主进行零敲碎打式的修补，经济发展难有大作为。① 民众的心态很复杂，面对动荡“成果”被一个“民主模板”概念所控制，逐步清醒的民众既难以割舍又非常难忍。②

其二，各政治力量将维护政治稳定视为首要大事，其政治经济方向偏向传统和保守，任何动荡都会被视作危及国家安全稳定的行为。本来，实现经济增长，加速经济改革，把经济增长切实转化为国民生活水平的提高是政府工作的重点③，但保守政策所导致的民生问题的积累会成为威权政治回归的有利环境④。在这样的政治氛围中，突尼斯可能会回归威权主义的总统制。⑤ 对于突尼斯人民来说，“民主模板”形象可能越来越成为一种虚假的、自上而下的作秀。突尼斯的相对稳定对持续动荡的西亚北非一些国家的转型有很大的吸引力，但如突尼斯模式却不能较好地解决民生问题，就只能承受巨大的压力。⑥

其三，国际社会的迷思难以持久。西方国家认为突尼斯较为稳健的政治转型是其价值观发挥了关键作用，⑦ 而事实上却是西方干预模式不同的结果。突尼斯2015年以来不断加深的社会经济问题、政府不断强化的控制，及持续的紧急状态，让突尼斯民众特别是青年人与政治精英之间的关系持续紧张。经济与社会的结构性问题及威权政治的阴影冲击着西方对突尼斯“民主模板”的迷思逻辑。⑧ 西方国家仍在持续支持突尼斯以维护这一“样板工程”。2020年6月初，德国发展银行向突尼斯政府提供1亿欧元优惠期限贷款，支持突尼斯的银行业与金融业改革。

土耳其与突尼斯有一定的共同特点，从长远来看，“土耳其模式”有借

---

① Heythem Guesmi, The Myth of Tunisia's Exceptionalism, https://www.aljazeera.com/indepth/opinion/myth-tunisia-exceptionalism-180117123750140.html.

② 李翠亭：《“阿拉伯之春”的历史后果——兼论美国对阿拉伯世界的民主输出》，《武汉大学学报（人文科学版）》2014年第1期。

③ 李洪峰：《“茉莉花革命”后突尼斯经济状况分析及展望》，《法语学习》2017年第1期，第8页。

④ 王泰：《阿拉伯剧变后中东的政治发展：困境与反思》，《阿拉伯世界研究》2017年第1期。

⑤ Anne Wolf, Beyond the “Revolution”, authoritarian revival and elite reconfiguration in Tunisia.

⑥ 于杰飞：《“我们不要‘有毒的民主’”——突尼斯“茉莉花革命”七周年回顾》，《光明日报》2018年1月22日第12版。

⑦ 时殷弘：《北非中东政局剧变及其主要国际涵义》，《现代国际关系》2011年第3期。

⑧ Heythem Guesmi, The Myth of Tunisia's Exceptionalism, https://www.aljazeera.com/indepth/opinion/myth-tunisia-exceptionalism-180117123750140.html.

鉴意义,[①] 但这种效应却被“民主模板”的迷思所限制，突尼斯缺乏其在20世纪20年代大刀阔斧的变革行为与条件。中东地区当前普遍求稳，认识到变革的震荡一旦超出社会的承受力就会产生无休止的动荡、战乱和民不聊生,[②] 也担心地区动荡“爆发一点，波及大片”,[③] 这一地区政治环境要求突尼斯趋于保守。但保守最终可能会带来倒退，伊斯兰政治力量的温和色彩可能会淡化,[④] 政治倒退会反噬2014年新宪法的基础，极端主义、恐怖活动的社会空间也会增加。

① 王林聪：《“土耳其模式”的新变化及其影响》,《西亚非洲》2012年第2期。

② 贾龙阳、赵文亮：《“阿拉伯之春”与“伊斯兰国”的崛起》,《郑州大学学报（哲学社会科学版)》2018年第1期。

③ 黄民兴：《世纪震荡：阿拉伯世界政治动荡的原因和前景》,《回族研究》2011年第3期。

④ 陶短房：《中东·北非·俄罗斯：“威权转型”前途叵测》,《同舟共济》2012年第4期。

第二章　利比亚局势演变及其张力关系

卡扎菲政权 2011 年倒台后，利比亚政局持续动荡。2014 年出现了两个政权并陷入内战，2019 年 4 月战火再起，2020 年 1 月土耳其军事介入利比亚内战，2020 年 5 月至 6 月战场局势发生了重大变化。利比亚仍然处于持续的内战与分裂状态，恐怖主义肆虐，人道主义危机严峻。利比亚问题已经成为国际性难题，利比亚是美国在中东大搞“民主改革”的典型失败案例。西方国家支持反对派颠覆卡扎菲政权，导致极端势力和恐怖势力在利比亚膨胀，使利比亚出现了国家分裂、长期内战。美国、法国等西方国家公开承认的西部政权（民族团结政府）明显受到宗教政治力量的控制，这是西方国家不愿意看到的，因此，西方国家虽然公开承认该政权，却不予以积极支持。而东部政权（国民政府）是世俗力量所控制，西方国家对其中的一些政治势力特别是原卡扎菲政权中的力量有偏见。因此，利比亚在政权颠覆后就陷入持续的动荡。

利比亚 2011 年以来错综复杂的政治局势演变过程，分为三个主要阶段，每个阶段的突出张力影响着政治、军事局势的发展。

第一节　利比亚局势中的主要力量及其张力关系

利比亚动荡中的张力关系非常突出，矛盾对立关系的激化推动利比亚各个阶段重大事件的演变。

一、利比亚国内政治力量

利比亚动荡导致政权迅速更迭，在政治重建的中心有一些突出的政治力量，这些政治力量的诉求、实力、策略之间存在紧张的张力关系，影响着利比亚政治重建的走势。

（一）世俗势力主导的国民代表大会

利比亚国民代表大会在2014年6月25日举行第一次选举，在2014年8月4日举行首次会议，总部设立在班加西。国民代表大会行使议会职能，是利比亚政治重建过渡期间的最高立法机关。其主要政治目标是通过最高立法职能保障利比亚政治重建的世俗化方向，与宗教势力为主的国民议会和后来组建的民族团结政府对抗并争夺势力范围，维护自身的合法性地位及最高权力。该势力拥有的武装力量包括国民军与利比亚常规部队。

国民军支持世俗力量，由哈夫塔尔领导，控制着东部主要城市和石油产区。2016年9月其将控制的西部油田、港口以及护卫力量移交给民族团结政府，2018年6月将东部产油区移交给利比亚东部的临时政府管理。国民军支持《利比亚政治协议》及相关大选。其着力打击宗教武装力量，2014年5月在班加西对宗教民兵武装发起大规模进攻，2017年5月对班加西的宗教极端武装“伊斯兰教法支持者”组织实施武力打击，清除其据点。位于利比亚首都西南方向140公里的西山地区的军阀割据武装力量“津坦民兵”是利比亚实力第二强的民兵武装，控制着的黎波里国际机场，支持哈夫塔尔。

利比亚常规部队大多支持世俗政治力量。由伞兵和突击队员组成的雷霆特种部队是利比亚的精锐部队，主要部分接受国民军哈夫塔尔的领导，反对宗教武装势力；常规空军部队也支持哈夫塔尔，空军战机常常配合哈夫塔尔的军事行动；常规警察部队、内政部打击毒品犯罪的武装力量，都支持世俗力量，在东部德尔纳、南部塞卜哈等城市与宗教武装势力对峙。

利比亚国民代表大会代表世俗政治力量，其主要政治活动与方式包括：

其一，依据《利比亚政治协议》组建政府。国民代表大会是《利比亚政治协议》规定的立法权力机构，2014年6月举行了首次选举，在国民代表大会选举的基础上组建政府，所组建的政府控制着东部和中部地区、南部主要城市及部分西部城市，位于东部城市图卜鲁格。

其二，实施武装斗争。利比亚国民代表大会将敌对的“利比亚黎明”武装和“安萨尔旅”等组织列为恐怖组织，并进行武力打击。国民代表大会与哈夫塔尔领导的国民军联盟，与宗教民兵武装进行对抗。

其三，强调、维护政治合法性。国民代表大会拒绝承认国民议会的合法性，在2014年5月宣布解散国民议会，在2015年3月宣布国民议会成立的民族团结政府为非法机构。国民代表大会还在国际社会打击国民议会的政治威信及其合法性，如在2015年利比亚冲突各方摩洛哥和谈中，指责国民议会持续传播、支持极端主义与恐怖主义，并以此为由退出和谈。

其四，推进政治对话。利比亚国民代表大会虽然排斥国民议会，但也主张与其进行政治对话。在摩洛哥和谈期间，尽管两个政权之间互相对立、矛盾不断，但仍于2015年12月签署了《利比亚政治协议》，以国民代表大会作为立法机构，产生九人总理委员会，其责任是组建民族团结政府，[①] 2018年5月在巴黎和谈中达成协议，将在当年12月举行议会和总统大选，后来在11月被推延到2019年。

（二）宗教势力为主的国民议会

2012年利比亚选举产生了国民议会，在8月8日从“国家过渡委员会”接管权力，结束了过渡阶段。但在宗教势力的主导下，国民议会在2014年2月7日任期结束后延期，与国民代表大会争斗不休。国民议会提出与卡扎非时代彻底决裂，重点是将利比亚的政治体制和机构从过去政府的遗产中清除出去。例如，它于2013年颁布了《政治隔离法》，试图以该法阻止那些在1969年9月1日至2011年10月20日期间在政府中任职的人担任公职十年，以此达到独揽大权的目的。《利比亚政治协议》在2015年12月签署后国民议会更名为“国务委员会”，国民代表大会成为最高立法权力机构，国务委员会是最高咨询和协商机构。

该势力拥有一些武装力量，此外还得到一些武装力量的支持，如米苏拉塔民兵、米苏拉塔旅、“革命者行动委员会”、“利比亚之盾”民兵武装等。其军事分支“利比亚黎明”从一些地区大国获得军事援助。

该势力的政治目标是建立宗教性质的政权。

其一，拒绝移交权力。国民议会在2014年8月以新议会违宪为由拒绝向新产生的国民代表大会移交权力，并复会组建“救国政府”，其“政府总理”受伊斯兰派支持，并废除了此前的临时总理。

其二，实施武装斗争。国民议会及其“救国政府”在2014年支持宗教势力的民兵武装“利比亚黎明”，该武装夺取了的黎波里国际机场的控制权。

其三，政治对抗与政治和解。国民议会与“救国政府”公开挑战世俗力量主导的新议会的合法性，如在2015年否决了利比亚联合政府协议。但鉴于国内、国际形势，国民议会势力也参与政治和解，并在2015年共同签署《利比亚政治协议》，推动组建民族团结政府。“救国政府”在2016年4月解散，两个政府对立局面打破。

---

① 《利比亚各方签署〈利比亚政治协议〉》，新华网，2015年12月18日，http：//www.xinhuanet.com//2015－12/18/c_1117499328.htm。

（三）民族团结政府

利比亚民族团结政府于 2016 年 1 月 19 日成立，该政府的组成依据《利比亚政治协议》，得到国际社会的普遍承认。民族团结政府及其武装力量控制着利比亚西部地区，包括的黎波里、米苏拉塔、苏尔特等主要城市。

民族团结政府的主要使命是结束两个议会—政府的混乱局面、制定新宪法并主持大选。这一使命很艰巨，需要与其他两个议会既团结又斗争，包括争夺最高权力及其合法性。

民族团结政府的主要活动包括：

其一，促进和解，推进大选。原定于 2018 年 12 月举行的大选被推迟到 2019 年，但民族团结政府一直在力推国家政治重建的重启。

其二，武装活动。其所属的武装力量打击极端势力，2016 年 5 月起针对盘踞在苏尔特的“伊斯兰国”势力实施持续军事打击。此外，2017 年与“救国政府”武装力量发生了军事冲突。

其三，与另外两个势力存在合法代表性的争夺。民族团结政府得到国际社会支持，但因为首都的黎波里由宗教民兵武装势力控制，民族团结政府在首都不能有安全保障，也无法在班加西办公，只能在突尼斯暂时办公。民族团结政府与另外两个势力存在明显的政治合法性冲突。

二、利比亚国内社会矛盾

（一）部落冲突问题

利比亚的名字来自于千年部落“利布部落”，所以部落是利比亚社会结构中的重要部分，部落主义在利比亚被称为“qabaliya”，指的是通过世系和共同祖先建立社会组织的方法。利比亚全国影响较大的部落有 30 多个，部落总数达 150 个多个。[①] 东部的主导部落是萨阿迪部落联盟，中部的主导部落是阿瓦拉德—苏莱曼部落联盟，其中包括利比亚最大的部落瓦法拉部落、卡扎菲所属的卡扎法部落，西部和南部的主导部落是巴哈尔部落联盟，西南部最有影响的部落是马加哈部落。[②] 动荡发生后部落发生了分化，除势力较

---

① Mohamed Ben Lamma, The Tribal Structure in Libya: Factor for fragmentation or cohesion? FONDATION pour la RECHERCHE STRATÉGIQUE, September 2017.

② 闫伟、韩志斌:《部落政治与利比亚民族国家重构》,《西非亚洲》2013 年第 2 期。

小的一些部落持中立、观望态度外，[①] 有实力的部落均参与到局势变动中。国家动荡打破了部落间原有的平衡，部落为争夺地方主导权、势力范围、利益分配特别是对石油等资源的控制展开了激烈博弈，主要表现是对各自政权的扶持，[②] 包括支持与反对卡扎菲政权的部落间、西部和东部地区的部落间、阿拉伯部落与柏柏尔部落间，相邻部落间。部落冲突多与民兵武装混战相结合。

自20世纪70年代以来，卡扎菲通过确保部落领导人的地区自治权来强化其政权的政治权利。20世纪90年代中期，部落领导职能通过大众社会委员会正式化，委员会进一步赋予部落领导权力，同时要求部落领导对其部落成员的任何颠覆活动负责。这大大提升了部落在巩固和维护卡扎菲政权的社会治理中的作用。

利比亚动荡后，由于部落拥有维护秩序和调解冲突的丰富经验，部落领导人在地方过渡委员会中发挥了主导作用。此外，部落领导人在长期实践中增强了社会治理的领导能力，对社会状况非常了解，因而在政府中具有重要地位。地方和部落力量在未来一段时间仍旧会强势发展，将会是利比亚重建进程的负面力量。[③]

部落冲突影响政治重建进程。利比亚在现代国家整合过程中没有能够淡化部落意识、增强国家统一意识。利比亚部落联盟、部落中的主要权力家族大多是阿拉伯人或柏柏尔人，但相互之间有着较大的矛盾。在历史上利比亚从未形成有力的国家权力及统一的公共权利，因而利比亚政治地理长期呈现“碎片化”特征。部落冲突在动荡中进一步激化，严重冲击了政治重建进程。国家意识的破碎增加了达成国家发展战略与目标的难度。在政府组建中各大部落首领成为多方争取的对象，导致政治张力关系的极度复杂。[④]

部落冲突破坏经济重建进程。利比亚是一个典型的“地租型国家”，[⑤] 国内产业结构单一，经济上对外部世界非常依赖，政府是经济结构的中心。其收入的90%依靠能源，但大型油田、输油管道等主要由部落控制，政府在

---

① Dr. Bruce St John. Libyan myths and realities, The paper was presented at the Security Policy Course on the Middle East, 2011.

② 韩志斌：《地缘政治、民族主义与利比亚国家构建》，《历史研究》2014年第4期。

③ Varvelli A., The Role of Tribal Dynamics in the Libyan Future, ISPI, Analysis No. 172, May 2013.

④ 王金岩：《利比亚战后政治重建诸问题探究》，《西亚非洲》2014年第4期。

⑤ 20世纪70年代，西方国家的一些学者提出了“地租型国家”概念，后来成为研究中东产油国的重要范式。“地租型国家”是指政府收入严重依赖外部租金的国家。See Douglas A. Yates, The Rentier State in Africa: Oil Rentier State in Africa: Oil Rent Depenency and Necolonialism in the Republic of Gabon, Africa World Press, 1996, pp. 12-36.

能源的生产与出口方面必须得到部落的支持与部落之间的协调和配合。卡扎菲政府被颠覆后，利比亚各方都以恢复和发展油气产业为首要任务，但各部落因与政府的关系不同而存在油气产业发展的政策、立场差异，难以实现恢复和发展油气产业的有效调配与统筹。能源的控制权自然成为相关部落争夺权力与利益的筹码和手段，政府一旦不能满足其利益分配、政治要求，部落就在其控制区域内不允许国家石油公司正常运营，甚至关停；部落间发生冲突时也会在跨部落分布的油田油气生产方面相互拆台、恶意破坏油田设施。[①]这些都会直接影响能源产业的复苏。

（二）难民问题

卡扎菲政权被推翻以来，利比亚陷入动荡与混乱，安全局势持续恶化，政府无法对海岸边界实施有效管理，非法移民纷纷经利比亚穿越地中海偷渡至欧洲。2018 年国际移民组织的全球移民报告中指出，约有 63 万非洲非法移民在 2011 年至 2016 年间通过该条路线进入欧洲。[②] 难民问题在三个方面冲击着利比亚的社会稳定：一是难民大量涌入利比亚带来的长期性的社会安全问题及隐患；二是欧盟及其相关国家与利比亚在防范非法越境难民问题中的矛盾；三是恐怖势力既借助动荡局势也借助难民潮进行活动。[③]

利比亚的难民问题具有较深的历史根源，是涉及政治、经济、社会、安全等方面的区域性和国际性问题。难民问题的解决不仅需要利比亚加强治理能力，也需要国际社会的合作。当前难民问题最突出的矛盾是欧盟相关国家与利比亚在难民问题上的不同态度。这些欧盟国家对于难民的大批涌入感到很大的压力，其福利资源难以应对汹涌的难民潮，这给欧洲接纳国的经济生活带来沉重负担。欧盟许多国家在对利比亚难民采取普遍的预防、阻止措施的同时，要求利比亚努力遏制难民涌向欧洲。利比亚各政治力量则与欧盟相关国家讨价还价。利比亚东、西两大政治阵营在欧盟的压力下于 2015 年加强了海岸警卫队巡逻以拦截、救助非法移民船，但收效甚微。一则因为利比亚处于动荡、分裂状态，难以有效管控难民潮，对管控非法难民也没有长期投入的计划；二则利比亚各政治力量将难民问题作为一种向欧盟等国际社会索要援助的筹码。难民问题将长期困扰利比亚社会

---

① 王金岩：《利比亚战后乱局中的部落因素》，《阿拉伯世界研究》2016 年第 4 期。

② 阿里木江·艾合买提、李远：《利比亚非法移民问题的形成、发展及其治理》，《阿拉伯世界研究》2018 年第 5 期。

③ Campanini，Costantini，Cresti，Djaziri，Erwin Husken，Klute，Kraus，Toscano，Varvelli. State - Building in Libya，The Monographs of Reset DOC，2017（10）.

安全与重建。

（三）社会安全问题

利比亚战后重建缓慢并出现波折，社会安全环境恶化，呈现多重安全问题，如社会力量的政治化—暴力化及其失控（主要是游击队和民兵的失控）、安全治理机制的失范和地区局势的失衡。

社会安全秩序失控，社会暴力形势严峻。利比亚局势动荡期间，卡扎菲政权曾将大量的库存武器分发给普通民众以动员民众抵抗反对派及国际力量。战后武器散落在利比亚社会，人人拥武，增加了社会中暴力事件发生的可能性和严重性。卡扎菲政权被颠覆后，国家军队土崩瓦解，民兵武装突起、混战，极大地恶化了社会安全环境。国内叛乱升级为长期内战，北约武装干预加剧了利比亚武装冲突，大大增加了激进伊斯兰组织的运作空间，[①] 助长了利比亚国内恐怖势力的发展。

卡扎菲政权被颠覆两年后，利比亚社会整体安全环境没有出现好转局面，局部地区的社会安全情况甚至逐渐恶化。动荡中武器的散落并为地方武装力量掌握被认为是暴力事件频发的主要原因，为此，利比亚政府从土耳其和俄罗斯购买武器装备以加强国家武装力量、强化打击地方武装的能力，但仍解决不了根本问题。武器装备散失不是利比亚安全困境的根本问题，而是如何协调解决民兵武装力量。[②]

利比亚的社会安全问题：从地方层面而言，不同派别的游击队和民兵组织之间武力摩擦不断；许多反卡扎菲武装力量或者公开抢劫财物，或者设立关卡，或者私自逮捕和扣留犯罪嫌疑人，还有的制造暴力事件，甚至围攻政府机构。在国家层面，恐怖势力活动猖獗成为利比亚重建中一大突出威胁。重大恐怖袭击事件不断发生，如 2012 年 9 月美国驻班加西领事馆遇袭事件。国际恐怖势力在利比亚活动猖獗，利比亚的一些派别还与恐怖势力相互勾结。当前利比亚北部沿海地区、南部一些地区已经成为恐怖势力和极端暴力势力的据点，恐怖势力与极端暴力势力在当地积蓄力量。利比亚的恐怖暴力威胁还外溢到邻国，如阿尔及利亚在 2013 年发生了恐怖势力绑架人质事件。

利比亚社会安全环境恶化导致安全问题外溢，推动了西亚北非地区安

---

① Alison Pargeter, Are Islamist Extremists Fighting among Libya's Rebels? CTC Sentinel Combating Terrorism Center at West Point, April 1, 2011, http://www.ctc.usma.edu; Nicolas Pelham, Bogged Down in Libya, The New York Review of Books, May 12, 2011.

② 江涛：《纠结的利比亚安全重建》，《南风窗》2013 年第 21 期。

全格局失衡，进而威胁整个地区的稳定局势。如利比亚与周边国家之间的非法越界、各类武器和毒品走私活动更加猖獗，[①] 卡扎菲政权时期的图阿雷格雇佣军大批返回马里，积极参与北部分裂主义运动，刺激了马里和整个西部非洲的恐怖主义活动。

（四）经济问题

利比亚局势动荡和北约的军事介入对利比亚经济的破坏力度之大众所周知，尤其是大城市遭到了严重的破坏，其安全保障设施和服务设施等被大量摧毁。时至今日，军事派系和部落之间的矛盾斗争依然集中在大城市，已成为阻碍利比亚经济重建的一大障碍。

利比亚与世界的经济联系被打破、中断，政权更迭导致国际合同失信；北约又常常以禁运和经济制裁作为干预利比亚政治重建的手段。在动荡与重建中政府宏观调控能力严重不足，基础公共服务部门的功能与作用几乎丧失殆尽，造成生活必需品的价格大幅上涨；而市场对未经检验的外国商品包括医疗药品完全开放，严重挤压本国商品的市场、阻碍国民经济的发展；银行与金融系统长期陷入全面瘫痪。利比亚政府实施的经济方案相互矛盾，没有统一的顶层设计，不仅没有为发展经济扫清障碍，反而造成利比亚多方面的混乱。

三、国际力量

国际社会对利比亚动荡与冲突的介入很深，不同力量的目标诉求、干预方式等对利比亚的影响非常关键。

（一）西方国家

法国、美国等国家在利比亚推行西方民主，扶持新政府，控制利比亚的能源资源，借此扩大在非洲的影响及地缘政治优势，且被迫在利比亚打击“伊斯兰国”等极端势力和恐怖势力。其主要的活动及目标有：

其一，西方国家直接参与颠覆卡扎菲政权的军事行动。利比亚动荡在2011年2月中旬出现了武力对抗，欧盟在2月25日宣布对利比亚实施武器禁运、冻结利比亚财产。在卡扎菲政府军迅速取得优势后，3月19日法

① 江涛：《后卡扎菲时代利比亚的国家安全治理》，《国际展望》2014年第3期。

国、美国、英国又开始对卡扎菲政权控制区实施空袭并很快大规模地武力介入，其目的是想在卡扎菲政权在国内失去广泛社会基础、在阿拉伯世界孤立无援的情况下颠覆该政权并控制该国家。西方国家之所以采用强有力的军事手段介入利比亚动乱，一个重要的目标便是攫取利比亚的石油和天然气资源。利比亚石油储量非洲第一，也是非洲最主要的石油出口国家。[①]据统计，2010 年利比亚每天的石油产量是 1800 万桶，其中 1500 万桶用于出口，法国、英国、意大利和西班牙合计达 85% 的石油用量来自利比亚进口，因而法国、英国和意大利成为第一批在利比亚采取军事手段的北约国家。此外，利比亚的天然气储量达到 55 亿万立方英尺。根据国际能源署的统计，如果建造管道和油气厂，截至 2012 年，利比亚的天然气资源利用率将达到 50%。利比亚丰富的自然资源诱使西方国家组织并领导了 21 世纪第二个十年爆发的一系列军事行动。

除此之外，随着利比亚战事进入僵局，反对派因为资金困难向西方国家求助。西方国家解冻利比亚财产，转而提供给反对派，其实质上是想颠覆卡扎菲政权，从法律层面来说，这是侵犯国家主权的做法。[②]

其二，西方国家试图控制利比亚政治重建进程，分享干涉红利。对西方国家而言，更重要的不是重建而是如何分配各方的权益。卡扎菲政权被颠覆后西方国家与利比亚过渡政府联系密切，但很快宗教政治力量膨胀并影响利比亚政局，出现了两个议会与政府，协议中的 2018 年 12 月大选又被推迟。这样，西方国家的“民主红利”难以实现，反而成为拖累西方政治的“负资产”。西方国家还急于获取干涉利比亚的“经济红利”，通过对新政府的帮扶抢占市场先机。西方国家从利比亚过渡委员会获得了能源合同，但因利比亚安全局势不断恶化，西方国家无法实现与利比亚的合作，绝大部分外资企业只能撤离利比亚。同时，西方大国主导的相关国际组织不理睬利比亚的求助，[③] 导致利比亚的经济重建一筹莫展。西方国家干涉利比亚的“经济红利”也难以实现。当前，法、美等西方国家希望通过打击恐怖主义支撑利比亚民族团结政府，尽快改善安全环境以实现经济合同。

其三，西方国家被迫在利比亚构筑防范“伊斯兰国”的防线。反对卡

---

① 利比亚的石油和天然气资源丰富，拥有 464 亿桶石油储量。Milad Elharathi，Is Libya Instable State in North Africa?（2014，May 6），http：//www. scribd. com/ - doc/222357814/Is.

② 朱文奇：《利比亚战争与国际干涉的新模式》，《西安政治学院学报》2011 年第 5 期。

③ Christopher M. Blanchard. Libya：Transition and U. S. Policy，http//：www. crs. gov，2012 - 10 - 18.

扎菲政权的武装对峙期间及之后，利比亚各团体之间因利益冲突不能就国家统一达成一致，导致政治重建进程中政治对立和暴力冲突演变为全面的血腥内战。利益争夺和武装冲突在该国部分地区造成权力真空，使得包括IS在内的极端暴力组织的影响日益增强。IS武装分子利用苏尔特和德尔纳的权力真空，创造了重要的立足点，利比亚很快成为国际恐怖势力的重要活动中心。面对该势力的猖獗活动，西方国家被迫对其进行打击。继在叙利亚、伊拉克开辟打击“伊斯兰国”的第一战场后，西方国家在利比亚开设了第二战场。美国多次空袭IS在利比亚境内的据点，英、法特种部队也在利比亚进行了一些反恐行动。西方国家强力干涉利比亚导致国际反恐阵线被迫拉长。

（二）阿盟和非盟在利比亚动荡中的角色

在利比亚动荡与危机中，阿盟和非盟试图依托联合国、国际社会，或者单独对利比亚问题进行斡旋、调控，其中非盟还制定了和平路线图。联合国安理会在2011年3月通过了第1973号决议，得到安理会所有非洲代表的支持，该决议授权使用一切必要措施保护利比亚平民。非盟高级特设委员会计划进入利比亚与交战各方举行会谈，解决危机，但遭到北约的阻拦与拒绝，北约部队以执行联合国安理会决议的名义在利比亚设立了禁飞区，阻拦非盟发挥作用。面对北约的强力干涉，阿盟和非盟的和平路线图无法落实，甚至被西方国家牵制而沦为其附庸。卡扎菲政权被推翻后，面对利比亚的政治分裂和武装对立，阿盟和非盟无力部署维和部队，亦无法深度介入利比亚和解与重建。

这些都暴露了这两大地区组织应对危机和管理冲突的能力不足。自成立以来，非盟一直致力于解决非洲最突出的问题——武装冲突，但其维和行动严重依赖外部力量的支持，导致行为能力严重受限。

（三）联合国在利比亚动荡中的角色

自利比亚危机出现以来，联合国多个专门机构和部门在利比亚活动，其中联合国利比亚支助团的规模最大也最重要。联合国承担着化解危机、促进重建的角色。①

---

① 协助和支持利比亚恢复公共安全和秩序；开展包容各方的政治对话，促进民族和解；协助开展制宪和选举工作；扩大国家的权力范围，包括加强负责任的新机构和恢复公共服务；促进和保护人权，特别是弱势群体的人权，支持司法恢复和建设工作；促进利比亚经济复苏，协调其他多边和双边行动者提供支助等。

其一，介入利比亚危机。欧盟在2011年2月25日宣布对利比亚实施武器禁运、旅游禁令、冻结国家财产之后，联合国随即认为利比亚面临食物供应、平民遭大规模屠杀等人道主义危机。2月26日，联合国安理会一致通过第1970号决议，要求利比亚各方立即结束暴力，敦促卡扎菲政府确保人道主义和医疗物资的安全通道。安理会冻结卡扎菲政权核心成员的资产；以国际刑事法院向利比亚施压；对利比亚实行武器禁运、人员旅行禁令；并监督实行情况。[①] 3月1日联合国取消了利比亚在人权理事会的成员资格，3月17日通过决议在利比亚设立禁飞区。

其二，力促利比亚民主转型。在利比亚2012年7月的国民议会选举中，联合国综合选举支助团（由联合国利比亚支助团、联合国开发计划署和联合国项目事务厅组成）向选举委员会提供实务咨询、技术援助和业务支助。因卡扎菲政权时期立法和监管框架相互矛盾、冲突，[②] 联合国还在司法建设和人权保护方面协助利比亚，为利比亚过渡时期的司法建设提供可借鉴的经验，法律和技术的支持。

其三，促进利比亚社会秩序的重建与恢复。在这一方面发挥作用的主要是联合国利比亚支助团，建立国家安全机构及各部门的协调机构是其中主要的工作之一，[③] 这一内部协调机制在2012年1月建立。事实上，2011年12月，联合国利比亚支助团为加快利比亚海外资产的移交而协调促成两个金融机构（利比亚中央银行和阿拉伯利比亚海外银行）的协商；2012年1月，联合国利比亚支助团与欧盟、世界银行对利比亚的社会服务、反腐败、公民社会、过渡时期司法等建设工作进行了协调促进。在2012年7月成立了安全咨询和协调司以协助利比亚处理社会散落的枪支问题等。联合国该机构在利比亚社会秩序恢复方面发挥作用。

其四，美国等借助联合国推行其利比亚战略。美国同意实施联合国决议，并以执行联合国安理会第1973号决议（授权各国采取“一切必要措施”）的名义，以武力介入利比亚问题。美国支持利比亚过渡政府的一些行为也借助了联合国决议的名义，如美国政府提供经济援助、解冻一些利

---

① Wilson Kajwengye Twinomugisha, The African Union's Response to the Libyan Crisis of 2011, The Faculty of Management, February, 2013.

② 《秘书长关于联合国利比亚支助团的报告（S/2011/727）》，http：//www. un. org/zh/documents/view_doc. asp？ symbol = S/2011/727。

③ 江涛：《联合国与利比亚重建：进程与前景》，《国际研究参考》2013年第5期；《安理会延长联合国利比亚支助特派团任期》，新华社，2017年9月15日，http：//www. xinhuanet. com/world/2017 -09/15/c_1121666030. htm。

比亚实体资产、解除一些金融制裁等。[①]

四、利比亚危机与动荡中的内外三重张力关系

利比亚危机与动荡中各力量之间形成了三个方面的张力关系，影响着危机与动荡的走势。

（一）国内政治张力关系的核心——世俗政治与宗教极端政治的对立

利比亚危机爆发后，最初的政治矛盾冲突主要是支持与反对卡扎菲政权的政治分歧，但过渡时期后很快演化为世俗政治力量与宗教政治力量之间的对立，其核心是政治重建中的道路之争，这一对立的张力关系在阿拉伯动荡中的各国普遍存在，表明阿拉伯地区的动荡属性具有明显社会发展、政治建设道路选择性质。

这一对立关系在利比亚表现得尤为突出。世俗力量在利比亚重建初期势头强劲，过渡政府及权力机构由世俗主义者主导。但利比亚本就存在很强的宗教势力，加之动荡中的思想混乱，宗教主义势力很快聚合、膨胀。到 2014 年利比亚形成了两个政府、两个议会对峙局面，其实质是社会发展道路之争的政治分裂。在联合国推动下，对立双方在 2015 年 12 月签订《利比亚政治协议》，根据协议成立了民族团结政府作为统一的政权，但原有的两个政权在很长时期内继续活动，与民族团结政府形成“一国三政府”的对立。

世俗主义与宗教主义之间的道路之争，在利比亚有着深刻的原因。经过长期的现代政治建设，世俗主义道路理念在利比亚社会已经广泛深入，但一些地区的宗教保守势力很强，这些宗教保守势力与埃及、沙特等国家的相关势力联系紧密。宗教保守、极端势力还与地区和部落势力相结合，将利益分配、重大利益诉求等问题复杂化，最后将张力关系集中在两条道路之争，在领导权、政治发展道路等问题上矛盾重重。安全环境的恶化是由这一张力关系衍生出来的。

（二）国内社会张力关系——社会分裂

在社会层面的张力关系主要是社会分裂，最突出的就是部落间、地

---

① Christopher M. Blanchard. Libya：Transition and U. S. Policy，http//：www. crs. gov，2012 - 10 - 18.

区间的冲突与对立，其社会张力关系都是围绕社会分裂而衍生的。表现为部落冲突的社会分裂，有部落本身的原因，但更主要的是国家危机与动荡激化了社会矛盾。社会分裂导致的部落间冲突，破坏国家公共设施、挑战国家权威、激化社会矛盾，甚至威胁地区安全局势。在国家危机与动荡中，利比亚部落间原有的平衡被打破，导致部落矛盾、社会经济矛盾相互交织，部落间冲突、纷争不断。部落冲突表面是部落（社会层面）间的权益之争，实质是部落权力与国家权力的对立，进而与两条道路之争相互交织。2014 年 1 月在利比亚南部塞卜哈镇发生的两个部落之间的冲突，就因分别支持不同政权。

社会分裂导致社会安全环境恶化，暴力活动威胁基本的社会秩序。利比亚一些地区的暴力袭击、绑架活动猖獗，突发状况较多，如 2016 年和 2017 年，利比亚多个地区发生了严重的暴力冲突。针对社会面的暴力袭击，多是以部落为主体的地方民兵、极端暴力组织或者恐怖势力所为，[①]严重扰乱社会秩序，大大增加了社会安全治理的难度。社会层面的暴力袭击直接考验利比亚警方能力的重建。政权更迭导致利比亚警察机构大规模崩溃，政治重建急需创建新的警察机构以维护社会秩序。但事实上这一任务难有进展，社会安全基本依赖军队与地方武装维持。[②] 军队是社会秩序的主要维护者这本身是一种社会紧张状态的表现。

（三）国际张力关系——针对卡扎菲政权的多重压力

在利比亚危机中，有三重国际社会力量干预利比亚危机，一是北约中的西方大国；二是地区组织与国家，如非盟、阿盟，及一些西亚国家；三是联合国等国际组织。在不同时期国际张力的表现、影响不同，但国际张力一直是利比亚危机、动荡中的突出因素。

国际张力关系有多种表现。其一，国际力量与卡扎菲政权之间的关系，基本上是一边倒地打压卡扎菲政权。其二，国际力量与反对派的关系，不同阶段的张力关系有很大差别，特别是过渡时期结束后出现了严重的政治分裂，国际张力关系多样化。其三，国际力量之间的张力，不仅表现为阿盟、非盟与北约的态度差异，还表现为北约国家之间的紧张关系、

---

① The Country Policy and Information Team. Note Country Policy and Information Libya：Security and humanitarian situations，https：//www. gov. uk/government/Publications/independent – advisory – group – on – country – information – iagci，2016 – 12 – 2.

② Peter Cole with Fiona Mangan，Policing Libya form and function of policing since the 2011 revolution，united states institute of peace.

世界大国之间的不同态度。法国、意大利虽然在战场上消耗很大，但无力主导利比亚重建及国际会议，只能仰仗美国的鼻息，而美国只会按照自己的国家利益主导利比亚重建。[①] 其四，国际安全问题的外溢，包括利比亚难民问题、利比亚国际恐怖势力膨胀等，对国际社会的安全构成挑战。利比亚持续不断的动乱局势产生了巨大的安全外溢效应，不仅成为全球恐怖主义威胁新的策源地之一，也变成了数以万计难民非法越境进入欧洲的跳板。

利比亚安全问题外溢，还导致欧洲社会、政治张力的增加。一是，穆斯林难民群体的文化认同困境和恐怖主义隐患。难民的涌入导致欧洲国家穆斯林人口快速增加，欧洲本土穆斯林的力量因此得以壮大，族群间的社会与文化对立、冲突在增加。[②] 二是，民粹主义反移民团体和政党的崛起与国家治理之间的困境。2014 年以来，伴随着难民潮，西欧经济遭受金融危机的重创，西欧各国失业率居高不下。经济困难为民粹主义和极右翼政党以“反移民”为旗帜利用民众的担心和不满而谋取政治资本提供了机会。民粹主义、极右翼政党等力量的增强，对欧洲产生了挑战。

第二节　卡扎菲政权的颠覆

2011 年 3 月至 10 月的数月间，利比亚卡扎菲政权被武力颠覆，参与颠覆卡扎菲政权的包括利比亚反对派、民众和北约国家，自此以后利比亚开始了持续至今的危机与动荡。不同阶段的突出的张力关系不同，在颠覆卡扎菲政权阶段，主要张力关系是卡扎菲政权与上述三种力量的对立。正是在这一对立关系中，卡扎菲政权才很快被颠覆。而国际层面的张力成为这一阶段利比亚危机走势的决定性因素。

一、卡扎菲政权被颠覆的过程

卡扎菲政权被颠覆，经历了民众抗议、国内武装冲突、国际武力干预等阶段。

第一阶段从班加西 2011 年 2 月 15—16 日数百名民众举行抗议活

---

① 赵可金：《利比亚政治发展的前景》，《学习时报》2011 年 8 月 29 日。

② 刘益梅：《欧洲难民危机的影响及其解决路径》，《山东社会科学》2016 年第 2 期。

动开始，到2月26日联合国制裁卡扎菲家族。在约10天的危机中，民众向政府提出社会改革要求的抗议示威活动很快向民众与政府的暴力对抗转化，政府以强力弹压的做法激化了矛盾，抗议活动迅速扩散。一是地区的扩散，骚乱从班加西蔓延到各地；二是向深度扩散，利比亚经济很快失控，油田无法开采，民众的诉求也越来越高，民众与政府的对立更严重；三是向国际化扩散，25日、26日欧盟与联合国开始对卡扎菲政权实施制裁，联合国安理会授权北约国家“采取一切必要措施”保护利比亚平民。

这一阶段主要的张力关系是政府与民众的对抗，其内容主要是社会改革诉求。但由于卡扎菲政权的处置不当、国际社会的不当干预，民众与政府的对立急剧升温、失控，危机逐渐滑向了暴力冲突。

第二阶段从反对派2月27日控制了首都附近的重要地区形成对卡扎菲力量的包围，到3月18日卡扎菲在接受联合国的禁飞区决议后向反对派大规模进攻。这一阶段主要是卡扎菲政府与反对派的武装较量。经过在首都附近的武装较量卡扎菲政权很快获得军事优势并向反对派反攻，控制了班加西的外围。但国际社会一边倒地支持反对派。这一时期利比亚的危机升级，一是从抗议向武装冲突的升级；二是国际社会干预的升级，法国在3月10日承认反对派，非盟、阿盟支持联合国向卡扎菲政权施压，支持在利比亚设置禁飞区。

这一阶段的张力关系主要是国内政治派别之间的武装冲突，国际社会的介入力度继续增加。这样，一方面卡扎菲政权在军事上取得了优势，另一方面卡扎菲政权在国际社会越来越孤立。

第三阶段从法国在3月19日空袭卡扎菲政权目标，到卡扎菲政权最后一个据点苏尔特在10月20日被反对派攻占，卡扎菲身亡。这一阶段多层矛盾激化，一是利比亚内部的政治分化，如卡扎菲召开部落大会获得支持，反对派组建的政权越来越强硬；二是军事冲突的白热化，对立双方将军事作为重点，军事行动决定着局势，直到卡扎菲政权被彻底颠覆；三是国际社会的武力干预力度不断增加，北约成为国际干预的主角，非盟、阿盟、联合国等组织都难以发挥政治解决的作用。

这一阶段的张力关系核心是国际社会与卡扎菲政权的对立，其他张力关系都从属于这一张力关系，如反对派对卡扎菲政权越来越强硬、反对派在军事上扭转败局反败为胜、支持卡扎菲政权的部落力量未能发挥作用、一些国际组织试图以政治和解方式化解叙利亚危机的努力未果等等，都是因为北约力量主导的空袭是这一时期的核心。除了军事打击、全面支持反对派，国际刑事法院还向卡扎菲发出了逮捕令。利比亚危机由动乱演变为国内武装冲突，在以北约为首的国际干涉下又演变为国际战争。①

二、利比亚政权颠覆阶段的张力分析

利比亚危机的爆发，卡扎菲政权的垮台，虽然在阿拉伯世界地区性动荡的环境下不是出乎意料的事件，但这一结果是多层紧张的张力关系所导致的。

（一）具有持久影响力的社会张力

利比亚现代国家政治建设中的社会整合工作严重不足，导致社会关系长期紧张，即使被政治表象掩盖，一旦遇到重大危机就会显现。

依据联合国决议，1949 年 12 月利比亚西北部的的黎波里塔尼亚、东部的昔兰尼加和南部的费赞组合为现代主权国家。但三个地区在自然地理上是不同的区域，在历史上也属于不同的政权辖区，因而具有差异较大的区域政治、文化和社会心理。二战后利比亚的统一政权中贯穿着中央集权与地方分权的斗争。② 这种社会心理、文化差异导致三地部落之间的社会隔阂，加之部落依然是利比亚的基本社会单元，③ 很易于诱发地方主义、部族主义。地方主义、部族主义导致政权的社会基础难以稳定。但不同地区的部落，政治生活有很明显的差异。奥斯曼帝国占领时期，在西部有许多影响较大的部落，都能够协助落实奥斯曼帝国的非洲政策。④ 殖民时期，部落之间的联系仍然紧密。二战期间，部落在政治和军事组织方面发挥了重要作用，但由于不同殖民者的占据导致部落间的隔阂、对立，民众国家意识淡薄。在利比亚，民众的部落意识甚至超过了国家意识，在他们看来，真主和部落才是信仰的对象。

卡扎菲政权试图以个人专政的政治体制来改变部落体制、强化国家意识，但其努力屡屡失败。之后，卡扎菲采用离间、拉拢等方式，让认同自

---

① 朱文奇：《利比亚战争与国际干涉的新模式》，《西安政治学院学报》2011 年第 5 期。

② 王林聪：《利比亚乱局的历史探析》，《光明日报》2011 年 8 月 18 日。

③ 王金岩：《利比亚战后乱局中的部落因素》，《阿拉伯世界研究》2016 年第 4 期。

④ Qaddafi Survival Means Weak A rmy, Co – Opted Tribes, KFMB – TV, Associated Press, 23 February 2011.

己政权的部落获得好处，打压并边缘化反对自己政权的部落。这就使得该国部落张力不断拉大，矛盾冲突不断，甚至影响到了利比亚国家政权的稳定。①

此外，利比亚、埃及和突尼斯三个国家地缘相接，自然条件和政治体制高度相似。在西亚北非政局动荡爆发之前，三国长期面临相似的社会问题，包括高失业率、贫富分化、住房短缺、粮食价格攀升和贪污腐败等。利比亚的经济来源主要依靠石油出口，经济结构单一，致使失业率居高不下，且贫富差距较大，高失业率使得民众对卡扎菲政权越发不满。

与此同时，我们也应该看到三国之间存在的差异。首先，利比亚拥有非洲最大的石油储量和第二大天然气储量，相较于埃及和突尼斯是一个资源丰富、市场开阔的国家。其次，在卡扎菲政权主导时期，利比亚不存在民间社会活动，相比之下，埃及在整个穆巴拉克时代都存在政党、工会和民间团体。利比亚社会缺乏政治参与的社会土壤。再次，相较于埃及和突尼斯宗教分裂的现状，利比亚是一个同质的穆斯林社会，且不存在激进的伊斯兰运动和“基地”组织网络；宗教冲突和极端暴力活动在卡扎菲时代没有活动空间。此外，卡扎菲出于对军队的不信任，将军队划分为若干小单位，彼此隔绝，缺少精良的武器装备，甚至为了防止军队内部个人忠诚度的集中，定期轮换军队领导人，这些严重阻碍利比亚军队朝着专业化和制度化方向发展。最后，利比亚的部落身份仍旧强大，而且不同于埃及和突尼斯的部落身份。尽管西亚北非局势动荡有着相似的背景，诸如不满贫富分化的经济现状、寻求个人权利和尊严、建立民主政府，但利比亚危机的根源是潜在社会动态和外部力量干预互相联动的结果。② 理解利比亚动荡的演变，需要清楚把握利比亚不同于其他阿拉伯国家的社会环境和挑战。

（二）卡扎菲政权积累的政治张力

卡扎菲政权逐步沦为寡头垄断专制政治。卡扎菲政权以“第三世界理论”和《绿皮书》的指导原则宣称民众革命、社会主义、对抗西方国家等作为政治指导方针，并构建了“魅力型统治”，③ 但卡扎菲未能实现威权政治向民主政治的转型。其政权对石油财富的分配不均、卡扎菲家族的亲信

① 胡国霞：《社会张力与威权政治的终结——利比亚政权更迭的社会根源探析》，《湖北省社会主义学院学报》2017 年第 1 期。

② Lisa Anderson, Demystifying the Arab Spring, Foreign Affairs, 90, 3 (May/June 2011): 2 – 7.

③ 韩志斌：《利比亚政治危机的历史探溯》，《阿拉伯世界研究》2012 年第 2 期。

对重要产业的垄断等导致很多部落对其不满，长期的权术斗争和政治清算等政策让该政权树立了很多政治对立势力。

在2011年2月抗议爆发后，抗议者提出了“打倒腐败分子”“反对总统卡扎菲”等政治诉求，以及反对卡扎菲个人独裁并且在该国实现基本人权和民主改革的要求。到反对派占领班加西、内战正式爆发后，反对派不仅要求卡扎菲个人下台而是要推翻卡扎菲政权，并很快在班加西成立了对立的政治机构，[①] 这表明双方的政治对立达到了无法调和的程度；尽管反政府武装构成复杂、派系众多，但推翻卡扎菲政权成为其共同目标。在这样的政治张力关系下卡扎菲成为阿拉伯地区动荡中第一个被自己国民击毙的领导人，之后国家陷入分崩离析。

（三）国际层面的张力关系让卡扎菲政权在国际社会陷入空前孤立

卡扎菲多次试图联合阿拉伯世界对抗西方国家，甚至提出“非洲合众国”的设想。因此，西方世界敌视卡扎菲，而且不少阿拉伯国家、非洲国家也不满卡扎菲的肆意妄为。在国家外交大政方针上，卡扎菲个人情绪表现突出，忽而与西方国家强烈敌对、忽而向西方软弱妥协，特别是2003年伊拉克战争后卡扎菲政权对西方采取的政策，让西方国家看到该政权的软弱，也让很多发展中国家失去了对卡扎菲的信任。

而“茉莉花革命”和“埃及革命”的相继成功，形成了某种动荡的地区性环境，这种环境刺激了利比亚民众的抗议游行活动、刺激了反对派推翻卡扎菲政权的欲望。

由于利比亚的地理位置和丰富的石油资源，出于地缘战略和能源安全的考虑，西方一直有干涉利比亚国内局势的强烈动机。卡扎菲政权一度强烈的反西方倾向博得一些影响力，使利比亚成为西方软权力价值辐射和利益扩张的一大障碍，[②] 而西方国家长期意识形态渗透也是诱发动荡的主要因素[③]。

（四）西方国家强力干涉、打压卡扎菲政权

卡扎菲在军事上是败给了北约而非反对派。在军事对抗中，卡扎菲政

---

① 反对派在东部重镇班加西宣布组建成立由民主化支持者、利比亚王室后人、部落领袖和宗教极端主义者构成的国家过渡委员会（NTC）。郭海清、王卫峰：《战局呈现明显三个阶段》，《中国国防报》2012年3月19日。

② 李云鹏：《西方强力干涉利比亚内战的动因分析》，《湘潮（下半月）》2012年第1期。

③ 王震：《“阿拉伯之春”与西方意识形态渗透》，《现代国际关系》2012年第6期。

权两度占据了优势，但都因为北约的强力军事干预，反政府武装才能够化险为夷。如双方陷入在由东到西的艾季达比耶—布雷加—米苏拉塔一线的胶着拉锯战时，北约对卡扎菲政权的军事打击不断升级，帮助反对派扭转了军事局势。[①] 再如卡扎菲政权在3月17日包围班加西，北约多国联军在19日发动了针对卡扎菲政权的“奥德赛黎明”军事行动，帮助反对派度过了燃眉之急。显然反对派能够以武力颠覆卡扎菲政权主要是由于获得了北约的军事支持。

北约中的西方大国全方位、多维度地强力干预利比亚危机就是要颠覆卡扎菲政权。北约在军事上不惜公然违反国际法的基本原则，[②] 其军事支持手段包括以高密度的空袭支持反政府军的地面攻击，派出特种部队、雇佣军，提供武器支持，信息战、心理战等。[③]

在外交层面，西方国家通过承认反对派组建的政府来在政治上孤立、施压卡扎菲政权。反政府武装在3月23日宣布成立“利比亚过渡政府”，3月29日法国、意大利、德国、西班牙等西方国家对“利比亚过渡政府”予以正式承认；5月下旬，美国邀请利比亚“国家过渡委员会”（The Transitional National Council，TNC）在华盛顿开设代表处，6月初美国国务院宣布TNC为利比亚人民的“合法对话者”。[④] 西方国家一方面冻结卡扎菲家族与卡扎菲政府的资产，另一方面又将这些资产移交给利比亚的反对派。西方国家还通过国际刑事法院发出逮捕令在法律和道义上向卡扎菲及其政权施加双重压力。[⑤] 在全面的强力干涉下，卡扎菲政权由军事上的优势转化为劣势，很快走向溃败。

（五）国际媒体在动荡中产生不可替代的作用

2011年2月开始的非暴力民众运动演变成一场全面的内战。由于卡扎菲政府在军事上占优势，反卡扎菲势力就以吸引国际媒体试图使暴力合法化的方式争取国际支持，反对派的观点及其活动每天都被国际媒体大肆宣传。通过这一媒体策略，利比亚反卡扎菲活动迅疾吸引了全世界的注意力，并以联合国安理会决议的形式获得了国际社会的支持。

对于一个政权、一个反政府活动来说，合法性和支持是十分重要的，

---

① 储昭根：《利比亚演绎政权更迭新模式》，《南风窗》2011年第19期。

② 朱文奇：《北约对利比亚采取军事行动的合法性研究》，《法商研究》2011年第4期。

③ 郑杰光：《利比亚战争中的武装干预特点》，《国防科技工业》2011年第9期。

④ 5 Goals Set for the NTC by the Libyan People，National Transitional Council - Libya | RSS，http://ntclibya.org/5-goals-set-for-the-ntc-by-the-libyan-people/.

⑤ 杨柳：《国际刑事法院盯上卡扎菲》，《南风窗》2011年第14期。

而使斗争合法化的最有力的方法是把军事行动同正当的斗争联系起来，有了合法性就可以获得支持。新闻报道有着无与伦比的影响力，在一家影响力大的媒体上发表一篇引人注目的报道，可以让不知情的读者注意到一场遥远的冲突。西方媒体不断向欧洲人民传播利比亚“残暴、破坏与死亡”相关的图片与新闻而控制舆论导向，其目的是向欧洲民众传达卡扎菲政权的非法性（暴虐与无道），从而证明反卡扎菲颠覆活动的合法性与合理性。[①] 然而，究其根源，西方国家只不过是在维护其在利比亚的权力和利益而已。

（六）联合国等国际组织及多边国际外交对利比亚的压力

利比亚的动荡很快引起了国际组织的关注，联合国、阿拉伯联盟和非洲联盟相继做出反应。联合国安理会于2月26日通过第1970（2011）号决议，要求“立即停止暴力”，并呼吁“采取措施，以满足人民的合法要求”。[②] 随后，联合国安理会于3月17日通过第1973（2011）号决议，授权“使用一切必要措施保护利比亚平民和平民居住区免受武装袭击的威胁”。[③] 第1973（2011）号决议比第1970（2011）号决议的制裁措施更为强硬，包括禁运武器、禁止卡扎菲家庭主要成员的国际出行、冻结卡扎菲集团核心成员的海外资产、冻结利比亚中央银行和利比亚石油公司等实体的财产等举措，但最重要的还是设立禁飞区，在利比亚领空只允许人道主义救援、撤离外国侨民的飞行，而禁止其他所有的飞行。联合国可谓迅速、全面地限制了卡扎菲政权的国际、国内空间。2011年9月16日，联合国大会将“国家过渡委员会”作为利比亚的合法代表。

非盟和阿盟试图调控危机的升级，发挥其在地区事务中的作用。其中非洲联盟针对利比亚局势执行非盟组织法第4（h）条，即国际社会干预并且承担保护责任。[④] 2011年3月10日举行的非洲联盟大会第265次会议的首脑会议决定设立高级别特设委员会，负责制定解决利比亚问题的路线图。非盟路线图要求：（1）立即停止敌对行动；（2）利比亚有关当局进行合作，以促进及时向贫困人口提供人道主义援助；（3）保护外国国民，包

---

① Amund Bakke Foss, The Libyan Rebellion: With Media as a Weapon. Master's thesis – Peace and Conflict Studies, Department of Political Science, May, 2012.

② United Nations Security Council 1970, UN Doc. S/RES/1970 (2011).

③ United Nations Security Council 1973, UN Doc. S/RES/1973 (2011).

④ Alex Dewaal, The African Union and the Libya Conflict of 2011, World Peace Foundation, DEC. 19, 2012. https://sites.tufts.edu/reinventingpeace/2012/12/19/the-african-union-and-the-libya-conflict-of-2011/.

括居住在利比亚的非洲移民工人；(4) 人道主义援助；(5) 利比亚各方之间的对话以及建立一个双方同意和包容的过渡政府。①

非盟作为非洲地区超国家机构介入利比亚国内针对平民的暴行，具有合法性及影响力。但当非盟高级别特设委员会计划进入利比亚与交战各方协调解决危机时，北约却以执行联合国安理会第 1973 号决议“禁飞区”内容为由拒绝非盟代表团进入利比亚。解决利比亚危机过程中，非盟被边缘化并且非盟路线图完全被忽略。

除了北约国家的排斥外，非盟在处理利比亚危机中出现边缘化现象的原因很大程度上出于非盟自身。具体而言包括：第一，非盟政治资源的限制。关于“非洲解决非洲问题”的主张并未得到非洲国家充足的政治资源的支持，以便将其变为现实。虽然非盟一直寻求解决利比亚危机的外交方案，但其开展保护利比亚平民行动的财力和人力资源严重不足。第二，非盟成员之间缺乏共识。针对联合国安理会第 1973 号决议，非盟成员之间存在三种处理立场。② 乌干达、肯尼亚和南非的立场是原则上接受联合国第 1973 号决议，但批评北约国家在利比亚开展行动，认为北约的行动超出了决议范围。卢旺达等国的立场是支持对利比亚的军事行动，认为利比亚的局势已经超出了非盟的处理范围。津巴布韦、阿尔及利亚和尼日利亚等国的立场是反对北约在利比亚的行动，并认为西方国家在利用联合国推翻卡扎菲政权。穆加贝总统指责北约是杀死卡扎菲的“恐怖组织”。③ 成员之间严重的分歧，导致无法对危机进行有效干预。第三，非盟的原则和行动不相匹配，新的非漠视原则与旧的不干涉原则在理论和实践中相悖。④ 尽管非盟内部关于非漠视原则在理论上达成一致，改变了不干涉原则长期的垄断地位，但是无法影响成员国家的国内实践。大多数非盟国家不愿以牺牲政权安全为代价换取社会安全。

北约的武力干涉打乱了非盟和阿盟的设想，这两大地区组织在地区事务中特别是针对危机与冲突事务的管理能力不足。到后期非盟和阿盟反对军事干预利比亚，因为联合国安理会 1973 号决议允许“会员国采取一切

---

① “过渡政府”由刚果（布拉柴维尔）、毛里塔尼亚、马里、南非和乌干达的领导人组成，由南非总统雅各布·祖马担任主席。African Union，AU HL Communiqué，2011.

② Wilson Kajwengye Twinomugisha，The African Union's Response to the Libyan Crisis of 2011，University of The Witwatersrand，February，2013，p. 72.

③ 《津巴布韦总统指控北约是恐怖组织》，凤凰网，2011 年 8 月 9 日，https：//news. ifeng. com/c/7fa8RfUNQTS。

④ Wilson Kajwengye Twinomugisha，The African Union's Response to the Libyan Crisis of 2011，University of The Witwatersrand，February，2013，p. 75.

必要措施”确保平民安全的内容，将针对性地限制卡扎菲政府的空军力量而扶持反对派武装，明显会扩大利比亚危机及其暴力冲突，会导致利比亚出现难民逃亡和平民死伤等大规模人道主义灾难。原本支持西方军事介入利比亚危机的阿盟和非盟因此与北约拉开距离，公开谴责国际武力干涉及其升级，呼吁停止军事打击。但其呼吁既无法产生影响，也无法采取有效措施予以落实。

西方国家以多边国际会议形式来打压卡扎菲政权、扶持反对派。在2011年3月29日，西方国家联系了40个国家和国际组织在伦敦举行国际会议，集中商讨军事干预利比亚危机及其之后的安排。会议要求执行联合国安理会相关决议，否定卡扎菲政权的合法性，并在联合国及区域组织框架内加强措施及制裁；呼吁利比亚民众支持、配合国际干预。在2011年9月举行了“利比亚之友”国际会议，因卡扎菲政权在军事、政治上的败局已定，有近60个国家和国际组织讨论利比亚的政治过渡、经济重建等议题，包括解冻利比亚资产转交给过渡政府。9月20日，“利比亚之友”很快召开了第二次会议。

第三节　利比亚从政治过渡到国家政治分裂

2011年10月23日，利比亚“国家过渡委员会”在班加西宣布接管全国政权，进入了政治重建时期。卡扎菲政权被颠覆，利比亚民众、各政治力量和国际社会，都期待在满目疮痍的利比亚迅速、顺利地开展重建。在一系列过渡性治理下，虽然避免了国家内战，但许多地区仍发生了暴力冲突，尤其是2014年爆发了严重的大规模武装冲突。2014年5月16日“尊严”大规模军事行动打碎了各方面的期待与努力，两个政府的对立、持续的武装冲突，让利比亚又一次陷入了内乱。到2015年12月，利比亚各方签署了《利比亚政治协议》，2016年1月组建了得到国际社会普遍承认的民族团结政府。在利比亚危机与动荡的演化中各种张力关系又有了新的重大变化。

一、利比亚从政治过渡到内战的演变

这一时期，利比亚国内局势发生了重大变化，这一变化不亚于卡扎菲政权由军事优势到劣势的变化。

（一）政治过渡时期

政治过渡是利比亚反对派在卡扎菲垮台之前就设置好的议程。“国家过渡委员会”（TNC）宣称其为代表利比亚人民的唯一合法机构，主要由组织松散的地方武装团体组成，这一机构及各地方议会都由反卡扎菲势力控制，在国际社会也得到了普遍的承认。2011 年 5 月初，“国家过渡委员会”向国际社会（在二十二国利比亚国际联络小组会议上）公布了“路线图”，政治转型的基本方向是向民选政府过渡，建立一个由“国家过渡委员会”成员、原卡扎菲政权的高级技术官员、高级军事和情报官员以及最高法院法官组成的临时政府。① 临时政府在联合国监督下举行市政选举，并由市政代表理事会选举产生委员会起草一部新宪法；宪法获得通过后，议会选举将在四个月后举行，两个月之后再举行总统选举。②

“国家过渡委员会”在 2011 年 8 月 3 日公布了《宪政宣言》作为临时宪法，阐释了利比亚政治重建的重大原则，给出了政治重建的时间表。③卡扎菲死后，《宪政宣言》所规定的时间表开始实施。

“国家过渡委员会”最初主要由东部领导人领导，但成员来自所有地区。2011 年 10 月 31 日，“国家过渡委员会”选出了临时总理，开始组建“过渡政府”。过渡时期的主要任务是为大选做准备，“最高选举委员会”2012 年 2 月成立，标志着大选筹备工作正式开始，重点工作是制定选举法、规定资格与程序。选举法在 3 月 28 日通过，规定议会的席位（设 200 个）和分配比例（80 席分配给通过比例代表制选举的各政党，120 席分配给通过单议席单票制选举的独立人士）。在选举资格方面，“国家过渡委员会”在 4 月 25 日颁布法令规定，大选中禁止以宗教、族群和部落为基础的政党参选。

除此之外，“国家过渡委员会”还承诺了一系列国民需求，包括一个正常运作的司法系统、解除民兵武装、建立并发挥国家安全部队的作用、重建被摧毁地区、提供医疗保健等社会基本服务等。在一段时期，过渡委

---

① James Bone, Rebels' road map for Libya elections, The Australian, May 7, 2011, http://www.theaustralian.com; Shaif Hikmat Nashashibi, A Game of Libyan Chess, Libya for the Free, May 15, 2011, http://english.libya.tv.

② Noman Benotman, Opposition splits mean Nato must act quickly, The Times, May 30, 2011; Associated Press, UN investigators say both Gadhafi forces and opposition committed war crimes in Libya, The Washington Post, June 1, 2011, http://www.washingtonpost.com; Sue Turton, Secret graves found in Libya, Al Jazeera, June 19, 2011, http://english.aljazeera.net.

③ 韩志斌、闫伟：《后卡扎菲时代利比亚政治重建及前景》，《国际论坛》2013 年第 1 期。

员会享有“暂时的合法性”。但是随着时间推移，“国家过渡委员会”的透明度、合法性和执行力等问题开始凸显，再加上经济停滞，“国家过渡委员会”与当地各团体和武装团体开始产生矛盾，这些团体对“国家过渡委员会”的权力产生了质疑，其中许多反对或者不支持“国家过渡委员会”的成员开始成立自己的组织，以取代“国家过渡委员会”的地位。[①]

国民议会在2012年7月7日举行选举，有21个政党获得议席，投票率达62%。“国家过渡委员会”在2012年8月8日向利比亚国民议会移交了权力，利比亚国民议会在8月10日选出了议长，在10月14日选出了临时政府总理，10月31日通过了政府内阁名单。利比亚平稳地完成了政权过渡，过渡阶段的使命完成，政治重建开始，利比亚国民议会作为立法权力机构是政治重建的主导。

除了筹备大选，“国家过渡委员会”作为临时立法机构还在其他方面进行了一些初步的重建工作。“国家过渡委员会”将利比亚经济命脉——石油产业大体恢复，[②] 还努力促进社会与政治和解，重点是推动与各政治派别、地方部落势力逐步达成和解、解除武装。譬如利比亚东部拜尔盖地区（旧称“昔兰尼加”）在2012年3月6日召开会议宣布实行联邦自治，虽然宣称在议会、警察部队和司法机构等方面保持独立，但在外交和国防上服从中央政府。[③] “国家过渡委员会”在2012年5月3日颁布了法律，给予推翻卡扎菲政权的相关人员以司法豁免权，禁止颂扬卡扎菲及其政权的行为。

（二）利比亚国民议会执政阶段

2012年7月7日，利比亚选民在近50年来首次从全国大选中选出200名国民议会议员。国民议会将监督政府，任命新内阁，确定起草委员会成员名单并编制新宪法。如果在全民公投中顺利通过新宪法，新的选举将在2013年年中举行，使近两年的过渡进程接近尾声。[④] 然而，国民议会成立后很快出现了激烈的政治对立与斗争，由政治斗争演化为内战。

首先，国民议会中的主要政治力量。利比亚2012年大选的参选政党大多数是各反卡扎菲派别在2012年4月后成立的，参选政党众多但很少有严

---

① Paul Salem and Amanda Kadlec, libya's troubled transition, Carnegie Endowment for International Peace, June 2012.

② 陶短房：《利比亚：“蜗牛”式重整旗鼓》，《能源》2013年第3期。

③ 黄培昭、焦翔：《利比亚东部宣布自治》，《人民日报》2012年3月7日。

④ Christopher M. Blanchard, Libya: Transition and U. S. Police, Congressional Research Service, August 9, 2012.

密、统一的施政纲领与治国理政的指导方针。因此选举产生的利比亚国民议会（GNC）是一个松散的政治联盟。

利比亚国民议会排名前两位的政党共获得70%的选票，占56个席位。其中全国力量联盟获得近49%的选票，占39个席位，是第一大党。全国力量联盟是世俗政治联盟，主张建立现代民主政治国家，尊重女性权利，进行社会与民主变革。该政党的政治主张与宗教政治力量相对立。该政党的核心力量是过渡政府人员，包括政治组织（44个）、非政府组织（236个）、独立人士（超过280名），是一个由各种各样的公民社会组织组成的联盟，除了寻求政治和经济稳定之外，这些组织几乎没有共同的目标。该联盟因采用宗教规范和语言而受到一些反对派的批评，同时主张一个相对世俗的议程。全国力量联盟在议会的主要竞争对手是公正与建设党。

公正与建设党获得约21%的选票，占17个席位，被公认为伊斯兰组织和利比亚穆斯林兄弟会的政党，① 是第二大党。公正与建设党于2012年3月3日在的黎波里成立，其核心是穆斯林兄弟会利比亚分支成员，是伊斯兰主义的政党，其政治理念中强调伊斯兰教的基本原则。穆斯林兄弟会利比亚分支在2011年11月17日举行会议，讨论政治参与事宜，于2011年12月24日宣布筹建政党以参加2012年大选。穆斯林兄弟会利比亚分支成员参与了推翻卡扎菲政权的活动，但没有参与“国家过渡委员会”。卡扎菲政权被推翻后一些分支成员从海外返回利比亚。

第三大党是全国阵线党，2012年5月成立，主张自由选举、民主变革、保障女性权利，在反对实行联邦制的基础上扩大地方自治权，是一个世俗主义民主政治的政党。该党是卡扎菲时代一个最活跃和最突出的反对派，但因其领导者长期流亡，该党容易受到民众的怀疑和批评。该党的基础是1981年成立的“拯救利比亚全国阵线”，一直反对卡扎菲统治，活跃于利比亚东部，在2012年议会选举中赢得3.8%的票数，占3个席位。②

其次，国民议会时期的政治斗争。国民议会选举中，主张世俗主义的政治力量及政党获得了胜利，但以公正与建设党为首的宗教政治力量在2013年开始发难，宗教政治力量联合、资助民兵武装获得一系列政治优

---

① Emin Poljarevic, Libya: A Case Study of a Failed Revolution, Scientific Coopeartions 2nd International Conference On Social Sciences, 2-3 APRIL 2016.

② Christopher M. Blanchard, Libya: Transition and U. S. Police, CRS Report for Congress, 7-5700, RL33142 August 9, 2012.

势。具体做法包括：其一，迫使议会通过了“政治隔离法”，[①] 借此强迫一系列重要的世俗政治力量的议员、政府高官离职，通过议长选举控制了议会（扶持立场偏向伊斯兰主义的无党派人士努里·阿布·萨赫明担任议长）。其二，于2013年年底在议会通过推行伊斯兰教法的法案、延长议会任期（任期到2014年1月结束）。其三，采取宗教极端的政策，胁迫议会与政府。

宗教政治力量的极端政治行为激化了其与世俗政治力量之间的斗争，也引发大多数民众的强烈不满。2013年宣布利比亚国民议会延长任期后，东部城市发生了大规模示威活动。世俗政治力量代表（国家地面部队总参谋长哈夫塔尔）在2014年2月呼吁反对“政治隔离法”影响，以总理的名义接管政府。在未得到普遍响应的情况下，哈夫塔尔等人连夜出走东部。哈夫塔尔在国内获得海陆空军事力量、世俗政治力量的普遍支持，在国外得到埃及和阿联酋支持，2014年5月开始军事打击国民议会和班加西的宗教极端武装力量。

（三）内战与两个对立的政权

卡扎菲政权被颠覆后，利比亚实际由各种军事派别控制，各军事派别和利益团体斗争冲突不断，国内安全局势迅速恶化为一场全面的内战。利比亚国内出现了两个政府代表，一是位于的黎波里的国民议会，由宗教政治力量控制，得到了米苏拉塔民兵及其盟友的支持；二是控制东部城市图卜鲁格的国民代表大会，得到哈夫塔尔将军的军事支持。两个政府都企图实现确保其领土控制范围和推进国家统一的目的，因此在这一阶段，既有武装冲突，又有政治对立。

首先，世俗政治力量武力打压宗教政治力量，举行国民代表大会选举。2014年5月，世俗武装力量在东部与西部打击宗教政治势力的武装力量，并以武力迫使国民议会解散。在2014年6月25日的国民代表大会选举中，世俗政治力量获得多数席位，并组建了新政府。尽管利比亚国内的世俗势力较为分散，但他们是推翻卡扎菲政权的主力，具有一定的执政经验和政治号召力。从国民议会的选举过程可以看出，其与伊斯兰主义势力不相上下。但世俗主义与宗教主义之间存在不少矛盾，这些矛盾主要是现实的政治矛盾，但并非不可调和。这两者之间并非是一边压倒另一边的关系，而是形成一种具有包容性的、更加平衡的政教关系。[②]

---

① 主要内容是禁止卡扎菲政府（1969年9月1日至2011年10月）的官员出任政府公职。

② 韩志斌、闫伟：《后卡扎菲时代利比亚政治重建及前景》，《国际论坛》2013年第1期。

其次，宗教政治力量发动武力攻势，出现两个议会、两个政府。世俗政治力量以武力打压宗教政治力量、主导国民代表大会的选举并获胜，穆兄会在埃及失势、突尼斯世俗政治力量的掌权，让宗教政治力量感到严峻的政治危机。利比亚的宗教政治力量各派别联合起来采取了两个行动，一是在2014年7月发动武装攻势，控制了的黎波里；二是在控制的黎波里后宣布恢复利比亚国民议会。

面对宗教政治力量的攻击，世俗政治力量及其政府出走托布鲁克。而宗教政治力量则控制的黎波里，组建救国政府。这样，利比亚出现了两个议会—政府的分裂对峙局面。

最后，从两个政权的对峙到《利比亚政治协议》的签署。这一阶段有两种性质的战争。一是两个对立政权之间的战争，战争主要发生在班加西和的黎波里，目的是争夺机场、油田等战略要地。二是国际恐怖势力的膨胀及其与两个政权的武装冲突。利比亚两个政权的对立给“伊斯兰国”的渗透和扩张提供了机会。2015年2月20日，该势力攻占卡扎菲的故乡苏尔特，震惊了国际社会。俄罗斯2015年9月底在叙利亚针对恐怖势力实施空袭后，IS势力开始加快向利比亚转移，到2015年年底该势力在利比亚7个沿海城镇组建了武装组织，其存在直接影响着利比亚的政治和安全局势。

面对利比亚的局势，国际社会加大了对利比亚各方的斡旋，对立双方也担心恐怖势力的膨胀危及国家命运。经过一年多的斡旋与谈判，利比亚对立双方在2015年12月签署《利比亚政治协议》，协议规定以政治对话中形成的九人总理委员会组建民族团结政府，两个政权向该政府移交权力，以国民代表大会作为立法机构，以国民议会作为最高咨询和协商机构（更名为“国务委员会”），以国家委员会作为政府咨询机构。此次协议的签订，目的是试图通过成立一个统一的政府来实现该国的和平。其需要解决的问题包括解除武装、控制国家的机场和制定宪法。但是，新政府在的黎波里就职并行使其权力时，仍然面临着巨大的政治和安全挑战，其中一个关键的难题就是对军队的控制，其次是政权内部的分裂。因此，一个统一的政府只存在于名义上，一个有凝聚力的指挥系统并未形成。

二、国民议会阶段矛盾斗争的焦点及张力关系

这一时期利比亚的矛盾焦点有两个层面。一是国内两大政治势力的对

立与较量，既有政治道路选择的对立，也有权力利益的争夺，其斗争形势已经从政治对立升级到武装冲突的全面内战；二是国际恐怖势力在利比亚的集聚，利比亚沦为国际恐怖活动的主要中心。围绕着两个矛盾焦点出现了一系列的张力关系。

（一）国家危机与动荡中政治思想张力的加剧

此次阿拉伯地区的动荡，一个突出的特点就是宗教极端思想的扩散和泛滥。公正与建设党宣传奉行温和的伊斯兰主义，要求国家政治具有明确的宗教属性、遵循宗教法令治理国家，却在重建过程中不断极端化，以政治胁迫、武力活动排斥世俗政治力量。宗教政治化的表现，一是宗教极端主义在社会中有广泛的影响力，宗教话语成为政治动员的重要工具，即使是世俗政治力量的政党——全国力量联盟也宣称要将宗教法作为立法的指导；二是宗教极端政治势力的组织化，其典型就是组建了公正与建设党，该政党一度控制国家立法权力机构、挟持政府；三是宗教极端政治势力与一些地方势力、武装力量结合，长期保持武装割据、对抗局面。显然，利比亚的宗教政治力量已经全面膨胀。

与此形成鲜明对比的是世俗的以西方民主政治为模板的政治主张在利比亚社会没有普遍深入人心，世俗政治力量在国民议会中的失守就是突出表现。内战的爆发是西方强行推进民主化思维失败的典型表现，在没有社会基础和制度基础的前提下试图建立民主政治是难以取得成效的。利比亚重建中民主制度模式很容易被宗教势力利用、把控；军队及军事强人是当前利比亚打击、抑制宗教极端势力的主力，他们接受世俗政治，但这距离民主模板的差距很大。

这一时期的利比亚，国家政治重建在国家组织形式、政权组织形式和发展道路三方面的选择上产生分歧，[①] 突出地反映了三种政治思想的对立与张力。一是宗教极端主义与传统社会中地方主义、部族主义的结合，面对世俗力量的军事进攻，宗教政治力量能够很快动员、聚合有力的军事力量予以反击；二是民主政治与军队、地方主义、部族主义的结合，当宗教政治力量控制国民议会后世俗政治力量应对政治危机的办法只能是求助于军事强人而非政治制度安排；三是潜在的强人政治与民主外壳、地方主义、部族主义的结合。这三种政治思潮与模式之间的张力，深植于利比亚的政治文化之中，又因危机和动荡而激化。因此，国家重建中的政体、国

---

① 王金岩：《利比亚战后政治重建诸问题探究》，《西亚非洲》2014 年第 4 期。

体之争还表现为东部和西部地区的对立。人口占国家总人口60%的西部地区支持单一制国家形式，而人口占30%并拥有丰富油气资源的东部地区则要求实行联邦制。

通过长时间的内战，北约国家在利比亚的目标不再是打击威权政治、实施民主输出，而开始把抑制宗教势力作为地区主要目标。

（二）基本秩序的需求与角色缺位之间的张力

国家政治重建需要基本的政治、社会秩序，而利比亚在这一时期很快陷入了政治无序状态。这种无序的主要表现为缺少一个主导政治重建的重要角色，秩序的寻求与主导者角色的缺位之间的张力关系有一系列表现。

其一，民主化与政治力量分散之间的张力。卡扎菲政权被颠覆后，利比亚的政党如雨后春笋般涌现，积极参加国家政治重建，2012年的大选中有19个政党获得的席位是个位数，其中15个政党的席位为1个。① 众多政党在议会的活动没有促进政治民主化，而是导致了国家政治的无序状态，或者表现为被某个政党挟持议会，或者体现为无法达成基本的政治一致。另外，伊德里斯王室后裔、卡扎菲政权残余势力、恐怖组织等也以各种形式参与利比亚的重建与权力争夺，加剧了政治纷争。在这种混乱的纷争中，利比亚政治重建严重缺失政治主导者。

其二，地方政治势力权力扩大与中央权力式微之间的突出张力。地方政治势力积极参与政治重建，争夺权力。如各个部落或者成立政党，或者组建、扩大武装力量，这些地方政治—武装势力独霸一方，只考虑本地区（部落）利益的最大化而无视国家立法、政府权威。如利比亚东部拜尔盖地区的地方政治—武装势力在2013年10月25日宣布成立拜尔盖地区联邦政府，其辖属地区包括四个行政省。②

而主要的政党也依靠、拉拢地方政治—武装势力进行权力争夺，受制于地方力量。两大对立政治势力的武装力量很大程度上是民兵武装，武装力量中缺失国家重建的主导角色。随着内战的发生，武装力量的作用凸显，其影响大于政治力量，有凌驾于政治之上的态势。从政治重建开始，“国家过渡委员会”就没有能够整编、统一内战期间涌现的各类武装力量，也就不能够建立强有力的国家军队。而为了维系中央政权和地方武装形式上的隶属关系，中央政府一方面要给予这些民兵武装资金预算等支持，另一方面又只能

---

① Christopher M. Blanchard, Libya: Transition and U. S. Police, CRS Report for Congress, 7 - 5700, RL33142 August 9, 2012.

② 于毅：《利比亚东部地区成立联邦政府》，《光明日报》2013年10月28日。

容忍其保持高度自治。利比亚东、西、南三地的政治、社会心理差异较大，因而凝聚地方与部落的国家认同是政治重建中的重大考验。但政治重建过程中有不少政要因长期流亡海外或者在海外活动，对国内政治文化不了解，[①]往往不善于处理政治文化差异，更无力引导、控制地方割据势力。

地方武装力量出现军阀化、集团化、恐怖化等趋势。[②]地方武装势力不仅参与两个政治阵营的军事对峙，还进行占据地盘、私设关卡、参与走私等非法牟利活动；干预政治、干扰行政，武力胁迫议会和政府；劫持、暗杀政要，袭击外国使领馆，如临时政府总理在2013年10月被武装分子绑架[③]；与暴恐势力关联。

一些武装力量的非法暴力活动

时　间	事　件
2012年5月8日	部分武装人员为索要补助袭击了总理府
2012年6月4日	部分民兵袭击的黎波里国际机场，阻断航线
2012年9月12日	美国驻班加西领馆遭袭造成美国大使及三名美国人死亡
2013年1月11日	利比亚驻法大使和意大利外交官遭遇武装分子袭击
2013年3月31日	利比亚总理顾问、总理办公室主任穆罕默德·阿里·艾勒申塔勒遭绑架
2013年10月12日	瑞典驻利比亚班加西领事馆外发生炸弹袭击
2013年11月17日	的黎波里市区的南部与东部发生激烈交火，利比亚宣布进入国家紧急状态

其三，国家立法机构作为政治重建主导者的权威丧失。国家立法机构在政治重建中承担主导者的角色，但其政治代表性却严重丧失。首先，国民议会被挟持沦为宗教政治力量的工具而丧失了权威性。其次，立法机构随意宣布延期，如国民议会在2013年12月宣布延期，国民代表大会在2015年10月也宣布延期。事实上，两个权力机构到现在依然存在对抗各自已经承认的《利比亚政治协议》的情况。再次，两个立法机构的并存是对立法机构权威的致命打击。二者并存、相互敌对、相互否决对方的决议，利比亚何来政治的权威性。利比亚国民议会2014年11月宣布解散国民代表大会，利比亚国民代表大会否决这一裁定并宣布国民议会非法。最后，立法机构多次遭到武装力量的驱逐。如利比亚国民议会在2014年5月

① 魏香镜：《“海归派”政府控制力堪忧》，《南方日报》2013年10月11日。
② 秦天：《利比亚民兵武装组织》，《国际研究参考》2014年第10期。
③ 于毅：《劫持利比亚总理意在压美放人》，《光明日报》2013年10月11日。

遭到武力驱逐，而国民代表大会在 2014 年 8 月遭到驱逐。

（三）国际干预与国际责任之间的张力

北约等国际社会力量对利比亚的干预虽然在各个阶段表现的方式、介入程度有所不同，但其总体而言是负面的。在这一阶段，国际社会介入利比亚的特点是逃避责任，面对严峻的重建挑战，国际社会对于战后重建工作明显支持不够。

其一，在利比亚的核心需求上国际社会不着力。与颠覆卡扎菲政权的热度相比，北约等国家在利比亚开始重建时对利比亚的关注便大大降低，无意广泛介入利比亚的重建工作。而重建中利比亚需要的国际支持是广泛、持久的。对于利比亚各派别之间的政治冲突，西方国家进行调节的力度有限，海湾国家则选择性地支持不同的政治力量，加重了利比亚的政治分裂。

联合国在利比亚重建中也是有限参与，其主要功能是建议和咨询，① 对于政治纷争、安全等方面的关注与作用甚微。② 联合国虽然在利比亚的内战双方间进行斡旋，但力度显得非常弱。直到国际恐怖势力 IS 在利比亚的活动极度膨胀后，联合国才积极参与调和利比亚的内战，促使利比亚各方在 2015 年 12 月达成《利比亚政治协议》。

其二，突出打击恐怖势力而疏于推进国家重大重建工作。北约国家与联合国推动利比亚内战双方达成政治协议，但将敦促新政府（民族团结政府）立即着手打击恐怖主义威胁作为第一要务。事实上，北约等国家加大斡旋介入的出发点，也主要是基于国际恐怖势力在利比亚的膨胀对西方国家形成的严重威胁。而对如何落实协议、推进政治和解，北约国家及联合国并没有有效的举措。

---

① 联合国的介入是咨询性质的，不能达到有力推动利比亚政治重建的目标。联合国利比亚支助团在 2012 年 7 月成立了安全咨询和协调司，工作主要放在六个相互联系的关键领域：国家安全架构、警察改革、国防改革、武器弹药管理、边境安全以及解除武装、复员和重返社会工作。主要是为建立国家安全结构和整个安全部门的协调机制提供咨询与协助；支持建立国家武器登记数据库和一个全国性的武器和弹药管理委员会；为内政部提供持续的咨询和协助，以加强警察部门的能力；与利比亚当局合作，倡议编写利比亚的第一份国防白皮书，为应对重建和重组利比亚军队提供帮助；多次召开由利比亚国防部、内政部、财政部（海关）和外交部代表以及欧盟、国际难民署和移民署代表参加的会议，相互交流信息，拟定工作计划等。

② 江涛：《联合国与利比亚重建：进程与前景》，《国际研究参考》2013 年第 5 期。

北约国家在利比亚一直重视反恐怖工作，[①] 反恐怖援助也确实是利比亚所急需的。但利比亚处于政治分裂、内战的严峻局势，所需首要的国际援助不是反恐工作支持，而是支持政治重建的全方位援助。

（四）国家安全环境的脆弱与地区安全风险的输入

由于政权的更迭、持续的国家政治纷争，利比亚国家反恐工作能力大打折扣。而另一方面，国内、国际恐怖势力却迅猛膨胀。这一背离的态势让利比亚的反恐工作张力十分突出。

其一，国家政治持续失序与国内恐怖势力持续膨胀。国民议会和国民代表大会形成了政治、军事对峙，在这危机之际，“基地”恐怖势力开始在利比亚活动。2011 年 3 月，该势力成员便在反对派阵营中活动，并不断增加。卡扎菲政权被颠覆的过程中，被关押的恐怖分子纷纷出狱，大肆活动并积极招募人员扩大组织网络。一些极端分子也很快加入恐怖组织，或者采取暴恐袭击手段，如美国驻班加西领事馆 2012 年遭袭事件。利比亚内战撕裂了社会结构，社会分裂为大家庭、部落、宗教社区和族群等原始单位，加剧了国家政治的无序状态。IS 武装分子控制的区域越来越多，包括西部的的黎波里塔尼亚、东部的昔兰尼加和南部的费赞。[②] 恐怖势力的异军突起又加剧了利比亚的混乱局势。“安萨尔旅”“利比亚黎明”等组织活动的暴恐化最为突出，并在 2014 年 8 月被利比亚国民代表大会列为恐怖组织。

其二，国际恐怖势力 IS 加紧在利比亚活动。在阿拉伯地区动荡中膨胀起来的 IS 势力成为这一时期国际恐怖势力的核心，其活动猖獗、组织网络扩散能力强。该势力在叙利亚等地的活动中有不少利比亚籍的极端暴力分子，这些人员的回流给利比亚的恐怖活动注入更为极端的因素。利比亚的“伊斯兰青年协商委员会”在 2014 年 10 月公开向 IS 头目宣誓效忠，IS 宣布将利比亚东部划定为“伊斯兰国”（IS）的“巴恰省”。2015 年 10 月后，IS 的活动开始向利比亚大规模转移，利比亚成为该势力在叙利亚之外最大的活动中心。2015 年成为 IS 势力在利比亚活动的突出节点。IS 在 2015 年 2 月开始控制苏尔特，2 月 15 日发布斩首埃及基督徒的视频，遭到

---

① 美国为利比亚组建反恐突击部队曾一次性投入 800 万美元，并在 2013 年动用该力量抓捕了一名被美国通缉了 12 年的“基地”组织利比亚地区头目。法国在 2013 年 11 月承诺为利比亚培训 1000 名反恐警察。英国在 2013 年 1 月承诺在技术和情报信息、人员培训等方面向利比亚提供反恐援助。

② 王金岩：《从独裁统治到权威碎裂——利比亚战争爆发四周年》，《当代世界》2015 年第 4 期。

埃及空军的打击。

其三，利比亚 IS 对欧洲国家的社会安全和稳定造成威胁。其威胁主要体现在两个方面：一方面是 IS 在利比亚的扩张加剧了难民潮，利比亚成为难民偷渡路线的主要中转站。自 2011 年以来，通过利比亚偷渡到欧洲国家的难民人数急剧上升，而 IS 的扩张进一步加剧了难民给欧洲社会带来的混乱。IS 控制了利比亚 300 公里的海岸线，插手难民偷渡生意，这更为难民进出利比亚提供了便利。① 对于欧洲来说，难民大量进入，带来的不仅仅是经济上的压力和管理上的困难，更多的是对社会治安、国家安全的挑战，如难民与当地警察、民众的冲突以及难民制造各种暴力事件，等等。另一方面是 IS 在难民队伍中招募成员或者是将其成员混入难民队伍中。在偷渡到欧洲的难民群体中，不少人会被 IS 利用，成为他们制造恐怖袭击的工具，也有很多本来就是 IS 的成员，通过难民身份来掩盖其真实身份，伺机制造恐怖活动。不管是通过什么方式，利比亚 IS 的扩张对欧洲社会稳定和安全带来极大的挑战。

第四节　民族团结政府组建以来的利比亚

两个对立议会在 2015 年 12 月签署的政治协议，其核心内容是组建一个新的政府（民族团结政府）以打击 IS 的猖獗活动，稳定利比亚的安全局势。围绕打击极端势力、恢复国内政治秩序，这一时期几个阶段呈现出了新的张力关系。

一、三个主要阶段的演变及其主要议题

这一时期的利比亚依然处于政治分裂状态，但各方的斗争焦点有所演变。这一时期三个阶段的主要斗争焦点是清晰的，但时间段划分有重叠。总体来说，到 2018 年年底，利比亚的武装冲突、绑架勒索、抢劫、恐怖袭击等案件时有发生。

① Henrik Gratrud and Vidar Benjamin Skretting, Ansar al - Sharia in Libya: An Enduring Threat, Perspectives on Terrorism, Vol. 11, Iss. 1, 2017.

（一）民族团结政府成立及集中打击 IS 势力

《利比亚政治协议》规定组建的民族团结政府在 2016 年 1 月 19 日由利比亚总统委员会宣布成立，其办公地点在邻国突尼斯。新政府成立后立即着手其首要任务——打击极端势力“伊斯兰国”在利比亚的存在。

从 2016 年 5 月到 12 月，利比亚民族团结政府基本上打掉了 IS 势力在利比亚的活动据点，收复了该势力盘踞的主要城镇，集中打击在苏尔特的极端势力并在 2016 年 12 月初从 IS 势力手中完全收复了苏尔特。从 IS 的角度看，苏尔特是其控制下的最重要的城市之一。通过控制苏尔特，IS 能够将其“哈里发国”描绘成伊拉克和叙利亚以外的重要领土。因此，苏尔特的丧失是对 IS 势力的重大打击。[①] 这样，IS 势力在利比亚企图控制大批地域、将利比亚作为其新的国际活动中心的图谋，被击破了。

打击 IS 极端势力的目标得以顺利实现，其原因是多方面的，一是利比亚民族团结政府组建了新的正规武装力量，比较有战斗力，民众也支持政府打击极端势力的活动；二是国际社会的支持，北约国家、联合国等普遍支持利比亚打击 IS 势力；三是利比亚境内的极端势力不敢公开与 IS 势力站在一起，在强大的国际、国内政治与军事压力下选择不敢公开采取暴恐手段，也不敢公开与国际恐怖势力勾连，IS 势力被孤立了。

（二）“一国三政府”的博弈与演变

民族团结政府成立后，另外两个政府依然存在。这样利比亚存在着三个政府，即依据《利比亚政治协议》成立的民族团结政府、依托 2012 年大选产生的国民议会在 2014 年 8 月组建的政府（救国政府）、依托 2014 年大选产生的国民代表大会所组建的政府（图卜鲁格政府）。两个政府在民族团结政府成立后都没有自动解散，因此出现了“一国三政府”的局面。

三个政府对立的局面又演变为两个政府的对立。2016 年 4 月，在武力护卫下利比亚民族团结政府进入的黎波里，救国政府停止运作，国民议会转化为“最高国家委员会”，成为团结政府的咨询机构，而国民代表大会成为团结政府的立法权力机构。但随着打击恐怖势力、宗教极端势力取得了阶段性胜利，派系的争权夺利再次上升为主要矛盾。到 IS 势力在苏尔特等地的据点被收复后，派系间开始占据地盘，宗教极端势力、恐怖势力被

① Thomas Joscelyn，Libya's Terrorist Descent：Causes and Solutions. FDD's Long War journal. September 27，2016.

击溃的过程成为图卜鲁格政府与民族团结政府东西对峙形成的过程。

民族团结政府逐步控制了利比亚的西部地区。民族团结政府在2017年6月击败了宗教极端武装力量而控制了首都的黎波里，到2017年10月，民族团结政府及其民兵武装（西部津坦山区的柏柏尔人武装）取得了对宗教极端武装势力的连续胜利，控制了利比亚西部的大片地域。

哈夫塔尔控制的国民军及其支持的国民代表大会图卜鲁格政府逐步控制了利比亚东部地区，与民族团结政府形成了对峙。经过三年多的武装较量后，国民军在2017年7月5日击溃了宗教极端武装势力“伊斯兰教法支持者”组织，完全控制了东部重镇班加西，在2018年6月攻占东部重镇德尔纳。除一些宗教极端武装力量及民兵组织在东南部沙漠地带活动外，国民军控制了利比亚东部全境，以及中部地区、南部主要城市和部分西部城市。

早在苏尔特被攻占之前，哈夫塔尔的国民军在2016年9月12日从民族团结政府手中夺取了利比亚东部位于班加西和苏尔特之间的“石油新月地带”①，民族团结政府虽然对于图卜鲁格政府的这一将争夺利益置于打击恐怖势力之前的做法强烈不满，但为了集中力量进攻苏尔特的恐怖势力而未对其采取激烈对抗行动。而国民军的做法显然是为未来的争夺考虑，其担心西方国家支持民族团结政府，在占领苏尔特后与油田区连片，对图卜鲁格政府形成挤压态势而推翻图卜鲁格政府。

东西对峙的状态还伴随着东西部势力内部的强力斗争。得到联合国和西方国家支持的民族团结政府，由于众多政要长期在海外活动而不熟悉利比亚国内政治文化、环境，不但统治乏力且内讧不断，首都的黎波里的治安也非常混乱。东部的哈夫塔尔因年事已高，继承者之间隐含着严峻的权力斗争。② 图卜鲁格政府中还存在军事力量之间的竞争，国民军与“萨拉菲”派民兵之间就一直存在分歧，民族团结政府辖区的米苏拉塔旅和津坦旅在2017年6月曾发生大规模火拼。

（三）新的大选准备阶段

对利比亚两个政权对立的状况，国际社会和利比亚一些政治势力试图通过协商和斡旋促成新的大选，以此来结束国家政治分裂。

首先，利比亚最高选举委员会在2017年12月宣布于2018年9月底之

---

① 该地区有祖韦蒂纳、百利克、拉努夫角、萨德拉四个油井，石油产量约占利比亚全国石油出口量的60%，是利东部最重要的石油产地。

② 塔里克·马格里斯：《“后哈夫塔尔时代”将困扰利比亚》，《文汇报》2018年5月19日。

前举行总统和议会选举，并开始进行选民登记。最高选举委员会为了增加大选的社会基础与政治合法性，主张所有利比亚公民包括卡扎菲政权时期的官员及其支持者都能参加这次大选，避免此前宗教政治力量施行“政治隔离法”所造成的负面影响。选举委员会的工作得到了联合国利比亚支助团的支持。

其次，国际社会进行了多轮斡旋。在国际社会的斡旋下，利比亚各势力于2018年5月29日在巴黎达成关于大选的协议，将总统和议会的大选时间定于12月10日。联合国、欧盟、非盟、阿盟等国际组织代表，以及5个常任理事国在内的20多个国家代表与会。各方希冀通过逐步结束两个政府、两个议会并存局面来实现国家的政治统一、金融统一、武装统一。

再次，大选再次被推迟。从2018年9月推迟到12月的大选，无法按期实现。因为利比亚政治分裂突出，难以保障大选的顺利进行，安理会成员国反对仓促举行大选。暴恐袭击也威胁着大选，利比亚最高选举委员会的办公地（的黎波里市中心）在2018年5月初遭到IS发动的自杀式袭击。2016年12月被逐出苏尔特后IS失去了在利比亚的据点，但仍有一些训练营存在，并以此在利比亚多地发动恐袭。“基地”组织在利比亚的分支“伊斯兰教法支持者”组织在2017年5月宣布正式解散，但其残余势力或者转移到利比亚周围，或者转投其他极端武装组织。由于恐怖威胁等原因，联合国特使在2018年11月上旬宣布，在2019年年初举办利比亚全国会议推动大选。

围绕大选事实上进行着一场激烈的竞争。联合国特使宣布大选被迫推迟后，由国民议会演化而来的利比亚最高国家委员会呼吁各派在2019年年初的谈判中达成解决危机的协议。该势力想通过大选来恢复、扩大其政治影响力。该势力因为宗教极端政治色彩而遭到普遍反对，其依托的国民议会被改为最高国家委员会后只是一个咨询机构。联合国在宣布推迟2018年大选后，得到利比亚民众的支持。联合国希望通过选举这一形式增强新政府的合法性。联合国利比亚问题特别代表在2017年9月就提出在2018年举行总统和议会选举“行动计划”，并很快召开、完成了选民登记工作。民族团结政府在准备大选的过程中还加紧武装控制，2018年9月，其加强了首都米提加国际机场的武装力量部署；国民代表大会及其图卜鲁格政府则担心是在有意针对自己。恐怖势力则通过制造暴恐袭击来干扰大选，制造社会混乱。

二、对立政权相互关系演化的焦点及其张力

2016年以来的利比亚政治重建有两大焦点。一是打击国际恐怖势力的膨胀，这不仅关系到利比亚的国家安全也是严峻的国际安全议题。国际恐怖势力在利比亚的迅猛膨胀、国际恐怖袭击的猖獗，不仅恶化了利比亚的政治环境与社会安全，也威胁着国际社会特别是临近的西欧国家的安全；不仅威胁着世俗政治力量、普通民众的安全，也挑战了宗教政治力量。因此，在恐怖主义问题上虽然有认识差异，但利比亚国内、国际各力量在打击恐怖主义的活动中有一致的认同，进展也比较明显。虽然恐怖势力当前依然有实施暴恐袭击的能力，但已经无法公开占据大片地域、公开参与政治角逐，极端武装也不敢公开采取暴恐手段了。

二是实行国家政治统一，再启政治重建进程。从结束内战到结束政治对立，是利比亚政治重建所必经的路径，也是各方的基本认同。通过大选实现政治统一是一种重要的方式，但大选本身也是一种利益的选择。其政治合法性所必然要求的统一性，给各方的利益分配带来了规范，也带来了约束与限制。因此，各方都极其重视，不愿意轻易决定。此外，2012年、2014年大选基础上所形成的政治统一并没有能够制止政治纷争，反而给一些政治势力甚至极端政治势力提供了进行破坏政治重建的合法性掩护。因此，此前的大选也给利比亚政治重建造成了政治伤害。究其原因，其一，选举规则本身有问题，或者存在争议而没有共识约束力；其二，民众一旦对选举结果不满意就无视大选规则，公共权力没有能力维护规则；其三，被选举上台的人无力甚至无意解决国家重大问题，导致选民对大选失去信心，从而形成一个恶性循环。① 如何推进政治统一，成为当前利比亚国家与社会的突出难题。

无论如何，这一时期的利比亚与之前的内战阶段相比，已经从武装对峙中走了出来，正步履蹒跚地向政治统一的光明走去。

（一）政治统一的国家重建基本意愿与利益差异之间的张力

政治统一还是国家分裂，如果进行判断，可能不是一个难题，但当予以实现时，却是一个巨大的难题。

---

① 唐恬波：《利比亚：再多的选举也是枉然?》，《世界知识》2018年第3期。

其一，分歧巨大的政治势力之间难以获得相互信任而成为国家的统一政治代表。这一时期主要政治势力有三派，包括控制东部、东南部图卜鲁格政府，控制首都及西部的民族团结政府，以利比亚“最高国家委员会”组织形式存在的原“救国政府”。这些力量之间都相互发生过激烈的、长期的政治角逐、武装冲突，背后代表着差异巨大的政治、社会利益群体，有着不同的国际支持力量。任何一方都难以真正代表其他两方，也更难得到其他两方的政治信任，如利比亚国民代表大会2017年3月曾经宣布民族团结政府非法。

其二，东西对峙、社会分裂具有深厚的现实基础，很难在大选后顺利实现政治统一。在攻打苏尔特之前，国民军从民族团结政府手中夺得了东部主要的油田区“石油新月地带”。围绕大选较量激烈化后，国民军在2018年6月完全控制德尔纳之时将东部产油区移交给图卜鲁格政府。东部的政治、经济、军事形成了一个独立的体系，希冀以一次大选来消除对立，是不太现实的。西部的政权也在加紧控制其所辖地区，如2018年9月以防范武装冲突升级为名加强了对首都机场的军事管控。而利比亚最高国家委员会虽然没有了地盘与政权形式，但长期与一些民兵武装有联系。

其三，对大选的受益预期的矛盾心理。大选意味着政治权力的集中与统一，在大选中获胜自然是各方所期待与争取的，而一旦预期在大选中失败或者遭到挫败，各派就会对大选排斥、反对。各方对大选的预期有很大差距，是阻碍大选落实的最直接张力。

利比亚民族团结政府一度认为自己在北约与联合国的支持下能够统一行使全国权力，希望不经过重新选举就控制中央权力；但希望破灭后就寄希望能够通过大选掌握全国权力，因此对大选比较上心，自2017年12月就推动大选选民登记，在2018年10月发声支持各派和解，就大选等问题进行谈判。而利比亚最高国家委员会所代表的势力希望能够通过大选分享一些权力，改变现在的政治边缘化状态。图卜鲁格政府在苏尔特解放后曾一度否决民族团结政府，要求重新选举或者组建政府，但又担心大选会导致民族团结政府吞并自己。

在共同的敌人IS势力被击溃后，先是哈夫塔尔在俄罗斯和埃及的支持下否认团结政府的合法性，要求另外进行选举；紧接着宗教势力穆兄会重新组建“救国政府”，并在2017年7月初对的黎波里的团结政府发起进攻，团结政府向津坦武装求助后才稳定了西部局势。

（二）集中反恐成效与长期反恐乏力之间的张力

恐怖势力在利比亚一度公开活动，控制大片地域。利比亚恐怖势力具有强烈极端主义政治诉求，虽然其公开的活动遭到军事打击而溃败，但依然进行暴恐袭击，且干扰国家政治包括大选，如 2018 年 5 月针对国家大选机构的暴恐袭击。IS 等恐怖势力的活动不仅阻碍着政治和解，也使利比亚的政治、安全问题更加复杂。

其一，恐怖势力在利比亚具有持续实施爆炸袭击的能力。在 2016 年年底失去苏尔特等占据的地盘后，IS 势力开始实施持续的暴恐袭击。利比亚德尔纳地区的 IS 势力在 2017 年 5 月袭击了埃及明亚省的基督徒，导致 28 名平民死亡。2017 年 10 月初 IS 势力在第三大城市米苏拉塔实施自杀式炸弹袭击，下旬在东部袭击了国民军的一个检查站。恐怖势力以暴恐袭击进行挑战示威。

进入 2018 年，恐怖势力在两个政府的控制区连续实施袭击，袭击目标主要是政府机构和重要企业。的黎波里的利比亚最高选举委员会办公大楼在 2018 年 5 月遭到袭击，而的黎波里外交部大楼在 2018 年 12 月遭到汽车炸弹袭击。在的黎波里的国家石油公司总部于 2018 年 9 月遭到恐怖袭击。

在东部地区，2018 年 1 月 23 日晚在班加西最大的一座清真寺前连续发生两起汽车炸弹爆炸事件，导致 34 人死亡、87 人受伤，死亡者中包括国民军的特别调查部队指挥官。不到一个月，2018 年 2 月 9 日班加西再次遭到袭击，袭击的发生地仍然是一座清真寺，造成 8 人死亡。在西部的选举机构大楼遭到袭击的 2018 年 5 月，东部班加西市中心、一条繁忙的公路附近发生了汽车炸弹袭击，导致 7 人死亡。

在公开的活动空间被压缩后，暴恐袭击成为 IS 等恐怖势力主要活动方式，包括以突然袭击、斩首俘虏等手段发动心理战，恐吓士兵与民众。

其二，恐怖势力在利比亚依然有很强的实力。失去苏尔特、德尔纳等地盘的恐怖势力在利比亚南部沙漠地区、山区和河谷地带等重新聚合起来，IS 势力在 2017 年 9 月底发布在南部山区和河谷地带的训练营视频。这些恐怖势力仍在积极积蓄力量，准备伺机进行武力反攻，重新形成国际恐怖活动的据点。

国际恐怖势力在利比亚积蓄了很大的能量。一批在叙利亚、伊拉克参与 IS 暴力活动的利比亚极端分子在 2012 年至 2014 年间返回利比亚，其中的“巴塔尔旅”分子在 2014 年初从叙利亚回流后，在德尔纳地区形成据点，组建了“伊斯兰青年协商委员会”，该组织在 2014 年 11 月公开效忠 IS 头目。回流的恐怖分子与本土的恐怖分子、极端暴力分子起初有严重对立，IS 的扩张遭受了一定的挫折，[1] 但 IS 在德尔纳地区聚合了大批暴力分子后，2015 年 2 月与苏尔特的“伊斯兰教法支持者”极端暴力组织汇合，到 2015 年 6 月控制了整个苏尔特。这些持续积累的势力，难以凭借几次军事打击根除。即使在 2016 年丧失苏尔特后，一些 IS 武装分子又重新在农村地区集结。一些极端组织包括“伊斯兰国”和“基地”组织马格里布分支的支持者，声称在 2017 年对利比亚军发动一系列武装袭击。国际社会认为，截至 2018 年利比亚境内的恐怖分子（包括 IS 和“基地”组织分支）仍有 4000—6000 人。

其三，恐怖势力扩张的环境条件依然存在。恐怖势力的膨胀需要借助动荡的政治、社会与安全环境。IS 能够进入的国家都是连年混战、内乱的国家。一个长期战乱的国家没有力量来防止恐怖主义渗透。当前恐怖势力在利比亚的活动依然有膨胀的环境条件。

首先，政治对立、分裂的国家政治环境，为恐怖势力膨胀提供条件。利比亚长期存在一些自治或者半独立的城市和地区，这种局面不仅导致中央政府的薄弱，且因这样的局面，使得利比亚部分地区成为恐怖分子的避风港，也使得犯罪分子进行走私和人口贩卖有机可乘。当前利比亚各势力纷争，必然是政治与安全环境混乱的状态；加之辽阔的版图、漫长且形同虚设的边防线、散落于民间的海量武器弹药，都是恐怖势力、极端武装势力滋生、膨胀的有利条件与环境。有数据显示，就暴力程度而言，利比亚在“失败国家指数”中排在 178 国中的第 23 位，就腐败程度而言，指数排在第 17 位，这两项数字表明利比亚国家政治建设中存在的深刻的结构性挑战。利比亚持续的暴力冲突助长了政治生活的军事化，进一步加深了公民和国家之间的分歧。[2]

其次，周边国家安全防范能力的薄弱为恐怖势力跨境流动提供条件。恐怖势力依托利比亚的基地、据点向周边国家渗透、袭扰，扩大了利比亚恐怖势力的活动空间。IS 依托利比亚基地，既持续袭击利比亚的政府机构、城镇、石油设施等，也袭击邻国突尼斯、阿尔及利亚的旅游胜地、能源设施，甚至袭击埃及境内的平民、警察等。在利比亚的恐怖势力还具有向苏丹、乍得、尼日尔等邻国进行渗透的活动空间。

再次，IS 势力在叙利亚、伊拉克溃败后大规模地向世界各地回流、转

---

① 王晋：《“伊斯兰国”组织在利比亚的扩张及其制约因素》，《阿拉伯世界研究》2016 年第 3 期。

② Mikael Eriksson and Elias Bohman，The Second Libyan Civil War，Security developments during 2016 – 2017，FOI，ISSN1650 – 1942，February 2018.

移，给利比亚带来了严峻挑战。IS 等恐怖势力在利比亚的活动可能面临反恐打压、资金短缺等问题，但恐怖势力巨大的回流潮是利比亚难以置身事外的。

最后，互联网已成为 IS 招募成员、传播极端思想的重要渠道。恐怖势力擅长通过网络渠道培训“独狼式”恐怖分子，既利用互联网传播极端思想，也鼓动极端分子进行暴力恐怖活动，包括在当地实施暴力袭击。IS 在 2017 年就通过其电子杂志鼓动各地的极端分子发动恐怖袭击。① 互联网的不断发展，给恐怖主义的宣传提供了便利。

（三）国际社会在利比亚“大破”之后没有“大立”

北约国家曾对利比亚寄予厚望，认为颠覆卡扎菲政权后会很快完成政治、社会重建，在利比亚实现北约国家等西方大国的全球张力目标。但与颠覆卡扎菲政权时期的大力干预相比，在政治重建进程中遇到波折、挑战时，北约国家等却没有大力帮助利比亚走出政治分裂的困境。这种贸然打破利比亚政治秩序却不尽力帮助其恢复政治、安全秩序的不负责任的行为，是长期困扰利比亚的一个国际环境。

其一，大力推动利比亚反恐行动而无力推动政治和解。北约国家等敦促利比亚各方在 2015 年达成《利比亚政治协议》的出发点主要是为了打击利比亚的国际恐怖势力，因为 IS 在利比亚活动的膨胀使得欧洲的威胁急剧上升。确实，在北约国家的支持与敦促下利比亚各力量在 2016 年年底就攻占了 IS 在利比亚的据点，到 2017 年 IS 在利比亚只能在偏远地区活动。在这一过程中北约国家非常积极，如美国在 2016 年 8 月 1 日对苏尔特的 IS 目标进行空袭，对利比亚境内的 IS 进行“精准打击”。② 而一旦爆发内战或局势动荡，北约国家等则对利比亚政府请求国际社会求援的急切呼吁置若罔闻，或者视而不见或者忙于撤侨。

苏尔特战事一结束，美国等北约国家就再次显露出霸权主义嘴脸，扶持亲美的民族团结政府而削弱、打击东部政治力量特别是削弱哈夫塔尔的政治影响力。在美国这一做法的影响下，苏尔特战事刚结束各派的混战、纷争就开始了。西方国家为了实现自身利益粗暴干涉利比亚内政，大大激化了各派别的矛盾而阻碍大选及政治重建的各个环节顺利进行。

其二，地区国家选择性支持利比亚的政治派别加剧了国家政治对立。

---

① 范娟荣、李伟：《“一带一路”建设面临的恐怖威胁分析》，《中国人民公安大学学报》2018 年第 1 期。

② 陆佳飞、徐剑梅：《利比亚，“伊斯兰国”新的大本营》，《解放军报》2016 年 8 月 14 日。

民族团结政府及支持它的武装控制的黎波里等西部地区，美国等北约国家支持民族团结政府，民族团结政府也得到土耳其、卡塔尔和意大利等国的支持。东部的图卜鲁格政府控制东部和中部地区、南部主要城市及部分西部城市。图卜鲁格政府得到俄罗斯、埃及、沙特阿拉伯、阿联酋、法国等支持。本地区其他国家则根据自己的利益选择支持其他政权，导致利比亚政治的碎片化与激烈冲突。

埃及、阿联酋、俄罗斯等国支持利比亚国民代表大会组建的图卜鲁格政府，援助该政权打击恐怖势力、稳定东部局势。在2017年6月沙特阿拉伯宣布与卡塔尔断交时，图卜鲁格政府与巴林、埃及、阿联酋等国家一道支持沙特。卡塔尔、苏丹等国家则支持利比亚国民议会及其下的救国政府，之后是利比亚最高国家委员会。对所有这些国家来说，意识形态利益与经济利益是重叠的。俄罗斯在利比亚探索多种利益选择，以有限的投资获得未来的战略利益。土耳其公司占领了绝大部分利比亚的基础设施建设市场，价值数十亿美元。阿联酋和卡塔尔有可能在海上运输和石油化工等领域与利比亚竞争。对埃及来说，利比亚为其提供了劳动力市场，埃及国内近百万的失业劳动力在利比亚找到了出路。除此之外，利比亚不仅是一个重要的贸易伙伴，还是一个潜在的廉价石油供应者。①

2020年1月土耳其公开军事介入利比亚内战，其中一个重要的因素就是争夺石油资源。地中海尤其是东部海域相继发现多个大型天然气田，在地区资源的激烈争夺中，土耳其与希腊、以色列、埃及等国产生了矛盾、对立。塞浦路斯、希腊、意大利、以色列等在2017年年底协议合作建设一条海底管道，将东地中海天然气输往欧洲（满足欧盟国家10%左右的需求），这一管道建设可减少对俄罗斯的能源依赖，绕开土耳其并削弱其管道枢纽的战略地位。2019年年初，塞浦路斯、希腊、以色列、意大利、约旦、巴勒斯坦、埃及七国，组建“东地中海天然气论坛”，美国和欧盟作为观察员被邀请参加。土耳其自然非常不满。

因此，土耳其在与利比亚民族团结政府签署军事合作协议的同时，还协议重新划定两国的专属经济区，土耳其以军事支持民族团结政府而获得在东地中海和利比亚沿海的油气开采权利。土耳其试图通过控制地中海东北部大片海域、扩大后的专属经济区来对冲其他国家的海底管线建设，保持对通往欧洲南部能源通道的控制权。

其三，国际组织的干预加剧了利比亚内部的政治对立。联合国以及欧

---

① Jean - Louis Romanet Perroux, The Failure to End Libya's Fragmentation and Future Prospects, Middle East Brief, May 2017.

盟的一些做法有明显的偏袒倾向，这种做法只能加剧利比亚对立派别的纷争。联合国利比亚问题特别代表在2017年9月提出修改《利比亚政治协议》中有争议的12个条款，[①] 哈夫塔尔在2017年10月宣布已控制利比亚东部地区、将大力推进结束利比亚的混乱局面后，其控制的总理委员会在2017年11月否决了联合国的这一提议。联合国直接成为对立的一方，不但没有化解危机，反而导致哈夫塔尔在2017年12月宣布联合国的相关斡旋无效，认为《利比亚政治协议》一年的时限已到，民族团结政府失去了合法性。

欧盟的一些做法也与联合国类似。2017年7月、9月，法国与意大利斡旋利比亚各方遵照《利比亚政治协议》尽早举行大选，但各方依然疑虑重重。

（四）重建难题的累积与重建开启的持续拖延

自2012年大选到现在，其间利比亚的政治重建不但没有顺利进行，反而出现了内战、分裂等局面的持续化，利比亚一度沦为恐怖势力的活动中心。持续的政治分裂、武装冲突，加剧了政治重建的难度。一方面是新大选既难以进行，也难以确保其推进与实现政治统一；另一方面是各种问题的积累、叠加。

其一，持续的政治纷争产生持久的负面效应。卡扎菲政权被颠覆后阻碍国家政治重建的突出问题就是政治纷争，这些持久化的纷争成为影响利比亚政治势力与民众的心理阴影，相互间的政治信任度越来越低，并随着纷争的持续不断下降。第一种政治纷争是对卡扎菲残余势力进行追缴与清算，卡扎菲家族、相关部落、卫队成员及其支持者大量被捕或被杀害；第二种是派别之间的对立与分裂，2013年的“政治隔离法”是宗教政治力量对世俗政治力量的打击，大批世俗政治力量代表被迫离开议会、政府，宗教政治力量控制了国民议会，此后又演变为三个政府（势力）之间的对立；第三种是内部激烈的权力斗争，每个政府内部都有严峻的内部矛盾、斗争。

其二，社会失序持久化会增加强人政治回归的巨大风险。由于国家处于纷争、分裂状态，在武装冲突的同时伴随着司法、行政、警察体系崩溃，国家的无政府状态必然是社会基本秩序的难以维护，非法移民和难

---

① 即“三步走”行动计划：第一步，修改利比亚行政权力机构构成、总统和总理产生方式、国家军队指挥权归属等条款，第二步是召开全国大会并进行宪法公投，第三步是2018年9月进行总统和议会选举。《利比亚政治和解再次陷入僵局》，《人民日报》2017年11月24日第21版。

民、武器和毒品走私，甚至人口买卖等问题都十分严峻。这样社会无序状态的持久化会让民众对政治重建完全失望，放弃对民主制度基础上的国家建构和民族整合的努力而将社会秩序的恢复寄希望于威权主义，走回头路而落入“部落等级制”的巢窠。[①]

其三，民生灾难的持续加剧。一方面是2011年以来持续的民生方面的严峻危机，另一方面是社会安全、政治重建的遥遥无期。这一张力关系是对利比亚大选及其走势的重大考验。长期的战乱导致利比亚经济遭受致命打击，[②] 大量民众迫于生计或者沦为难民、或者加入武装组织参与战争，有的甚至被卖为奴。从当前来看，利比亚的经济恢复还遥遥无期，此前对利比亚石油趋之若鹜的西方石油公司纷纷离利比亚而去。[③] 长期的战乱还造成惨重的人员伤亡，将会长期影响利比亚的经济重建与社会关系的弥合。

其四，重建之路缺乏系统有效的推进方法。利比亚重建之路需要一个协调的、多维度的行动计划，尤其在国家建设方面，需要对实际需求进行深入分析，以确定相关任务的优先顺序。利比亚国家建设最优先的事项包括六个方面，具体为：（1）加强安全组织，包括警察、军队、边防警卫，或者为准军事部队（国民警卫队）；（2）建立一个有效的体制框架，包括所有不同的部门，如行政部门、立法机构（特别关注制宪程序）以及司法部门，其总体目标是确保善政；（3）支持建立民间社会组织；（4）改革经济结构，首先确保继续有利可图地开采碳氢化合物资源，同时实施多样化经济和打击腐败的战略；（5）促进基础设施发展和顺利提供基本服务；（6）首先在地方然后在全国促进和解。[④]

所有的任务在全国各地同时成功是不可能的。首先，须采取循序渐进的方法在全国推进，优先关注班加西和首都地区，然后关注那些相对容易成功的地方，为其他地区提供示范。其次，须制定和实施针对上述所有不

---

① 闫伟、韩志斌：《部落政治与利比亚民族国家重构》，《西亚非洲》2013年第2期。

② 2013年6月，利比亚的石油产量跌至100万桶/天以下，参见费拉兹·阿卜杜哈迪：《体制之殇制约利比亚》，《中国能源报》2013年8月26日；2014年3月，全国原油产量低至15万桶/天，不及峰值能力的1/10，参见张琪：《利比亚地方自治政府私自出口原油激化矛盾》，《中国能源报》2014年3月17日。

③ 徐亮：《利比亚重建政权合法性危机原因探析》，《学理论》2015年第19期。

④ Edward P. Joseph, Libya Needs Its Old Constitution If It Wants to Survive: Why make a new constitution and risk the failure of elections when the old constitution provides a solid, proven framework? July 4, 2018, https://nationalinterest.org/feature/libya-needs-its-old-constitution-if-it-wants-survive-24952; Andreas Gorzewski, Libya looks to past for new constitution, Deutsche Welle, April 12, 2014, https://www.dw.com/en/libya-looks-to-past-for-new-constitution/a-17562341.

同领域的综合方法，而且在各地始终同步进行。最后但不限于此，为特定项目和区域指定“牵头国”，帮助培训相关专业人员，加强训练培训师计划，[①] 最终实现利比亚人主导建设进程。如今利比亚的国家建设推进方法片面，没有形成系统的建设路径。

利比亚国家建设任务中，最突出的问题是安全部队的建立。目前，美国、意大利等其他国家提出的“一般目标部队”的培训倡议，在建立一支能够保护利比亚机构和基础设施的部队方面迈出了重要一步。[②] 但在利比亚安全稳定过程中，普通警察配备不当，行动缺乏有效指导，反而加剧了社会冲突矛盾。同样，和解进程的缓慢推进，与国家建设非同步发展，造成了各种群体和部落之间的分裂。部落冲突成为当地稳定的潜在威胁。和解进程和解除武装孤立进行，民兵成员资格和私人武器在社会上仍旧具有吸引力，而且缺少行之有效的促使人民交出武器的激励措施。在不同利益的驱使下，利比亚国家建设的有序进行阻力还很大，尤其是激进的伊斯兰主义者和罪犯阻碍了过渡进程的成功。外部行动者模糊的信号也加大了利比亚过渡时期脱轨的风险。

---

① Wolfgang Pusztai, A Western Strategy for Libya. Op – Med. June 2014, p. 3.

② Wolfgang Pusztai, A Western Strategy for Libya. Op – Med. June 2014, p. 4.

第三章　埃及局势中的重大事件及其张力关系

2010年西亚北非政局动荡爆发至今，埃及的政治转型经历了穆巴拉克、穆尔西和塞西三个时期，并且每个时期都表现出差异化的国内政治、社会和国际政治三重张力。任总统30年的穆巴拉克因为寡头政治导致的长期腐败和不公正，短短十几天就被埃及民众赶下台。穆尔西的新政也因触犯军方和反对派利益、无法短期改善民众生活状况而昙花一现。2014年，军人塞西就任总统，重启埃及军人政治时代，并于2018年获得连任。尽管塞西政府采取了一系列的政治、经济和外交新举措，并取得一定成效，但埃及政治转型的方向仍然充满了不确定性因素。

埃及动荡的每个阶段，以政权更迭为明显的阶段划分，每个阶段以政权更迭为突出的事件并反映了各层面的张力关系。2015年起，埃及的恐怖活动不断猖獗并成为突出的安全威胁，“西奈2018行动”成为埃及2018年重要的国家行动。2020年以来，埃及继续在西奈半岛展开武力反恐怖行动，安全力量5月底在北西奈省的一次行动中打死19名恐怖分子。埃及长期实施反恐怖宵禁、紧急状态，2017年4月以来，埃及一直延长紧急状态，2019年4月25日再次在西奈半岛东北部实施宵禁，宣布进入“国家紧急状态”，2020年1月又一次延长全国范围紧急状态三个月。由于疫情防控形势，埃及在2020年3月25日起实施全国范围的宵禁。

利比亚局势对埃及的牵动越来越大，2020年6月6日埃及提出一项结束利比亚内战的倡议，但没有得到利比亚西部政权的响应，埃及事实上支持利比亚东部政权（世俗政治力量控制的政权）。在利比亚问题上，埃及与地区大国土耳其的对立在加剧，土耳其支持西部政权。

第一节　埃及局势中的三重张力

政治转型是20世纪以来中东地区广大发展中国家普遍经历的重大政治

实践，它包含了国家政治制度设计、宗教和民族关系调和、经济社会发展模式探索和主流意识形态形塑等一系列基本内容，其目标是建立现代民主国家，实现国家发展和民族复兴。[①] 经过几十年的发酵，这些国家最终形成了普遍的威权主义政治模式。[②] 从最终的效果来看，尽管实现“民主”是这些国家的“共识”，但他们长期面临着宗教改革不足、政治发展滞后、经济结构畸形、社会发展不均衡问题突出、民族宗教矛盾层出不穷等痼疾，政治转型始终未能朝着预期的方向迈出实质性步伐。

一、埃及动荡与转型的剧烈震荡

埃及有 9700 万人口，是人口最多的阿拉伯语国家。尽管埃及经过长期的动荡后国家硬实力大为受损，在阿拉伯世界中的政治或军事领导作用大打折扣，但埃及凭借其历史文化、在阿拉伯世界中的影响、地缘位置、国家潜力等，其软实力与硬实力都不可低估，如埃及在阿盟中的影响力、埃及爱资哈尔大学（Al Azhar University）的影响力，都是其典型的软实力。此外，最为突出的是埃及对现代化的长期探索。

进入 21 世纪，尤其是 2008 年全球金融危机以来，上述矛盾在中东地区进一步激化和凸显，中东的政治转型进入急剧动荡期。2010 年 12 月 17 日突尼斯青年商贩因遭受政府职员侮辱愤而自焚，开启了动摇整个中东地区秩序进而波及全球的所谓“阿拉伯之春”运动。一时间，中东国家或遭遇政权更迭，或陷入国内动荡：2011 年 1 月突尼斯总统本·阿里出逃，3 月叙利亚爆发大规模冲突并最终陷入内战，10 月利比亚强人卡扎菲被反对派武装暴尸街头，11 月也门总统萨利赫签署协议宣布“和平”辞职；而当年，沙特、巴林、卡塔尔、阿联酋、科威特、阿尔及利亚等国家都出现了规模不等的游行示威活动，经济遭到严重冲击。时至今日，这场运动仍在持续，但其造成的结果却与民众的最初愿望背道而驰。政局不稳、经济下滑、安全堪忧已成为中东地区国家当前国内生活的真实写照，而西方国家

---

① 吴思科、王林聪、李绍先、殷罡：《阿拉伯世界能否走出困境——从叙利亚和埃及的新一轮风暴谈起》，《世界知识》2013 年第 18 期，第 17 页。

② 按照西方学者的观点，威权主义政体是现代化进程中出现的、介于极权政体和民主政体之间的较温和的专制政体，它最早出现于20 世纪二三十年代的西南欧国家，到20 世纪五六十年代，涵盖了东亚、拉美、中东等多数国家，威权政治成为战后第三世界国家政治发展的主流。王泰：《历史长时段视角下中东的政治转型与民主构建》，《西亚非洲》2016 年第 1 期，第 127 页。

眼中的“阿拉伯之春”最终演化为“阿拉伯之冬”。①

埃及作为“阿拉伯世界的中心、地区稳定之锚”，以及“阿拉伯世界中发展现代宪政民主制度的重要风向标”，② 未能在这场血雨腥风中独善其身，同样很快陷入“革命”的漩涡，并随着形势的不断变化，政局持续激烈动荡。从2011年初到2013年，短短的两年之内，埃及政坛更换了三任总统，且变更的方式都是通过民众的街头运动和军方的干预实现的。2018年4月，军人总统塞西在新一届总统选举中以绝对优势击败对手，成功获得连任。③ 这意味着在未来几年，埃及的政治转型仍然将是军方主导下的行为。

随着近两年西方大国尤其是美国的战略调整、俄罗斯高调介入中东地区事务、北约与土耳其矛盾不断凸显、伊朗核危机急速升温、巴以问题持续突出，中东地区局势和相关国家政策进入新一轮的大动荡、大分化和大调整。在上述埃及国内的政治生态新动向以及中东地区政治形势的新变化这两大新的历史背景下，回顾和梳理局势动荡以来埃及的政治转型过程，准确把握其特点和困境，积极研判其未来的趋势，对于深化国内学界对中东地区政治发展问题的研究，有着重大的现实意义和参考价值。

二、埃及动荡以来三个阶段中的张力表现

西亚北非局势动荡爆发以来，埃及的政治转型过程较为复杂，但脉络相对清晰。截至2018年上半年，根据不同时期标志性政治事件的出现和最后导致的最高执政者的更迭，可以将其分为三个阶段，并且每个阶段都表现出了差异化的政治、社会和国际三重张力。

第一个阶段的张力。这一阶段自动荡开始到2011年2月11日穆巴拉克下台，这一时期的标志性事件是埃及爆发“1·25”革命，在民众和军方的合力之下，执政30年的穆巴拉克被赶下台。

这一时期，国内政治张力主要表现为走上街头的埃及民众、伊斯兰力量、军方等和穆巴拉克及其拥护者之间的围绕政权的争夺。社会张力主要表现为民众迫切要求改善生活状况、惩治腐败和穆巴拉克试图延续寡头政

---

① Joseph V. Micallef, Arab Spring: Six Years Later, Huff Post, January 29, 2017, https://www.huffingtonpost.com/joseph-v-micallef/the-arab-spring-six-years_b_14461896.html.

② 《西亚非洲》编辑部：《主题讨论：从穆巴拉克到穆尔西：埃及政治演化》，《西亚非洲》2013年第3期。

③ 王金岩：《塞西政府的内外政策走向及中埃合作前景》，《当代世界》2018年第5期。

治模式的矛盾。国际层面张力主要为，尽管美国把埃及视作中东地区重要盟友，并不承认穆巴拉克是“独裁者”，但最终对穆巴拉克的倒台保持了克制和认可，并继续对埃及给予援助。① 埃及面临的国际环境非常复杂。

第二个阶段的张力。这一阶段是 2011 年 2 月至 2013 年 7 月的穆尔西时期，标志性事件是 2012 年 6 月 30 日，穆斯林兄弟会（简称“穆兄会”）领导人穆尔西当选新一届的埃及总统。

穆尔西是埃及历史上第一次竞选上台的总统，他就任总统标志着埃及动荡的结束。但其推进国家政治重建的主要举措，如拟议选举时间等政治进程路线图、宪法起草、将军方权力移交给平民政府等，引发了很大的争议与震荡，最后导致该政府被推翻。

国内政治张力主要表现为军方、世俗反对派和以穆兄会为代表的政治伊斯兰势力之间的矛盾。穆尔西执政时期，埃及国内政治充满了互不信任、政治僵局和公众的不满。2013 年 7 月 3 日，在抗议穆尔西统治的大规模示威活动持续了几天之后，军方单方面解散了穆尔西政府，暂停了穆尔西统治期间通过的宪法，并任命了一位临时总统。社会张力主要表现为民众迫切要求新政府在短时期内维持秩序稳定、改善生活状况和穆尔西新政未能达到既定目标的矛盾。穆斯林兄弟会及其支持者宣布军方的行动是一场政变，并走上街头抗议。埃及军方对穆斯林兄弟会予以强力镇压。国际层面，穆尔西的美国留学背景、“民选总统”的合法性，使他获得了美国方面的支持。

第三个阶段的张力。这一时期自 2013 年政府变更以来直到现在的塞西总统长期执政。标志性事件是：2013 年 7 月 3 日，埃及再次爆发“倒穆运动”，执政仅一年的穆尔西被赶下台并入狱；2014 年 6 月 3 日，军人塞西当选埃及新总统，并在 2018 年 4 月 2 日获得连任。塞西承诺在 2022 年任期结束后辞职。

国内政治张力主要表现为军方和以穆兄会为代表的政治伊斯兰势力之间的矛盾。塞西总统在某种程度上恢复了 2011 年至 2013 年间动荡、政府更迭所颠覆的公共秩序，但有一些批评认为塞西政府是通过限制公民自由和限制大多数政治反对派来建立秩序。② 社会张力主要表现为民众要求塞西政府维持社会稳定、促进经济发展、打击恐怖主义和塞西新政是否有效之间的矛盾。2014 年塞西以 97% 的选票当选总统，他强调埃及人必须推迟

---

① 曾向红：《美国对埃及变局的应对及其效应》，《国际安全研究》2014 年第 5 期。

② Egypt Faces Criticism over Human Rights Record, Middle East In Focus, Middle East Policy Council, February 8, 2016.

实行“真正的民主”，以保持“当前的社会共识”。[①] 国际层面，穆尔西政府被军方强行推翻，美国一度中断了对埃及的援助。随着国际形势的变化，尤其是俄罗斯强力介入叙利亚以及极端组织的坐大，美埃关系又迅速趋近。2018 年 4 月，塞西以 97% 的有效选票（41% 的投票率）连任，选举过程被广泛认可。美国一方面表示继续与塞西总统合作，另一方面又批评“在选举前夕，言论和结社自由受到限制”。[②]

第二节 穆巴拉克的寡头政治及其终结

这一时期的动荡有两个高潮，被称为两次革命。第一个是从动荡发生到穆巴拉克政权被颠覆，仅仅 18 天时间，迫使穆巴拉克下台；第二个是 2011 年 2 月至 11 月的抗议，针对的是军政府，迫使军政府交权。11 月 28 日人民议会选举开始，抗议活动平息。

作为埃及的政坛常青树，穆巴拉克接替遇刺身亡的前总统萨达特就职以来，大权独握长达 30 年。在其领导下，埃及保持了政局与社会的基本稳定，经济发展较为迅速，国际影响力不断提升。[③]

一、动荡的迅猛演变及穆巴拉克下台

2011 年 1 月 25 日（埃及“警察节”），埃及开罗、亚历山大等地上百万人走上街头游行示威。随后民众占领开罗解放广场，实施广场革命。民众抗议穆巴拉克政府，提出了革命“四兄弟”（面包、自由、社会正义和人的尊严）要求，到 2 月初，抗议民众提出了穆巴拉克下台的要求。

2 月 11 日，即抗议活动后的第 18 天，副总统宣布穆巴拉克总统辞职，埃及武装部队最高委员会接管国家，军方在向公众发表的声明中表示将满

---

① Too Early for Real Democracy, Attack on Govt “Unjustified”: President, Egypt Independent, February 24, 2016.

② U. S. State Department, Egyptian Elections, Press Statement, Heather Nauert Department Spokesperson, April 2, 2018.

③ 王泰：《2011，埃及的政治继承与民主之变——从宪政改革到政治革命》，《国际政治研究》2011 年第 1 期。

足民众的愿望。[①] 穆巴拉克被迫仓促下台后在2011年的8月份被起诉，甚至被公开受审。

3月19日，埃及就宪法修正草案进行全民公决，以77%的支持率通过了这一修正案。宪法修改涉及总统任期、候选人资格、选举的司法监督，以及宣布紧急状态等。之后，埃及再次出现数月的动荡。2012年1月30日埃及总统选举规则正式发布，选举在5月下旬与6月中旬进行了两轮。

埃及剧变的发生及两次抗议浪潮，穆巴拉克总统下台、军政府被颠覆，是这一阶段最突出的事件，其背后有着复杂深刻的社会历史原因及政治、社会矛盾，反映了各层面的张力关系。

二、穆巴拉克政权垮台背后的张力关系

第一，政治张力明显，寡头政治的长期统治导致合法性丧失。军人出身的穆巴拉克[②]自就任埃及总统以来，就实施了以军队支持为后盾的绝对威权统治模式，并不断强化自身的权力，最后导致寡头政治的出现，葬送了政权的合法性。具体表现在：其一，国家权力高度集中于穆巴拉克一人。尽管是总统制国家，但埃及的总统权力扩大，用以监督政府的议会形同虚设。其二，试图建立家族政治。为保障权力，穆巴拉克大力扶持其从商的次子贾麦勒·穆巴拉克参与政治，试图建立家族政治模式。[③] 其三，以穆巴拉克及其民族民主党和军方为中心，形成了一个规模庞大的特权集团。这些特权人士长期占据军政部门要职，不断固化自己的既得利益，普通民众的政治参与权利不断遭到压缩，[④] 社会公正受到较大冲击。其四，寡头政治导致官员腐败程度高，“在埃及官商勾结、官员腐败的现象极为普遍”[⑤]，民众对政府机构的信任度低。“透明国际”发布的《2010全球清廉指数报告》（Corruption Perceptions Index，简称CPI）显示，21世纪的前十年，埃及政府的腐败程度总体处于全球的高位，在约190个被统计的国家当中，其清廉排名始终比较靠后，而且也低于同时期中东地区多数国

---

① Jeremy M. Sharp, Egypt: The January 25 Revolution and Implications for U.S. Foreign Policy, Congressional Research Service, 7-5700, RL33003, February 11, 2011, p. 11.

② 黄培昭、张梦旭:《穆巴拉克躺在病床上受审》,《人民日报》2011年8月4日第21版。

③ Galal Amin, Egypt in the Era of Hosni Mubarak, American University in Cairo Press, 2012, pp. 53-57.

④ 阙天舒:《穆尔西获刑与埃及政治转型》,《法制日报》2015年4月28日第10版。

⑤ 殷罡:《穆巴拉克留给世界的问号》,《世界知识》2011年第17期。

家。并且，2003 年以来，埃及的腐败现象在整体上呈现出恶化的趋势，CPI 排名由 21 世纪初的第 70 名迅速降至 2011 年的第 112 名。这种态势严重破坏了埃及公民对国内公共机构的信任。①

2003—2011 年中东地区主要国家清廉指数 CPI 及全球排名②

年份＼国别	埃及	沙特	卡塔尔	约旦	巴林	阿联酋
2003	3.3（70）	4.5（46）	5.6（32）	4.6（43）	6.1（27）	5.2（37）
2004	3.2（77）	3.4（71）	5.2（38）	5.3（37）	5.8（34）	6.1（29）
2005	3.4（70）	3.4（70）	5.9（32）	5.7（37）	5.8（36）	6.2（30）
2006	3.3（70）	3.3（70）	6.0（32）	5.3（40）	5.7（36）	6.2（31）
2007	2.9（105）	3.4（7.9）	6.0（32）	4.7（53）	5.0（46）	5.7（34）
2008	2.8（115）	3.5（80）	6.5（28）	5.1（47）	5.4（43）	5.9（35）
2009	2.8（111）	4.3（63）	7.0（22）	5.0（49）	5.1（46）	6.5（30）
2010	3.1（98）	4.7（50）	7.7（19）	4.7（50）	4.9（48）	6.3（28）
2011	2.9（112）	4.4（57）	7.2（22）	4.5（56）	5.1（46）	6.8（28）

数据来源：Transparency International, Corruption Perceptions Index 2017, https://www.transparency.org/news/feature/corruption_perceptions_index_2017。

第二，经济社会发展不充分导致多层张力关系的紧张。以人类发展指数（Human Development Index，简称 HDI）为例，该指数由联合国开发计划署（United Nations Development Program）于 20 世纪 90 年代初提出，它根据一国居民的寿命、教育水平和生活质量等指标综合测算得出，是现行国际上用以衡量一国经济社会发展水平的重要依据，其数值与该国经济社会发展水平正相关。③

2010 年纳入统计的全球 169 个国家，HDI 均值为 0.624；埃及为 0.62，排名第 101 位，属于中低水平国家。④ 而从 20 世纪 80 年代至危机爆发前的

① Gokhan Akcesme, Poverty and Economic Inequality as the Leading Causes of the 2011 Egypt Revolution, International Journal of Political Science and Development, September 14, 2015.

② 2002 年以前，"透明国际"的研究样本仅为全球 90 个国家，很多中东地区国家未被统计在内，故其数据无法反映在 2001 年和 2002 年的表格当中。

③ 指数排名方面，联合国开发计划署划分了四个等级：1—49 名为极高水平（Very High Human Development，HDI 为 0.8 及以上），50—105 名为高水平（High Human Development，HDI 为 0.7—0.8），106—144 名为中等水平（Medium Human Development，HDI 为 0.55—0.7），145—188 名为低水平（Human Development，HDI 为 0.55 及以下）。

④ United Nations Development Program, Human Development Report 2010, November 20, 2010, http://www.undp.org/content/undp/en/home/librarypage/hdr/human_developmentreport2010.html.

宏观数据来看，埃及的 HDI 一直徘徊在 0.5—0.6 的低水平，排名长期维持在全球 100 名之后，民众生活状况始终没有得到明显改善。同中东地区沙特、卡塔尔、阿联酋等多数国家相比，长年存在较大差距。在 HDI 年均增长率方面，虽然在 1980—2010 年、1990—2010 年这两个时间段，埃及的数值高于同期阿拉伯国家平均水平的 1.32 和 1.12，但 2000—2010 年的数据明显低于同期阿拉伯国家平均水平的 1.14。这表明 21 世纪之后的头十年，埃及的社会发展水平整体迅速下降且显著地落后于同期的其他阿拉伯国家。

1980—2010 年埃及的人类发展指数（HDI）

	HDI 数值						
年份	1980	1990	1995	2000	2005	2009	2010
数值	0.393	0.484	0.523	0.566	0.587	0.614	0.620
	HDI 排名变化		HDI 年均增长率			HDI 进步排名	
年份	2005—2010	2009—2010	1980—2010	1990—2010	2000—2010	1980—2010	
数值	2	0	1.52	1.23	0.90	8	

数据来源：United Nations Development Program, Human Development Report 2016, March 21, 2017, http://www.undp.org/content/undp/en/home/librarypage/hdr/2016 - human - development - report.html。

就具体指标来看，2000—2008 年，埃及的居民消费价格指数（Consumer Price Index）① 为年均 7.2%，明显高于同期的中东地区大多数国家（略好于卡塔尔），这表明埃及在这一时期的物价水平要远高于中东地区大多数国家。埃及多维贫困指数（Multidimensional Poverty Index）② 高达年均 0.026，是同期中东其他国家的 2—5 倍，多维贫困人口占比是同期上述国家的 2—8 倍。就位于国际贫困线③的人口占比来看，埃及的情况与同期上述这些国家大体持平，但考虑到埃及长期是中东人口第一大国的现实，其贫困人口的绝对数量相应地要远多于该地区其他国家。④ 此外，这一时期埃及的整体就业率也是持续偏低，尽管稍好于同期的沙特和约旦，

① 缩写为 CPI，是度量某国通货膨胀的重要指标，一国的 CPI 高通常意味着该国的通胀率也较高。

② 根据联合国开发署的定义，多维贫困指数（缩写为 MPI）是指某国的某家庭在健康、教育和生活水平这三个指标上遭受的重叠性贫困。

③ 按照联合国开发署的标准，2008 年的国际贫困线是按购买力平价（Purchasing Power Parity）核算，单人日均生活消费为 1.25 美元的生活指标。

④ 徐超：《轮回：从穆巴拉克到穆尔西》，《新华每日电讯》2013 年 7 月 5 日第 8 版。

但远低于巴林、阿联酋和卡塔尔等多数国家；而且，从全球水平来看，埃及长期为高失业国家。由此不难发现，进入21世纪之后，相对于中东地区的多数国家，埃及的经济社会发展始终面临着高物价、高失业和高通胀的窘况。

2000—2008年中东地区主要国家物价、贫困率和就业率等相关情况①

指标＼国别	埃及	沙特	约旦	巴林	阿联酋	卡塔尔
消费价格指数	7.2%	1.7%	4.2%	1.8%	5.1%	7.3%
多维贫困指数	0.026	0.06	0.01	0.03	0.002	0.03
多维贫困人口占比	6.4%	—	2.7%	0.8%	0.6%	0.8%
位于国际贫困线的人口占比	16.7%	—	14.2%	16.8%	16.8%	16.8%
整体就业率	75.2%	72.3%	64.3%	99.5%	98.4%	99.5%

第三，各阶层之间社会财富分配严重不均，社会张力突出。事实上，在2003—2007年期间，埃及曾经有一个强劲的经济增长期，在2006—2007年甚至达到了7.1%的高值。然而，大多数埃及人并没有能够分享经济增长的红利，[②] 有越来越多的埃及人（主要是中下阶层）生活在困苦之中。产生这一社会问题的原因在于穆巴拉克政府的私有化政策，该政策着力促进国内生产总值的提高，但却导致社会财富迅速聚集到政治、商业精英等特权阶层，少数人巨富而大多数人则贫困。因此，贫富差距不断拉大，社会经济不平等不断加剧。埃及动荡期间，许多团体与民众的一个核心诉求就是反对穆巴拉克政府的私有化政策，要求建立最低和最高工资制度，[③] 其目标是改变社会发展分配中的不公正现状，缩小贫富差距。

此外，穆巴拉克政府为了应对持续了很长时间的债务危机而在1991年接受了国际货币基金组织（IMF）提出的结构调整方案。这一方案的核心是紧缩财政，大幅度削减公共福利、医疗和教育等方面的预算。因而，这一政策必然导致公共投资的减少、城市工作的停滞，其结果就是公共基础设施萎缩，民生水平严重受损。尽管埃及签署了一系列有关劳工权利保护

---

① United Nations Development Program, Human Development Report 2010, http: //hdr. undp. org/sites/default/files/reports/270/hdr_2010_en_complete_reprint. pdf.

② Maria Cristina Paciello, Egypt Changes and Challenges of Political Transition, MEDPRO Technical Report, May 4, 2011.

③ Andrea Teti and Gennaro Gervasio, After Mubarak Before Transition: The Challenge for Egypt's Democratic Opposition, Interface, Vol. 4, May, 2012.

的国际公约，[①] 但政府无视童工和女性受到工资歧视的现状，一直不重视建立女性权利委员会、全面修订劳动法等民众反应强烈的诉求。

第四，网络媒体等手段激化了民众与政府的对抗。参加示威抗议活动的民众充分利用了网络媒体进行宣传、动员，聚合了反政府力量，极大地冲击了穆巴拉克政府。一方面，青年群体善于利用网络等现代化工具；另一方面，埃及互联网的普及、发展为青年利用其作为反政府的工具提供了条件。

埃及是信息技术新兴大国之一，互联网用户到动荡爆发前达2260万，全国有3200多家IT公司。私有化政策促使政府放宽了对媒体的管控，传统媒体与网络新媒体发展迅猛。媒体的迅猛发展离不开对社会话题的关注，以吸引民众。因此，穆巴拉克政府要员说这场革命的“唯一”原因就是媒体，它成功地使政府完全丧失了合法性。[②]

上述寡头政治的强化加之经济社会发展失衡的积弊，严重削弱了穆巴拉克的执政基础，30年来民众对政府的不满与日俱增。最终，在西亚北非动荡的影响下社会危机总爆发。2011年1月25日，面对涌向街头的广大民众以及其“面包、自由、社会公正、人的尊严”[③] 的政治诉求，穆巴拉克陷入四面楚歌，被迫宣布辞职，武装部队最高委员会接管国家权力。2011年4月16日，在军方的干预下，民族民主党遭到解散，党产也遭没收，积重难返的穆巴拉克政权迅速退出了历史舞台。

第三节　穆尔西的“百日计划”与埃及的“二次革命”

穆尔西政府很快被颠覆，成为这一时期最核心的事件。军政府因不能控制局势而交权于民选政府，正当埃及与国际社会期待民选政府能够顺利地推进埃及的社会、经济与政治重建时，为什么很快就被颠覆取代了呢？

---

① 包括1951年的《联合国同酬公约》、1981年的《联合国消除对妇女一切形式歧视公约》和1993年《保护所有迁徙工人权利国际公约》。Reem Abou – El – Fadl, Beyond Conventional Transitional Justice: Egypt's 2011 Revolution and the Absence of Political Will, The International Journal of Transitional Justice, April 24, 2012.

② Abdel Monem Said Aly, State and Revolution in Egypt: The Paradox of Change and Politics, Brandeis University Crown Center for Middle East Studies, January 2, 2012.

③ 宋丽丹译：《穆尔西政权垮台与埃及的未来选择——埃及共产党总书记沙拉·阿德里访谈》，《当代世界与社会主义》2013年第5期。

一、穆尔西政府的“百日计划”及“二次革命”

军政府取代穆巴拉克政权后，面对持续的抗议活动与社会动荡，通过2011年11月的人民议会选举、2012年5—6月的两轮总统选举，实现了向民选政府交权。作为埃及三大政治势力之一的穆兄会,① 于2011年2月21日组建自由与正义党，以角逐埃及议会席位，参加总统选举，并委任穆罕默德·卡塔特尼为党书记，穆尔西担任主席。

该党拥有庞大的社会群体支持，组织结构良好,② 虽然有宗教色彩但其党纲规定政党在政治层面不追求建立伊斯兰神权国家，并且倡导社会公正、宗教和解，吸纳女性和基督教徒入党，因而获得了相当一部分埃及民众的好感。2012年1月，该党在议会选举中获得235票，成为议会第一大党。当年4月18日，推举该党主席穆尔西参加埃及新总统角逐。作为学者型官员,③ 穆尔西在选举过程中将自身塑造为具有改革魄力的领袖，并表示将坚决严惩前政权腐败高官，以获取民众好感，此外，穆尔西还积极寻求埃及自由主义、左派人士和落败的其他总统候选人的支持。经过精心准备和积极策划，穆尔西最终在两轮选举中以微弱优势胜出，于2012年6月17日当选埃及总统，成为埃及自1953年建立共和国以来的首位民选总统。

上台伊始，穆尔西就提出了一系列旨在复兴埃及、雄心勃勃的施政方略。政治层面，承诺构建一个容纳各方势力、协调各方利益和具有包容性的议会制政府，限制总统权力。经济层面，针对穆巴拉克政府时期种种经济和社会积弊，实施复兴计划。其中，最为瞩目的当属“百日计划”，具体包括安全、能源、交通环境、卫生和食品补贴等5个大类共计64项议题。④ 对外关系层面，实施“平衡外交”，主张同美国、欧盟以及阿拉伯国家保持友好关系，并向中国等新兴国家学习发展经验。

然而，就职仅一年后的2013年6月30日，埃及反对派就再次发起游

---

① 该组织由埃及教师哈桑·班纳于1928年3月首创，是以逊尼派为基础的宗教和政治组织，目标是建立伊斯兰教法统治的国家。Elliott Abrams, Understanding Egypt's Muslim Brotherhood, Council on Foreign Relations, August 11, 2013, https://www.cfr.org/blog/understanding-egypts-muslim-brotherhood.

② Maria Cristina Paciello, Egypt Changes and Challenges of Political Transition, MEDPRO Technical Report, May 4, 2011.

③ 朱传忠：《埃及新总统穆尔西》，《国际信息资料》2012年第7期。

④ 余建华：《穆尔西执政周年遭遇“逼宫”》，《文汇报》2013年7月2日第7版。

行示威，据称人数多达1400万，要求穆尔西下台。由于穆尔西政府态度强硬，引起在选举时支持他的年轻人的强烈不满，使埃及遭遇重大动荡。[①]军方迅疾出面干预，2013年7月1日塞西（时任国防部长）以最后通牒的形式向穆尔西施压，要求政府在48小时内以和解方式平息游行示威，否则军方将进行坚决的干预。7月3日，塞西明确要求穆尔西下台，解散议会，并提前举行大选，由最高法院院长曼苏尔任过渡时期代总统。穆尔西随后被逮捕，埃及政治的穆尔西时代宣告结束。随着穆尔西政权的垮台，2013年10月9日，自由与正义党被埃及最高行政法院裁定解散；同年12月25日，穆兄会被宣布为恐怖组织，裁定解散，其骨干成员被逮捕。此次政坛动荡，被视作埃及政治转型的“二次革命”。[②]

二、穆尔西政府垮台的原因及其张力关系

从2012年6月30日就职到2013年7月3日“被”下台，穆尔西及其所依靠的穆兄会势力执掌埃及最高权力部门仅370天。除了穆尔西自身文职出身、政治经验不足等个人因素外，其当政时的政策失误，是导致埃及民众发起第二次“倒穆”运动的最主要原因。

第一，难以有效协调埃及政府部门内部各派别的利益，无法兑现其“包容性”政府的竞选承诺。文职出身且无军功的穆尔西上台伊始，就面临着穆兄会、世俗反对派和军队的三方压力。穆尔西表态，政治转向的方向是建立一个“民主的现代公民国家”，但其施政团队成员多来自穆兄会阵营，穆尔西长期是穆兄会核心成员，其政治倾向与穆兄会的政治理念有深远、广泛的联系。因此，在政府组成人员、施政行为、治国理念等方面，穆兄会势力在政府中发挥突出影响力是一种穆尔西本人也难以拒绝、阻止的张力。[③] 因此，他在2012年6月致力于出台新宪法，对抗最高宪法法院，为在内阁和省级行政机构中扩展穆兄会成员奠定合法性基础。但此举的结果是，一方面，加剧了世俗派对埃及国内政治伊斯兰力量的疑惧，他们尤其担心埃及政局朝着伊斯兰激进主义发展；另一方面，作为政治伊

① Sarah Ben Nefissa, The Egyptian Transition Arana: Between the Army Leadership, the Muslim Brotherhood and a Society in Full Transformation, Geographical Overview, Yearbook 2013.

② 田文林：《埃及的“二次革命”与“革命后遗症”》，《世界知识》2011年第14期。

③ Marta Latek, Egypt's Muslim Brotherhood experience: International response and regional implications, European Parliamentary Research Service, December 2, 2013.

斯兰力量组成部分和穆兄会盟友的“萨拉菲”派，则对穆尔西未能推行更为激进的伊斯兰教法而深感不满，离心倾向加剧。[①]

不仅如此，穆尔西还试图压缩军方的权力。其一，法律程序方面。穆尔西试图通过新宪法及其补充说明，推翻此前军方制定的宪法和相关修正案，削弱军方对政府行政职能的干涉，尤其是要修改军方对议会决议拥有否决权的条款。其二，人事任免方面。罢黜和免职了大批军方高层领导以及具有军方背景的政府职员，试图以穆兄会成员或其党羽取而代之。2012 年 8—9 月，穆尔西对军队、国防、总统委员会、省长等国家重要部门、岗位进行重大人事调整，其核心是改组洗牌、充实穆兄会成员等“忠诚力量”。[②] 在埃及，军方一直是影响政坛的主要力量之一，军方干预政治也有着很深的历史渊源，能否获得军方的支持是衡量总统权力是否稳固的重要标志，[③] 而穆尔西的上述做法严重触犯了军方利益，遭到后者强烈的抵制。最终，在世俗反对派和军方的合力打击之下，穆尔西政府宣告垮台。

第二，穆尔西任期内并未能显著改善埃及的经济社会状况，民众要求迅速改善生活水平的愿望未能满足。穆尔西上台时曾高调提出振兴埃及经济、推动社会进步的“百日计划”。但一年后，并未取得明显的政策效果，非但如此，埃及的经济社会发展多项指标趋于恶化。2010 年至 2012 年，其工业年均增长速度下降了 4 倍，失业率增加了近 4 个百分点，政府财政赤字继续扩大，外汇储备缩水近三成。[④] 尤其是，穆尔西始终未能改变埃及经济持续下滑的困境。同比来看，2010 年、2011 年和 2012 年埃及的 GDP 增速分别跌至 1.78%、2.216% 和 2.185%，远低于穆巴拉克时期和塞西时期的水平。环比来看，这三年埃及的经济增速远低于同期的中东地区平均水平，同时也低于全球的平均水平。而 21 世纪以来在穆巴拉克和塞西当政期间，埃及并未出现过如此窘境。社会公平方面，穆尔西政府也未能很好解决腐败问题。“透明国际”发布的数据显示，埃及的清廉指数排名在这三年内急速下滑，从 2010 年的第 98 位跌至 2012 年的第 118 位，且排名远低于同期的中东地区其他国家，和陷入动荡、长年排名垫底的叙利亚大体持平。竞选口号的华丽、民众期望的热切与穆尔西执政一年来埃

---

① Nathan J. Brown, Tracking the Arab Spring: Egypt's Failed Transition, Journal of Democracy, Vol. 24, October, 2013.

② 黄培昭：《穆尔西的 100 天》，《世界知识》2012 年第 20 期。

③ Daniel Steiman, Military Decision - Making during the Arab Spring, Georgetown University Democracy and Society, Vol. 9, Summer, 2012.

④ Adam Taylor, What Became of the Arab Spring's Ousted Dictators, The Washington Post, December 5, 2017.

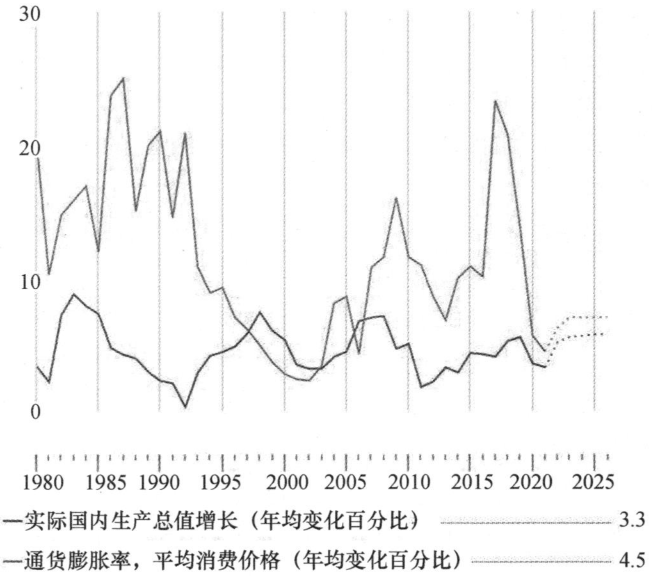

2015 年前后埃及 GDP 增速比较①

及经济社会现状的日渐恶化，形成了巨大的反差，使得民众对穆尔西政府的不满日趋高涨。美国皮尤中心发布的数据显示，穆尔西执政的后期，国内对经济发展状况不满意的人达 70%，认为需要更换一个能够强有力解决国家面临的重大问题的领导人的占 33%。②

第三，在国际社会，西方国家对穆尔西政府的态度迅速发生重大变化，从认可穆尔西的政治合法性到默许推翻穆尔西政权。在穆兄会赢得议会选举和总统选举时，因埃及的总统选举程序是奥巴马政府所倡导的，穆尔西政权最初得到奥巴马政府的认可，肯定穆尔西是通过自由公正的选举而赢得职位的。③ 穆尔西执政后表现出的保守政治态度却很快引起了美国的担忧，美国与西欧国家一直施压要求穆尔西在政治上“解放思想”、不要受到穆兄会有宗教色彩的政治主张的影响，但穆尔西对此置之不理。美国与西欧国家对穆尔西深厚的穆兄会背景的担忧越来越重，在政治上对穆

① International Monetary Fund，Arab Republic of Egypt，https：//www. imf. org/en/Countries/EGY.

② 高祖贵：《埃及“第二次革命”影响及走向》，《中国党政干部论坛》2013 年第 8 期。

③ Abdel Monem Said Aly and Shai Feldman，“Resetting” U. S. – Egypt Relations，Crown Center for Middle East Studies of Brandeis University，No. 79，March 2014.

尔西的不信任感急速上升。在埃及军队罢黜穆尔西后，美欧拒绝用“军事政变”来定性埃及的新变局，使穆尔西政权彻底丧失了国际支持。

总的来看，穆尔西就职之后，其在国内的一系列举措严重损害了世俗反对派和军方的利益，并且随着其施政措施并没有也不可能在短期内改善埃及国内恶劣的经济状况，很快失去了民意基础。埃及军方顺势而为，联合要求继续“革命”的反对派和日趋不满的底层民众，通过街头运动强行罢黜了总统穆尔西。埃及的政治转型随即进入新的分化、组合和动荡时期。

第四节　塞西的军人政治时代

塞西政府在通过民选的方式上台后，在政治、社会、经济等领域采取了一系列的重大举措，稳定了国家局势。但塞西政府依然面临多方面的重大挑战。2015 年后，埃及的恐怖活动再次膨胀，迫使埃及在 2018 年集中力量在西奈打击恐怖势力。在这一系列的矛盾与冲突中反映了埃及各个层面的张力关系。

一、塞西政府恢复社会、政治秩序的举措

埃及国家权力在 2013 年 7 月由军方接管，军方罢免穆尔西总统并组成临时军政府，军政府的领导人是塞西。2014 年 1 月埃及全民公决通过新宪法，6 月塞西参加埃及总统大选并以 96% 的得票率高票当选埃及总统，埃及国内政治进入塞西时代。[①] 至 2018 年 4 月，塞西政府实施了具有丰富内容的内政外交政策，意图巩固执政基础、促进埃及的社会稳定和经济发展。

第一，政治方面，仍然奉行威权模式，不断巩固和强化自身权力。与穆巴拉克类似，军人出身的塞西[②]在其上台之初，就显示出强硬本色。一方面，颁布一系列新的法令确保自身执政地位的稳固。主要包括：旨在限制公民自由集会和游行示威的《抗议法》（2013 年 11 月）、防止穆兄会等伊斯兰政党控制议会的《选举法》（2014 年 6 月）、打击穆兄会势力的《反

---

① 王晋：《塞西执政两周年——埃及的变化与挑战》，《当代世界》2015 年第 7 期。

② 廖百智：《埃及新总统塞西》，《国际研究参考》2014 年第 7 期。

恐法》（2015 年 5 月）。另一方面，采取强力措施打压穆兄会。塞西执政之后，不仅对穆兄会支持的游行示威大力打压，更直接逮捕了大批穆兄会的骨干和成员。随着被定性为恐怖组织，埃及穆兄会遭到重大打击，其核心成员或锒铛入狱或流亡海外。[①] 作为穆兄会领导的穆尔西也在 2015 年 4 月 21 日被开罗一家法院判处 20 年监禁且不得保释。

此外，塞西也适时采用“软”手段，分化、拉拢其他政治派别的势力。比较有代表性的是，塞西上台后就着手赦免前总统穆巴拉克的亲属和政治亲信，并将其纳入现政府体制。再如，2014 年 4 月，塞西亲自出面，调停埃及老派政党“华夫脱”党的内部矛盾。上述种种举措旨在最大程度获取国内其他政治势力的好感和支持，减少其执政的外在阻力，也收到了积极的效果，为 2018 年塞西的成功连任打下了坚实的政治基础。

第二，经济方面，内外兼修确保埃及经济的快速恢复和稳步发展。美国批评穆尔西政权被强行颠覆，2013 年美方一度中止了对埃及每年十亿多美元的经济援助。[②] 但是，塞西打击埃及穆兄会的做法以及孤立卡塔尔的外交政策，获得了沙特、巴林、阿联酋等海合会国家的认可。塞西执政的头两年，就获得上述海湾国家数百亿美元的经济援助，很大程度上缓解了埃及经济发展的资金压力。此外，塞西在上任后不久就接连访问了中国、法国、俄罗斯、科威特等国，大力拓展国际层面的经济合作。

国内层面，塞西政府将重点放在新行政首都、苏伊士运河经济带等国家项目上，并以 2015 年 3 月召开的沙姆沙伊赫投资大会和 2016 年 2 月发布的《埃及 2030 年愿景》为契机，开启了在金融、财政、基础设施建设与加强实体经济等方面的经济改革。至 2017 年底，塞西的经济改革总体取得了积极的效果：一方面，有效遏制了埃及两次政治动荡以来的经济衰退，根据国际货币基金组织（IMF）的数据，埃及目前的经济增长速度为 5.2%，比前一年的 4.2% 有明显改善；[③] 另一方面，使得埃及全国上下齐心抓经济，制度管理得以加强，一批重大项目得以快速实施，埃及的社会面貌有了新的变化。[④]

---

① Helena Burguova, Egypt's Failing "War on Terror", Berlin: Heinrich – Boll – Stiftung, 2017, p. 2.

② Samy Magdy, Egypt's Foreign Debt up More than 10 Percent from Last Year, The Washington Post, August 6, 2018.

③ Jeremy M. Sharp, Egypt: Background and U. S. Relations, Congressional Research Service, June 7, 2018.

④ 戴晓琦：《塞西执政以来的埃及经济改革及其成效》，《阿拉伯世界研究》2017 年第 6 期。

新冠肺炎疫情对埃及经济造成重大冲击，到2020年6月初，埃及的主要支柱产业遭受重创，黄金、房地产等市场也出现疲软状态。疫情导致埃及支柱产业之一的旅游业几乎完全停摆。海滩关闭、酒店停业、所有国际航班暂停等措施，导致旅游业在2020年减少50亿美元收入。疫情影响下，国际贸易、货运需求大幅下降，苏伊士运河5月通行船只总吨位同比下降9.6%。自埃及出现确诊病例以来，黄金市场销售额下降80%以上。埃及政府调低经济增长预期，将2019—2020财年（2019年7月至2020年6月）埃及经济增长预期由原先的5.8%调降至4%。埃及积极寻求国际社会的援助和支持，国际货币基金组织5月批准向埃及提供约27.7亿美元贷款援助，世界银行5月向埃及提供5000万美元贷款。2020年6月初，埃及经济开始逐步恢复。

第三，对外关系方面，以发展和改善国内经济状况为首要目标，以维护埃及地区大国地位为重要关切，开展以全球和中东地区大国为主要对象的全方位外交。在中东地区，塞西致力于通过区域经济合作、联合反恐（打击极端组织和也门胡塞武装）、孤立卡塔尔等举措，博取沙特阿拉伯、巴林等海湾国家的好感和支持，为埃及经济发展争取到了数目可观的援助，也展示出埃及作为中东地区大国的分量。不仅如此，塞西还将经济合作的橄榄枝伸向了非洲。比如，2017年12月，埃及承办了非洲商贸与投资论坛，除了强调吸引外资，埃及总统还希望推动非洲完善应对动荡等当前突出挑战的各种机制，特别是在非洲维和投入方面。[①] 在全球层面，塞西谋求改善和巩固同俄罗斯、美国、中国、欧盟等世界大国和地区组织的良好关系。美国一度暂停了对埃及的经济援助，但随后该援助得到恢复，可见埃及在中东地区对于美国来说非常重要。塞西总统在特朗普就任美国总统之后访美，双边关系进一步升温。[②] 再如，塞西与俄罗斯总统普京在2014—2015年连续三次会面，相互支持各自的总统竞选，并同意增加两国的经贸（包括武器）往来。埃及加强与沙特、阿联酋等国的联系，6月初埃及参加了沙特组织的2020年联合国也门捐助者视频会议，埃及支持沙特和联合国的积极作用，反对任何以也门领土威胁沙特和阿拉伯国家安全的行为。

几经周折，埃及的社会、政治秩序恢复了稳定，但埃及的政治重建似乎又回到了军人当政的模式。随着2018年4月塞西成功获得总统连任，这

---

① 王金岩：《塞西政府的内外政策走向及中埃合作前景》，《当代世界》2018年第5期。

② Jared Malsin, U. S. Releases $195 Million in Military Aid to Egypt, The Wall Street Journal, July 25, 2018.

一模式显然将在埃及持续下去。

二、埃及政治转型面临的重大挑战

无论埃及政治重建是否重新走向军人执政模式，未来塞西治下的埃及其政治转型道路注定是不平坦的，将面临一系列重大问题的挑战。

第一，改善民生，彻底扭转埃及经济社会发展颓势。穆巴拉克政权与穆尔西政权迅疾颠覆的直接原因都是民生问题的激化。埃及的动荡是政治动荡也是社会经济发展的挑战，当新政府组建、政治转型基本稳定后，首要任务就是恢复和加快经济发展。经济发展的结构性问题的解决，必须要进行政治、经济和社会等方面的重大、深层次的改革，消除穆巴拉克威权政治 30 年积累的各种束缚，打破强大的既得利益集团对国家经济的控制。塞西政府进行这些改革面临巨大的挑战，触动既得利益集团面临的阻力巨大，可能产生严重的消极后果，包括塞西及政府核心成员与这些利益既得者之间的重大利益联系。[①] 此外，埃及国内人口在 2020 年 2 月的统计中达到了 1 亿，成为全球第 14 个人口过亿国家，还有大约 1300 万埃及人生活在海外。埃及人口出生率较高，是人口最多的阿拉伯国家，每年新增人口约 250 万，预计到 2030 年埃及人口将增至 1. 28 亿。庞大的居民数量意味着消费市场，但人口过快增长也为埃及社会发展带来制约，给道路和公共交通等基础设施建设带来压力，教育资源更显缺乏，民众受教育程度下降。2019 年，埃及发起“只生两个”的倡议。

第二，在政治建设方面，需走出集权专制的政治怪圈。这是埃及政治结构的张力关系。穆巴拉克威权政治模式下政府与民众、各政治力量之间的关系十分紧张，正是因为这一政治张力关系的紧张导致了穆巴拉克政府在短时间内倒台。但为了恢复社会、政治秩序，埃及在当前的政治重建中依然采取强力手段。塞西能否摆脱寡头政治的诱惑，真正实现其所声称的“埃及人民而非军方的候选人”的身份定位，仍然是未知数。而依靠威权政治强力维护秩序，在维护秩序的强力政治环境下又逐渐汇聚严峻的政治张力紧张关系，之后又是新一轮社会、政治动荡，这可能会成为一种政治张力紧张关系的恶性循环。

第三，如何妥善处理内部派别之间的矛盾，尤其是如何协调与穆兄会

---

① Jared Malsin, Egypt’s Sisi Clamped down on Political Opposition—Next up Is the Economy, The Wall Street Journal, May 21, 2018.

之间的关系。这是政治力量之间相互关系的张力表现。塞西当选总统离不开世俗派势力的支持，如何在以军方为主导的政权结构安排上体现这些人的利益，并在推行的一系列政策上反映其诉求，是塞西政府不得不回答的问题。此外，塞西将穆兄会定性为恐怖组织，完全将其推向了埃及政府的对立面。但穆兄会作为中东地区历史悠久、组织严密的宗教力量，其实力始终不容小觑。尽管遭到塞西政府弹压，但其作为强大的政治力量不会销声匿迹。[①] 即便是美国在处理当下埃及的党派之争时也选择两面下注，塞西政府如何选择对穆兄会的政策，仍将是个难题。

第四，如何调和伊斯兰主义者和非伊斯兰主义者的矛盾，获得非伊斯兰主义者的支持。这是地区性甚至全球性社会张力关系的一个普遍性议题。埃及作为一个伊斯兰文化国家，非伊斯兰主义者受到歧视和不公正对待由来已久。如埃及的古老居民科普特人，其人口占埃及总人口的15%—20%，但在社会领域、政治领域长期受到不公正对待，因而科普特人对政府的不信任感非常强烈。[②] 与此同时，因宗教信仰不同，科普特人多次遭受极端伊斯兰组织发动的暴力袭击。在未来，如何改善科普特人以及其他非伊斯兰主义者的生存现状、安全保障，是塞西政府维持执政稳定的重要一环。[③]

三、埃及恐怖活动的膨胀

如何应对日益猖獗的恐怖主义成为实现埃及国内安全形势好转的重大挑战。[④]

埃及面临着本土、境外的极端势力特别是极端暴力势力日益增长的威胁，是否能够应对这一局面，成为埃及反恐战略成功的关键。[⑤] 2014 年夏季塞西就任总统，适逢极端组织“伊斯兰国”在中东地区肆虐，该组织不

---

① Alexander Velez - Green, Is the Muslim Brotherhood the Key to Egypt's War on Terror? The National Interest, April 17, 2015.

② Paul Sedra, The Sectrianization of the Egyptian Society, August 22, 2013, http://www.opendemocracy.net/paul - sedra/%E2%80%98sectrianization%E2%80%99 - of - egyptian - society.

③ Weal Eskandar, Egypt's Copts between terror and discrimination, December 18, 2016, http://www.opendemocracy.net/north - africa - west - asia/weal - eskandar/battling - culture - of - inferior - copt.

④ 唐恬波：《埃及，恐怖主义“传统”已回归》，《世界知识》2015 年第 16 期。

⑤ Alexander Velez - Green, From Reform to Revolution: A Schism in the Muslim Brotherhood and the Rise of Homegrown Jihadism in Mainland Egypt, Center for A New American Security, August 8, 2017.

仅在伊拉克和叙利亚站稳脚跟后向外扩张势力，成立了“西奈半岛分支”，“基地”组织势力也试图在埃及拓展影响力。这些恐怖组织在埃及实施了一系列的暴力恐怖活动。[①] 上述这些恐怖主义因素给埃及的国内安全稳定带来了严重的挑战，并将对埃及的支柱产业旅游业构成重大冲击。

2011 年以来，埃及的恐怖活动形成了西翼、中部、东翼三个地带，波及埃及全境。恐怖组织虽然有不同的重点袭击目标，但核心目的是打击政府的形象及扩散恐怖氛围。三个活动带反映了恐怖势力对埃及的全面攻势，并形成东西夹击态势。在未来可预期的几年，上述这些挑战将在埃及存在下去并随时可能引发新的动荡，持续考验着塞西政府的政治智慧、应变能力和治理水平。

（一）埃及恐怖活动的三个重点地带

2011 年发生动荡以来，埃及的恐怖势力持续存在且不断猖獗，形成的三个暴恐高发地带的袭击目标具有明显的选择性。

其一，西翼恐怖活动区的恐怖活动及其目标。西翼恐怖活动区，包括埃及境内的西部省份及边境地带，也包括利比亚境内针对埃及的恐怖袭击。这一地区的袭击，既针对平民，也针对政府目标，恐怖袭击甚至在一些时段密集发生。

第一，针对科普特人的持续袭击激化了社会矛盾。在明亚省等科普特人聚居区，大规模的恐怖袭击时有发生。2011 年 3 月、5 月、10 月，埃及出现了第一波针对科普特人的群体袭击，2013 年出现了第二波袭击。埃及南部在 2013 年 6 月、7 月发生了大规模驱逐、迫害科普特人的暴力事件。2017 年 5 月 26 日，埃及明亚省的一辆科普特人乘坐的车辆遭到恐怖袭击，导致至少 23 人死亡，25 人受伤。针对科普特人的恐怖袭击，其图谋就是激化阿拉伯人与科普特人的矛盾，在埃及社会扩散恐怖主义和极端主义氛围，进而干扰社会—政治重建与发展进程。针对科普特人的暴力似乎成为埃及政治—社会动荡的风向标。[②]

第二，针对政府目标的袭击直接挑战国家权力。在西翼，多有针对安

---

① Institute for Economic and Peace, 2017 Global Peace Index, June, 2017, http://visionofhumanity.org/app/uploads/2017/06/GPI17 – Report.pdf. Institute for Economic and Peace, GTI Ranks and Scores, 2017, November, 2017, http://visionofhumanity.org/app/uploads/2017/11/Global – Terrorism – Index – 2017.pdf.

② Samantha C. Leveugle, Mark Andrew Le Vine, The Copts and the Egyptian State: The Economic and Political Marginalization of the Coptic Christians of Egypt from Muhammad Ali to the Present, The UCI Undergraduate Research Journal, Vol. 4, 2012, p. 14.

全力量的袭击。2017 年 10 月 20 日，一支警方巡逻队在西部边境的沙漠地带遭到袭击，造成警方的重大伤亡。此前，在 2014 年 7 月，埃及西南部新河谷省的一处边防检查站遇袭。2014 年 8 月、2016 年 6 月、2017 年 1 月，西翼地带多个地区都发生了袭击军队、警察等安全力量的事件。针对国家安全力量的袭击，本身就是对国家安全的重大挑战。

第三，在利比亚实施针对埃及目标的袭击。埃及驻利比亚使馆成为恐怖袭击目标。2013 年 8 月，埃及驻利比亚领事馆发生爆炸；2014 年 11 月，埃及驻利比亚大使馆遭汽车炸弹袭击。而 2014 年 1 月，多名驻利比亚使馆的埃及人员遭绑架。

埃及民众连年在利比亚遭到绑架、杀害。2013 年 10 月，埃及大批人员在利比亚遭到绑架；2014 年 12 月，有数名埃及人在利比亚遭到绑架；2015 年 1 月初，13 名埃及科普特人在利比亚苏尔特遭绑架；2016 年 12 月，又有 6 名埃及人在利比亚遭绑架。埃及人质还遭到杀害，2015 年 1—2 月，IS 势力在利比亚绑架并杀害了 21 名人质。这些遭到绑架、杀害的埃及人，多来自埃及西部地区，都是科普特基督徒。

第四，西翼地带恐怖活动的特点。埃及西翼恐怖活动的特点如下：一是，恐怖分子的活动范围大，波及明亚省、新河谷省等地，以及埃及与利比亚的边境地区，还伸展到利比亚境内的一些埃及人所在的地区。二是，利比亚境内的恐怖势力与埃及西部地区的恐怖活动联系密切。埃及西部省份的恐怖活动常常与利比亚恐怖势力有关联，2017 年 5 月明亚省发生恐怖袭击后埃及随即向利比亚的恐怖势力营地实施打击，埃及认定凶手来自该营地；2015 年 2 月在利比亚被恐怖势力杀害的 21 名科普特人多来自明亚省。三是，相关恐怖活动具有跨国活动的特点。利比亚恐怖分子袭击埃及使领馆，而埃及恐怖分子也参与了 2012 年 9 月 11 日在班加西袭击美国使领馆的活动，后来在埃及被抓捕。四是，东、西两翼的恐怖活动在加紧挤压埃及。随着国际恐怖势力在叙利亚、伊拉克等地的节节败退，国际恐怖势力对埃及的两翼策略逐渐加紧，特别是企图通过西翼、东翼的突破来“拿下”埃及，服务其地区战略。2017 年 10 月在西翼的恐怖袭击，11 月 24 日在西奈半岛针对清真寺的袭击，凸显恐怖势力在埃及活动的这一特点。

其二，开罗、亚历山大及旅游区域形成的中部恐怖活动区。这一恐怖活动带是埃及的政治、经济中心地带，恐怖势力主要针对政府目标、人群密集场所、经济支柱旅游业等实施袭击。

第一，针对科普特教堂区域的恐怖袭击频发。2011 年元旦，埃及亚历山大市一座教堂遭爆炸袭击；1月25日埃及爆发了大规模的“广场革命”，之后在教堂区域发生的恐怖袭击增加。2013年10月，一座教堂遭到恐怖分子袭击；2016年12月11日，开罗的一座教堂遭炸弹袭击；进入2017年，在教堂区域发生的袭击更加频繁，4月9日，在亚历山大市和埃及第五大城市坦塔市的教堂都遭到爆炸袭击。

科普特人绝大多数信仰基督教，是埃及最大的少数族群，政治冲突很易于转化为宗教冲突[①]。因此相关袭击往往有突出的族群与宗教特质。恐怖势力或者选择科普特教堂，或者选择具有基督教含义的时间实施袭击，如2011年的元旦、2017年4月9日基督教的棕枝主日，或者在明亚省等科普特人集中的地区与场所实施袭击。

第二，在首都开罗的多目标恐怖袭击。2013年12月26日开罗一辆公交车发生爆炸；2014年1—11月，开罗的地铁、火车站连续五次遭到恐怖袭击；2015年6月29日，埃及总高检察长遭炸弹袭击遇难。在开罗发生的恐怖袭击连续不断，针对目标包括教堂、火车站等公共场所，以及政府机构、外国领事馆等。

通过实施这些袭击，制造重大伤亡、扩散恐怖氛围来打击政府形象。教堂、火车（地铁）站是人流密集区，这些地方遭受恐怖袭击将挑战政府的安全能力。

针对使领馆的袭击具有突出的国际恐怖活动特点，给埃及政府造成很大压力。2015年7月11日意大利在开罗的领事馆遭爆炸袭击后两天，两国外长会谈，埃及政府一方面承诺尽力保障外国使团的安全，另一方面又承诺尽快按原貌修复意大利领事馆。

针对政府目标的恐怖袭击，频率高、范围广、影响大，如警察局、司法机构、安全机构等都是恐怖势力袭击的目标。2013年12月，埃及的一处军事情报机构大楼遭到袭击；2014年1月，埃及的警察总部遭到袭击；2015年3月，埃及最高法院附近发生恐怖袭击。针对政府目标的袭击直接挑战了政府权威，损害了政府的形象，同时也扩大了恐怖组织自身的影响。[②]

第三，针对旅游业的袭击。埃及旅游业长期是恐怖袭击的目标。[③] 有

---

① 潘蔚娟：《试析埃及科普特人战后政治地位的演变原因》，《国际展望》2014年第1期。

② Andrew McGregor, Egypt's Domestic Security Threat: Ajnad Misr and the "Retribution for Life" Campaign, Terrorism Monitor, Vol. XII, Iss. 14, July 10, 2014, p. 2.

③ 刘晶：《恐怖主义对埃及旅游业的影响及政府的应对措施》，《内蒙古民族大学学报（社会科学版）》2011年第5期，第69—70页。

的恐怖袭击针对旅游交通工具，如2015年6月10日，一辆旅游大巴在卢克索卡纳克神庙遭到爆炸袭击；有的针对景区，如2015年6月3日，恐怖分子在开罗吉萨金字塔景区实施袭击；有的针对游客下榻的宾馆，如2016年1月7日、9日，吉萨金字塔、红海旅游胜地附近旅店都遭到袭击。

针对旅游目标的袭击对埃及经济的打击是非常明显的：一是，恐怖袭击的发生会导致游客人数迅即减少，西奈半岛旅游目标连续遭到袭击后，埃及在2016年2月的游客数量比去年同期减少了45.9%；二是，埃及政府需要增加旅游目标的安全防护，相关安全费用支出的增加，也增加了政府等资金压力。

第四，中部恐怖活动地带的特点。这一恐怖活动带有明显的特点：一是，该地区是埃及的政治、经济中心，因而这一地带的恐怖活动与反恐怖行动都具有“中心”的意义；二是，这一地带各种类型的恐怖袭击都很典型，而针对司法、情报等政府目标，针对大使馆等国际目标的袭击尤为引人瞩目，易于扩散恐怖袭击效应；三是，国家反恐怖力量在这一地带也比较集中。

其三，西奈半岛是恐怖活动的东翼带。西奈半岛是2011年以来埃及恐怖活动最为突出的地区。[①] 从2011年2月输油管道遭到袭击到2017年8月巡逻队遭到袭击，再到2017年11月西奈半岛清真寺袭击事件，恐怖袭击在西奈半岛持续、多发，且暴力烈度激增。

第一，南、北西奈省的恐怖袭击。西奈半岛的恐怖袭击多集中于北部。2012年8月，北西奈省的一个边境检查站遭恐怖袭击，11月，北西奈省一辆警车遭恐怖袭击；2014年10月，北西奈省一处检查站遭自杀式汽车炸弹袭击；2017年9月，西奈半岛北部又发生重大恐怖袭击。

但西奈半岛南部也有恐怖袭击。2015年10月31日在沙姆沙伊赫发生了俄罗斯客机爆炸的恐怖袭击事件，此前，2012年10月美国就对本国公民发出西奈半岛南部恐怖袭击风险警报。

第二，恐怖势力在西奈半岛袭击的重点目标。西奈地区的恐怖袭击，除了针对旅游目标外，还有两个主要目标，一是针对油气管道，二是针对巡逻队、哨所等安全力量。

恐怖势力将西奈油气管道作为重要目标。2011年2月，埃及动荡刚开始，西奈半岛的油气管道就遭到袭击，随后4月、7月、10月、12月，连续发生多起袭击天然气管道的事件；2012年出现袭击油气管道的一个小高

---

① Omar Sheira, Security in Egypt, Monthly Report, Global Political Trends Center Istanbul Kültür University, April 2015.

潮，此后 2013 年、2014 年袭击也有发生。

油气管道连接着以色列、约旦等国，西奈半岛连接着巴勒斯坦地区，恐怖势力试图通过袭击西奈半岛的油气管道达到几重目标：一是借助天然气供应中的摩擦激化埃及与以色列的矛盾；二是触发地区紧张局势，在西奈半岛活动的恐怖势力常常跨越巴勒斯坦地区，① 引起地区局势紧张；三是诱发埃及国内政治纷争，激化民众对 2008 年埃及—以色列 20 年天然气输送协议的质疑、不满，借以兴风作浪；② 四是以西奈半岛为恐怖活动的战场，配合恐怖势力在叙利亚等地的活动。

针对埃及安全力量的袭击持续、密集地发生。如 2016 年 1 月 27 日、29 日，2017 年 1 月 9 日、12 日、16 日，西奈半岛连续发生针对哨所的袭击事件；2017 年 9 月 11 日，一支安全巡逻队遭伏击。恐怖势力甚至直接袭击武装力量，2014 年 1 月一架军用直升机在西奈半岛被恐怖势力击落，2015 年 7 月埃及海军在西奈半岛北部遭到恐怖袭击。埃及政府也被迫在西奈半岛投入大量的反恐怖力量。

第三，恐怖袭击目标扩大到清真寺。2017 年 11 月 24 日，西奈半岛北部的一座清真寺发生的恐怖袭击，将西奈半岛的恐怖活动推向一个新的阶段。一是，恐怖势力将清真寺作为袭击目标，这被埃及政府认定为是埃及现代恐怖活动历史上的第一次，表明恐怖势力在埃及的恐怖袭击目标选择上发生了重大变化，公开将宗教场所和穆斯林作为袭击目标。二是，袭击的策划意图旨在制造重大伤亡，恐怖分子在引爆爆炸物之后又以机枪向逃散的人群扫射，甚至针对儿童扫射，事件发生的第二天已经造成 300 多人遇难，这是试图通过单次袭击制造尽可能多的伤亡以传播恐慌。三是，恐怖势力出动了 25—30 人实施袭击，行动过程中持“伊斯兰国”旗帜，行动的规模显示了其背后的恐怖势力的庞大。四是，该袭击发生在埃及政府持续加紧在西奈半岛的清剿行动过程中、国际恐怖势力在叙利亚倾覆之时，该事件折射出国际恐怖势力在西亚北非的重大战略意图，包括抹黑埃及政府的反恐成效。

第四，东翼地带恐怖活动的特点。西奈半岛虽然在三个地带中地域最小，但独立成为埃及恐怖活动的东翼，且成为恐怖袭击最为频繁的一个地带。一是，西奈半岛是埃及恐怖活动三个地带中恐怖活动最为猖獗的，不

---

① Col. (res.) Dr. Shaul Shay, Egypt and the Threat of Islamic Terror, BESA Center Perspectives Paper No. 230, January 1, 2014.

② Jean - pierre Filiu, From Deep State to Islamic State, London: Hurst & Company, 2015, p. 156.

仅恐怖袭击频繁发生，而且针对的目标既有平民，也有政府，甚至是军队。二是，西奈半岛的恐怖活动，国际化特色突出。在西奈半岛活动的恐怖势力与国际恐怖势力结合得很紧。① 叙利亚反恐斗争局势往往在西奈半岛的恐怖活动中折射出来，恐怖势力借助西奈半岛的袭击策应叙利亚活动和全球转移，清真寺爆炸袭击事件及俄罗斯客机事件，都是典型案例。西奈半岛的恐怖活动还与巴勒斯坦问题、约旦等周边国家安全相联系。三是，西奈半岛牵制了埃及大量的反恐精力，挑战埃及的反恐能力。埃及政府在西奈半岛的反恐行动，不仅投入警察力量，还投入空中、陆地的军事力量。西奈半岛的恐怖活动迫使埃及自 2011 年 8 月 15 日就开始实施针对恐怖分子的“鹰”清剿行动，此后埃及政府经常以清剿的方式打击恐怖势力。2016 年 7 月，埃及宣布已将绝大部分恐怖分子清除出西奈半岛，但随后在 2017 年 1 月 27 日埃及又以陆地、空中军事力量在西奈半岛中部沙漠地区进行清剿恐怖分子的行动。埃及的清剿行动，多是在重大恐怖袭击之后，如 2015 年俄罗斯客机事件后、2012 年 8 月埃以边界地带两国哨所遭到袭击后，以及 2017 年西奈半岛一清真寺遇袭之后。一次次的清剿行动，成果不少，但依然难以有效遏制恐怖势力的猖獗活动。

（二）埃及三个恐怖活动带产生的影响

三个恐怖活动带对埃及和地区恐怖活动态势产生了重大影响。

首先，埃及成为西亚北非地区恐怖活动的突出前沿。与 2011 年之前相比，埃及的恐怖活动持续频发，成为本地区恐怖活动的突出前沿地带。

第一，三个活动带反映了恐怖势力对埃及的全面攻势。在袭击地域上是全面的。恐怖势力在埃及东、西、中三个地带同时实施持续袭击且都很突出；同时，恐怖活动还从城市波及到农村，呈现以首都开罗为中心的扩散发展态势。因此，三个地带的布局具有全国性的意义。如果恐怖活动不能得到有效遏制，其活动范围会向全国更多地区扩散。

在袭击目标上是全面的。恐怖活动不仅将火车站、教堂、旅游景区等软目标作为袭击对象，还将法官、政府机构、安全力量甚至国家武装力量作为袭击对象。恐怖势力不仅试图通过袭击平民扩散恐怖氛围，还试图直接打击政府如频繁袭击军警目标，打击政府的经济支柱如针对旅游业的袭击，引发民众对国家政策的质疑以向政府施压，如在西奈半岛针对油气管道的袭击。清真寺遇袭事件则表明，恐怖势力在埃及全面宣战，试图挑起

① Jantzen William Garnett, Terrorism and the Rise of ISIS in Egypt, the Graduate College of Missouri Sate University, December 2015, p. 71.

更加复杂的社会群体间矛盾。

从终极目标看，恐怖—极端势力妄想通过三个活动带达到其政治与意识形态的终极目标。恐怖势力不仅想通过恐怖袭击将埃及引向混乱、战乱，还试图在埃及引发剧烈的政治动荡。

第二，三个活动带严重危及社会稳定。恐怖活动在多层面危及了埃及的社会关系与稳定，进而危及国家总体安全。一是，直接危及民众的生命财产安全。2017 年 4 月两座教堂发生的恐怖袭击导致 47 人死亡，5 月在明亚省发生的恐怖袭击导致 28 人死亡。受恐怖袭击影响，埃及游客数量在 2016 年 2 月比 2015 年同期减少了 45.9%。[①] 二是，刻意恶化族群关系。恐怖分子针对科普特目标的袭击，意在撕裂族群社会关系，2016 年 12 月 IS 势力呼吁在一切地点袭击所发现的埃及基督徒。三是，试图诱发民众的分裂。埃及的恐怖活动伴随国家动荡的每一个阶段，每到动荡的剧烈期，恐怖势力就十分活跃，如穆尔西下台、2014 年总统大选前后，都伴随一系列恐怖活动。

第三，三个活动带严重挑战埃及的政治社会重建。2011 年以来，与埃及动荡同步的恐怖活动严重破坏了国家秩序，[②] 主要表现在恐怖势力（组织）被激活、滋生。恐怖势力在三个地带中有一系列的活动据点，能够长期聚合力量、实施恐怖袭击。三个活动带大面积地、长期地威胁埃及政府，牵制了埃及政府很多的精力用于反恐；在社会恢复、重建的背景下，在反恐行动中消耗太多的资源显然会危及国家的根本。

武力打击是遏制恐怖势力器张气焰的重要举措。[③] 埃及在境内外以重拳凌厉出击打击恐怖势力及其巢穴。埃及不断强化反恐工作，其严峻的安全环境存在很大的安全张力。2014 年 10 月，埃及在西奈半岛一些地区实施三个月的反恐紧急状态；2017 年 4 月，科普特教堂袭击案后，埃及在全国范围宣布实施反恐紧急状态，5 月的袭击案发生后，埃及在 6 月又延长三个月反恐紧急状态。恐怖活动迫使埃及政府不断增加反恐投入。

2017 年 4 月在宣布实施全国范围反恐紧急状态时，埃及总统表示将成立一个依法赋予足够权限的最高委员会专门负责反恐和反极端主义工作。埃及政府宣布穆兄会为恐怖组织，担心穆兄会与政府对抗，包括以恐怖暴

---

① 《恐袭阴霾挡不住埃及旅游业复兴》，《光明日报》2019 年 1 月 15 日第 12 版。

② 刘中民、赵星华：《埃及西奈半岛极端组织浅析》，《国际研究参考》2015 年第 12 期，第 47 页。

③ 张金平：《国际恐怖主义与反恐策略》，人民出版社 2012 年版，第 144 页。

力形式对抗进而导致局势失控。[①] 事实上，穆兄会确实有能力动员很多暴力袭击。自穆尔西下台后，穆兄会力量在进行广场运动的同时也确实实施了一系列的暴力袭击。埃及反恐工作一时难以跳出“越反越恐”的恶性循环。

其次，埃及面临国际恐怖势力的东西夹击。从国际恐怖活动角度看，埃及面临国际恐怖势力与本国恐怖势力汇合实施的两面夹击。

第一，在战略上从两翼形成对埃及夹击。IS 势力通过利比亚向埃及渗透，[②] 一些埃及恐怖势力也积极与 IS 联合。利比亚的国际恐怖势力还支助、培训埃及的恐怖势力。埃及认为，2017 年 5 月发生在明亚省的恐怖袭击，其中的恐怖分子在利比亚国际恐怖势力营地中接受培训，恐怖分子的资金、武器也从利比亚边境偷运入埃及。

西奈半岛的恐怖活动与境外有多重联系。叙利亚聚合起来的国际极端—恐怖势力鼓舞，甚至直接支持埃及的恐怖势力及其活动，并将西奈半岛的恐怖活动纳入其整体活动。或者借重西奈半岛的恐怖活动鼓舞其在叙利亚的势力的士气、传递恐怖氛围，或者将西奈半岛的恐怖活动视为全球战略转移“回流”的一个环节。

国际恐怖势力特别是 IS 向埃及渗透的意图十分明显。IS 的利比亚分支不仅十分活跃，而且能够利用埃及东、西周边政治动荡的社会空间，与其本土极端—恐怖势力对接、汇合。[③]

第二，在行动上两翼的袭击相互配合，牵动埃及政府的敏感中枢神经。2016 年 6 月 30 日，埃及西奈半岛北部及西部边境地区，发生多起袭击。这一时间重叠，更加凸显了埃及东、西两翼的恐怖威胁。2017 年 10 月在西翼发生了针对巡逻队的袭击，11 月在西奈半岛发生了清真寺遇袭的袭击，两翼连续发难。事实上，只要东、西两翼存在恐怖活动，无论时间上是否有契合，都构成了对埃及的恐怖威胁。

第三，两翼有国际恐怖势力聚合的重要区域。在埃及西面，利比亚、突尼斯等地是国际恐怖势力 2011 年以来的重要聚合地区，而阿尔及利亚、马里等地是“基地”组织势力活跃的地区。在埃及东面，IS 势力在叙利亚、伊拉克等地猖獗活动。如果说西亚北非地区是国际恐怖势力活动的一

---

① Mokhtar Awad and Mostafa Hashem. Egypt's Escalating Islamist Insurgency, Beirut: Carnegie Middle East Center, 2015, p. 9.

② Mokhtar Awad, Egypt: Challenges and Opportunities for U. S. Policy, Program on Extremism, Washington, DC: Center for Cyber and Homeland Security George Washington University, 2016, p. 7.

③ 凌朔：《IS 滥杀埃及人释放四大危险信号》，《京华时报》2015 年 2 月 17 日第 14 版。

个中心地区，埃及则处于这一地区的中心。

埃及的恐怖势力与国际恐怖势力的联系非常密切。埃及恐怖分子与“基地”势力的联系密切，而 IS 势力在埃及的影响力急剧膨胀，或者有埃及恐怖势力效忠 IS，或者有埃及恐怖分子在 IS 的训练营接受培训、支助。

再次，三个地带是一个整体。三个地带的恐怖活动相互联系，构成了一个恐怖威胁整体。

第一，东西两个地带的恐怖活动形势都很严峻。利比亚的恐怖势力直接实施针对埃及的袭击，如 2014 年 7 月 19 日，恐怖势力在埃及与利比亚边境袭击了埃及军队，导致 22 名军人遇害；2015 年 2 月 16 日，IS 宣布杀害了 21 名埃及科普特人人质。

在西奈半岛这一东翼恐怖活动带，恐怖势力制造袭击的目的，不仅针对埃及政府、旅游业，还试图将埃及拖入巴勒斯坦问题的大漩涡，如针对油气管道的袭击，其武装人员有意跨越巴勒斯坦进入西奈半岛活动。

第二，三个地带恐怖威胁具有全境特征。事实上，三个地带恐怖威胁既包括埃及中心城市开罗、亚历山大等地的恐怖袭击，也包括边境地区、农村地区的恐怖活动，具有全境特征。三个地带的恐怖活动足以表明埃及全境都面临恐怖威胁，恐怖威胁成为埃及突出的国家安全问题；不解决这一问题，埃及就无法顺利实施政治、经济、社会等重大议题。

第三，三个地带的袭击都很突出。在这三个地带，多有针对军警等安全力量的袭击。2015 年 8 月 20 日，开罗的一处国家安全机构的办公楼及法院附近发生汽车炸弹爆炸，24 日开罗一辆警察乘坐的车辆遭到袭击；2016 年 12 月 9 日，开罗一个检查站遭炸弹袭击。针对政府目标特别是安全目标的袭击将三个地带的恐怖活动连结为一体。

三个地带针对平民的袭击也联系在一起。如针对科普特人的袭击，既发生在西翼地带，也发生在中部地区；针对国际目标的袭击，既发生在西奈半岛，也发生在开罗附近。

（三）动荡失序是埃及三个恐怖活动带形成的核心要素

2011 年至今的阿拉伯地区的政治—社会震荡，是埃及恐怖势力聚合组织能力的基本地缘环境，这一国际形势给恐怖势力聚合组织能量提供了条件。

首先，组织能量是恐怖活动的最直接决定因素。恐怖势力的组织能量，决定着一个时期恐怖活动的特点和走势。埃及及西亚北非地区的动荡局势给恐怖势力聚合组织能量提供了条件。

恐怖势力组织能量，包括一些基本的要素：（1）组织网络及其分布，所依托的社会空间，与其他极端势力的关系；（2）组织结构形态及其人员构成；（3）资金实力及其来源渠道；（4）暴力手段的烈度、恐怖效应及其持续性；（5）所持极端主义在社会中的传播、影响能力。

组织能量是决定恐怖活动走势的要素，是否有效打击其组织能量则是反恐怖行动的评判标准。

其次，国内动荡—失序环境给恐怖势力聚合组织能量提供条件。2011年1月埃及政局发生动荡以来，不仅在2011年、2013年两次发生政权的重大更迭，且围绕两个总统的司法判决、穆兄会的消长起伏而造成社会与国家长期处于激烈的冲突、对峙、震荡的状态。国家持续数年的动荡—失序，给恐怖势力聚合组织能量，在两个方面提供了条件。

一是，动荡严重牵制了政府的反恐怖投入。政府的主要精力用于处置持续的社会—政治动荡。动荡是一项非常艰巨的挑战，在动荡时期有一系列的紧迫、重大问题需要解决，政府的精力绝大部分都必须集中于此类问题。政府本身也是社会—政治冲突的一方，对立性导致其治理国家的社会基础被明显削弱。因此，政府拥有的反恐怖资源、精力都受到极大的牵制，对恐怖势力活动的监控能力、对恐怖团伙的发现与打击能力都大打折扣。二是，动荡—失序环境极大地扩大了恐怖势力聚合能量的社会空间。持续动荡中激烈的社会对立，对立中所膨胀的极端思维，给恐怖势力聚合组织能量提供了极大的便利，给恐怖势力扩张提供了巨大的社会空间。在持续的动荡中，民众、政治势力往往会采取广场运动和广场暴力，其中包含、传递的“对立”“对抗”等思维理念在动荡激烈时期非常易于极端化。极端暴力被一些极端理念裹挟，有利于进行极端行为的蛊惑。[①] 在持续的动荡中，民众被大规模地动员起来，整个社会的各个阶层、各个地域都出现“对立”“对抗”的状态。而极端、恐怖势力在这样的状态中则更容易扩展组织网络、招募成员、建立据点，如西奈半岛、明亚省、开罗—亚历山大等都成为恐怖势力活动的猖獗地区。

在这两个条件的影响下，恐怖势力拓展与动荡同步，表现为三个阶段：

第一个阶段，是2011年1月至2013年7月。1981年10月萨达特总统

---

① ［印］阿玛蒂亚·森著，李风华等译：《身份与暴力——命运的幻象》，中国人民大学出版社2013年版，第142页。

遇刺后埃及长期打击国内恐怖势力，但一直存在恐怖组织团伙,[①] 2011 年元旦亚历山大市发生针对科普特教堂的袭击，就说明了这一点。而“耶路撒冷支持者”“西奈半岛圣战支持者”“马哈茂德·贾马尔网络”都是在 2011 年成立的。

第二阶段，是 2013 年 7 月至 2014 年 6 月。针对政府目标的袭击急剧增加，一些新的恐怖团伙开始活跃，如“埃及战士”（Ajnad Misr）等，也有一些恐怖势力以穆兄会的名义活动。

第三阶段，是 2014 年 6 月至今。更多的恐怖势力加剧活动，“耶路撒冷支持者”加入 IS、“人民抵抗”成立、“决断”组织活跃。其中，“决断”组织被认为是从穆兄会力量中衍生出来的恐怖团伙。因此，恐怖活动进一步猖獗，地铁站、境外埃及人、政府目标、科普特人等连续遭到袭击。

再次，地区动荡的国际环境给恐怖势力聚合组织能量提供了条件。西亚北非地区特别是利比亚、叙利亚、伊拉克等地的持续动荡，给国际恐怖势力的聚合提供了条件。

一是，当地政府的安全控制能力、反恐怖能力都非常薄弱。美国等国家一直打压叙利亚政府，而利比亚的政治—社会对立非常严重，政府的执行力很弱。[②] 二是，一些国家在地区动荡中支持了一些极端势力，如在 IS 壮大过程中曾被不少国家视为可利用的力量而得到支助，2011 年在进攻卡扎菲时西方国家对“基地”组织势力在利比亚的活动视而不见。三是，在叙利亚打击国际恐怖势力的国际合作不仅非常困难，甚至相互冲突。四是，2011 年以来阿拉伯地区剧烈动荡的局势使极端主义极度膨胀，推动了极端势力的发展，成为恐怖势力招募人员、蛊惑宣传的强有力工具。

埃及在国际恐怖势力的西亚北非战略中占据主要地位。“伊斯兰国”、“基地”组织等势力在叙利亚、伊拉克、利比亚建立了强大的据点。这样，国际恐怖势力能够从东、西两侧向埃及渗透。如 IS 势力在利比亚拥有很多武装力量,[③] 埃及明亚省的恐怖袭击和人质在利比亚遇害事件都与利比亚的 IS 势力有关联。随着国际恐怖分子全球回流的加剧，国际恐怖势力向埃及的渗透也在加剧。

---

① 中国现代国际关系研究院反恐怖研究中心：《国际恐怖主义与反恐怖斗争年鉴》，时事出版社 2015 年版，第 316 页。

② Andrew Engel, Libya as a Failed State, Research Note 24, The Washington Institute for Near East Policy, 2014, p. 4.

③ Stefano Torelli and Arturo Varvelli, Islamic State, Al – Qaeda, Al – Qaeda in the Islamic Maghreb and Ansar al – Sharia in Libya, Libya's Fight for Survival: Defeating Jihadist Networks, Counter Terrorism Project, the European Foundation for Democracy, September 2015, p. 12.

（四）从两类转型观察埃及的三个恐怖活动地带

一类转型是“伊斯兰国”势力的转型，从极端暴力组织向恐怖势力转型，另一类转型是埃及国家以及这个地区由动荡向政治、经济社会的正常秩序转型。正是这两类转型直接影响着埃及三个地带的恐怖活动走势。

第一，埃及以及地区转型中的动荡—失序环境在逐渐好转，但难以在短期内恢复安全秩序。埃及恐怖活动及其三个地带活动态势的起伏跌宕，受到埃及局势变化与地区局势特别是叙利亚、利比亚局势的直接影响。当前，叙利亚、伊拉克等地打击国际极端—恐怖势力的进展比较明显，西亚北非国家及域外大国对该地区局势动荡的性质有了新的认识，很多国家改变了一味鼓动政权更迭的做法，极端主义的扩张空间得到一定程度的遏制。这样，埃及恐怖势力聚合组织能量的国际空间得到一定的遏制。

但是，一方面利比亚的安全环境仍然很不稳定，另一方面叙利亚的安全秩序完全恢复还需时日，埃及恐怖势力依然能够获得较大的国际动荡—失序环境空间，在三个地带实施对埃及的持续恐怖威胁。

第二，埃及的强力反恐举措较为有效地遏制了恐怖势力组织能量的膨胀并一定程度上削弱了其组织能量，但远未能从根本上摧毁恐怖势力的组织能量，且反恐行动所消耗的国家资源巨大。埃及当前的反恐举措的总体特征是强力反恐。针对利比亚的恐怖势力营地、西奈半岛的恐怖分子，埃及都采取坚定的武力打击。如 2016 年 3 月西奈半岛检查站遭到恐怖袭击后埃及以空袭、炮击打击恐怖分子，8 月击毙了 IS 在西奈半岛的一个头目及 45 名成员；2015 年 2 月和 2017 年 5 月针对 IS 势力的训练营、活动据点、武器仓库等目标实施了多轮空袭。埃及总统在 2015 年 8 月 16 日签署新反恐法，强化了反恐的打击力度、行动保障等。[①] 开罗刑事法院在 2017 年 6 月 17 日宣判 2015 年 6 月 29 日实施针对埃及前总检察长的 31 名恐怖分子死刑。这些强力举措有效遏制了恐怖势力的嚣张气焰。

但是，这些举措还远远没能肃清恐怖势力的组织能量，恐怖势力仍然具有在埃及三个地带实施袭击的巨大能量。

同时，在迫切需要恢复国家经济、消弭社会分裂、实现政治与安全稳定的大背景下，埃及政府被迫一面强力打击恐怖活动，一面加快政治、经济、社会等秩序的恢复与重建，国家资源在两个方面之间的张力十分突

① Sonia Farid, Egypt's New Anti – Terror Law: An In – Depth Reading, Atlantic Council, July 10, 2015, http://www.atlanticcouncil.org/blogs/menasource/egypt – s – new – anti – terror – law – an – in – depth – reading.

出。一旦埃及陷入长期反恐的泥潭中，可能会部分重蹈穆巴拉克时期反恐政策的覆辙。穆巴拉克时期埃及政府的反恐工作及其紧急法的持续实施，拖垮了政府资源及其在民众中的威信，成为动荡发生的一个重要因素。

第三，从极端暴力势力向恐怖势力转型。恐怖势力更加注重恐怖暴力活动，且具有很大的恐怖活动能量。从组织能量的消长态势看，恐怖势力一旦组织化就难以短期根除，国际恐怖势力回流在西亚北非地区也更易于实现，埃及三个地带的恐怖威胁可能会变为长期化。

埃及面临国内恐怖势力与国际恐怖势力的威胁，自 1981 年埃及总统遇刺以来，埃及的恐怖势力不但没有停止过活动，反而随着安全环境的变化不断兴风作浪。当前在埃及活动的恐怖势力及其存在的社会空间都难以短期清除。

IS 与“基地”组织势力在西亚北非地区的根基很深，当前的国际恐怖势力回流及其战略调整布局，在这一地区也更为便利，即使叙利亚恢复安全稳定，不少恐怖分子也会建立新的活动据点与网络，并继续向埃及渗透。

第四，埃及是国际反恐的重要力量。在地区反恐、地区事务中，埃及有着重要的不可替代的作用。埃及的国际反恐合作，有两个基本立足点：一是与国际社会面临共同的恐怖主义威胁，二是在本地区反恐工作中的重要地位和实力。

2014 年埃及新总统当选后不久，便与沙特商讨打击暴力恐怖活动合作事宜。沙特带头与科威特、阿联酋等国共同向埃及捐助 200 亿美元用于反恐等工作。埃及则通过全面加强与沙特等国家的合作来巩固反恐合作的基础。[①] 2017 年 5 月，埃及总统访问海湾国家时特别强调加强在反恐方面的合作。

美国对埃及的军事援助多从反恐角度考虑。[②] 2014 年 4 月，美国从支持埃及在西奈半岛反恐需求出发恢复了一些对埃及的军事援助；2015 年 3 月，美国依然从埃及打击国际恐怖活动的需要考虑重新向埃及出售重型武器，并准备每年向埃及提供 13 亿美元的军事援助。2013 年 11 月 13—14 日，埃及与俄罗斯举行首次外长和防长“2 + 2”会议并形成合作机制。

---

① 2015 年 12 月，埃及加入了沙特组建的伊斯兰反恐军事联盟；2016 年 4 月，埃及与沙特签署了 35 个合作项目近 220 亿美元的投资；2016 年 6 月，埃及随沙特等国一起以反恐怖主义的名义与卡塔尔断交；2017 年 6 月，埃及决定向沙特归还红海的两个岛屿。

② Jeremy M. Sharp, Egypt: Background and U. S. Relations, Specialist in Middle Eastern Affairs, CRS Report, March 24, 2017, p. 26.

2014年4月埃及总统选举前，欧盟与埃及加强了反恐合作。①

去极端化国际合作也是埃及的一个重要优势。一方面埃及政府在2014年关闭了200多座清真寺；② 另一方面埃及政府要求爱资哈尔大学承担伊斯兰教逊尼派最高学府的责任，积极宣传温和伊斯兰话语，做好去极端化工作。2016年以来，爱资哈尔大学不仅在国内而且在国际社会的去极端化工作中发挥了越来越明显的作用。

结　论

回顾西亚北非政局动荡爆发以来埃及的政治转型过程不难发现，无论是穆巴拉克寡头政治的倒台，还是穆尔西政权的昙花一现，亦或是塞西政府的回归和连任，几次重大事件都呈现出一些共同且鲜明的特征。

其一，政治动荡的原因既有经济层面的，更有政治层面的。直接原因是埃及的民生问题长期得不到解决，民众对提高生活水平的期待与现实社会状况间的张力不断加大。而其深层次原因则在于埃及国内政治制度建设的落后，尤其是威权政治模式下形成了强大的既得利益集团、阶层固化日趋严重、社会发展不均衡日益突出。其二，出现规模空前的要求总统下台的民众示威活动。无论是2011年和2013年的两次“倒穆”运动，还是2014年穆兄会等伊斯兰势力推动的反对塞西的运动，都出现了数以百万计的民众走向街头的场景。这既显示出埃及民众对推动国内政治朝着民主化方向前进的渴望，也表明在21世纪民主、正义、发展等观念已深入埃及人心。也正因为民众民主意识的觉醒，塞西政府不得不颁布相关法令以限制埃及街头游行的可行性。其三，整个政治整合过程军方全程参与，并在其中发挥了主导性作用。经过萨达特和穆巴拉克两位军人总统近半个世纪的统治，埃及军方逐渐成为国内最为重要的政治势力，同时也是影响和推动埃及政治转型的核心力量。西亚北非局势动荡以来，埃及爆发的几次政权更迭都是在军方的支持和主导下完成的。③ 其四，在这几次政治转型当中，

---

① Annelies Pauwels, Preventing terrorism in the south, European Union Institute for Security Studies (EUISS) March 2017, p. 4.

② Nossett, James Michael, Free Exercise After the Arab Spring: Protecting Egypt's Religious Minorities Under the Country's New Constitution, Indiana Law Journal, Vol. 89: Iss. 4, Article 8. 2014, https://www.repository.law.indiana.edu/cgi/viewcontent.cgi?article=11127&context=ilj.

③ 刘志华：《军人当政：埃及政治现代化中的别样传统》，《世界知识》2013年第15期，第24—25页。

外部势力尽管也对埃及的国内政治走向产生了影响，如美国、俄罗斯等域外大国的中东政策，不可避免地成为埃及政局走向的重要干扰变量，[①] 但是相对于叙利亚、突尼斯和利比亚等国，外部势力的干预对埃及政治整合的影响并没有那么至关重要。

埃及政治转型的曲折及其在此过程中所暴露出的种种问题，给广大发展中国家的政治现代化建设提供了极其有价值的参考。第一，稳定是第一要务。后发国家如实现迈向现代民主国家的跨越式发展，必然要经历一个相当长的历史阶段。其间，必须建立一个强大稳固的政府来确保经济社会发展等一系列国内事务的有序开展。正如美国学者塞缪尔·亨廷顿在20世纪60年代所指出的：二战后的新兴国家的社会与政治发展需要一个从传统到现代的过渡时期，这个时期的历史使命就是克服社会动荡、防止政治衰朽，在寻求摆脱贫困和落后、走向繁荣与发展的过程中，一些欲望失控会造成国家的重大、持续的政治与社会动荡。为了维持必要的社会与政治秩序，新兴国家必须组建强大的政府，进而形成强大的政党；这些强大政党往往是少数或者是单一的，易于形成威权政治。[②] 离开强有力且高效的政府机构，社会极有可能陷入撕裂和对立状态，进而产生动荡，造成不可估量的损失。埃及的“二次革命”以及塞西的强势回归，再次验证了这一判断。第二，发展是根本出路。无论是何种政治体制的发展中国家，政府的首要任务都是要不遗余力地推动国家经济的快速增长，不断提升综合国力，并且能够根据国内外形势的变化，不失时宜地推进政治、经济、社会等各方面的改革，防止或弱化阶层固化，有效解决发展过程中的不充分、不均衡问题。穆巴拉克强人政治的瞬间垮台、穆尔西政府的昙花一现，都是无法实现经济社会的良性发展而带来的恶果。第三，关注民生，重视民生。民生问题是一国之根本，与社会稳定、经济发展息息相关。只有切实解决了民生问题，才能为经济建设创造稳定的环境。同时应认识到民生问题不仅是个经济问题，更是一个政治问题。对于政府而言，关注民生、保障民生是管理国家事务的基础。不论是穆巴拉克还是穆尔西，都存在忽视民众生活保障的问题，导致民心渐失，社会动荡，最终政治统治难以为继。

---

① 唐恬波：《塞西访美：美埃关系的历史和现实》，《世界知识》2017年第8期，第37页。

② ［美］塞缪尔·P. 亨廷顿著，王冠华等译：《变化社会中的政治秩序》，上海世纪出版集团2008年版，第3—4页。

第四章　也门局势演变中的张力关系

中东剧变中的也门政治建设过程一波三折。也门曾经是中东剧变中各国的“典范”，在突尼斯、埃及和巴林等国发生流血冲突才完成剧变的情况下，只有也门通过萨利赫的协议交权实现了权力的和平过渡。也门曾迎来了短暂的和平，在海合会的调解协议框架下，也门各派政治力量积极围绕全国对话会议的议题，开始了政治重建进程，取得了一些成果。但是2014年9月后，也门内战战端再起，胡塞力量控制大片国土，势力迅速增强，极端组织也在东部地区扩展实力。随着以沙特为首的海合会的军事介入，也门问题变得更加复杂，也门国内局势动荡不安，各派政治势力争权夺利、战乱长期化，政治建设陷入困境。当前内战双方开始了和谈，特别是在2018年12月的谈判中达成了停火协议——《斯德哥尔摩协议》，并同意在2019年1月进行新一轮的谈判。[①] 虽然也门至今仍然处于混乱之中，但各方都显示出推进内战结束的意愿。[②] 国际社会认为荷台达战役后的和谈是一个重要机会，努力推动和谈能够成为也门内战结束的转折点。[③] 到2019年11月，也门哈迪政府与“南方过渡委员会”达成了《利雅得协议》，双方一定程度实现权利共享。2020年4月，“南方过渡委员会”宣布在南部实行行政自治，6月，双方在亚丁发生激烈交火；与此同时，政府军与胡赛力量在马里卜省等地进行军事争夺。到2020年，也门还面临着新冠肺炎疫情、霍乱疫情等威胁。

---

① Full Text of the Stockholm Agreement, Osesgy, 13 Dec, 2018, https://osesgy.unmissions.org/full-text-stockholm-agreement The Parties.

② Jeremy M. Sharp, Yemen: Civil War and Regional Intervention, CRS (Congressional Research Service) Report, 7-5700, R43960, August 24, 2018, p. 22.

③ How to Halt Yemen's Slide into Famine, International Crisis Group, Brussels, Belgium, 21 November 2018.

第一节　也门局势中的政治与社会张力

一、也门国内政治、社会力量的诉求及其张力

政治、社会力量是影响也门动荡、政治重建、内战的最主要的力量，政治与社会力量之间、各个政治力量间的诉求差异、冲突所产生的张力，是影响也门发展走势的主要因素。

（一）军事政治力量

长期拥有大规模军事力量的政治势力，是影响也门局势的主要行为体。这些行为体的活动、目标诉求、相互关系复杂，冲突非常激烈。

1. 胡塞力量的主要政治诉求、活动及其核心矛盾

胡塞力量在也门实际控制着首都等政治中心地区，在内战中处于军事优势。但胡塞力量自兴起之时就倍感压力，这支力量事实上是一个以进攻来维护其核心政治、社会诉求的军事政治力量。

胡塞力量的政治目标有三个：一是抵御其他宗教思想对其栽德派的挤压，保持其宗教思想在传统范围内的影响力，逊尼派萨拉菲思想长期冲击栽德派，且呈现越来越严峻的冲击态势与压力。二是抵御其他力量对胡塞传统势力范围的蚕食，保持其所在的萨达省等核心政治势力范围，特别是避免类似于2014年出现的行政划分悄然吞并了胡塞力量对萨达省的控制。三是促进萨达省等栽德派所在地区的经济、社会发展，缩小与其他地区的巨大差距。萨达省的经济一直比较落后，也长期处于经济、政治边缘化的状态。虽然胡塞力量宣扬要在全国实施其政治主张，建立栽德派思想的“共和国”政权，但这主要是一种防御性的政治策略，追求在也门全国范围内实施其政治主张是不现实的，不是其核心诉求。

胡塞力量虽然在内战中处于上风，但一直很孤立。2011年动荡发生后，胡塞力量积极参与反对萨利赫政权的活动，[①] 也参加了全国对话会议，但在之后的政治红利分配中一直很受排挤。到2014年行政划分损害其政治

---

① Ariel Zirulnick, Yemen 101: Who's who in the escalating conflict: Houthi rebels, CS Monitor, June 2, 2011, https: //www. csmonitor. com/World/Middle – East/2011/0602/Yemen – 101 – Who – s – who – in – the – escalating – conflict/Houthi – rebels.

力量存在的基础时，胡塞力量便与萨利赫集团结盟共同对抗不利状况。该势力2014年以来的军事上的胜利，主要不是因为其军事力量的膨胀而是哈迪政权遭到也门主要政治力量的抛弃，一些重要力量在旁观胡塞力量与国际社会支持的哈迪政府之间的较量而寻求机会。萨利赫被击毙，看似胡塞力量的胜利，其实胡塞力量变得更加孤立，几乎没有什么政治力量坚定支持它，其所依托的北方部族力量非常易于瓦解和转换政治忠诚。

因此，随着政治和解的失败、内战的持续，胡塞力量承受的压力越来越大：第一，武装冲突持久化的压力。胡塞力量支撑内战的资源非常薄弱，内战的持久化对胡塞力量是不利的，一旦出现逆转将是胡塞力量的灾难。第二，政治解决制度化的压力。胡塞力量的核心诉求是保持、扩大其萨那地区传统的政治利益与社会经济发展，军事优势必须转化为政治保障才能有效实现胡塞的政治目标。但目前看来，各方的政治和解依然很艰难，可以说接下来的以政治谈判结束军事行动，之后以制度化保障胡塞力量的核心利益，才是最重要、最艰难的过程。

2. 萨利赫集团的连续挫败及其对也门政治的挑战

萨利赫集团曾经在也门长期控制国家政权，其家族、亲信掌控着国家的核心权力，也控制着执政党，是也门政治生活中最具影响的军事政治集团。也由于其长期执政中产生的复杂矛盾，该集团成为也门动荡中最主要的冲击目标。但萨利赫集团想竭力保住自己的核心利益，甚至在全国对话会议失败后一度试图东山再起，掌控国家权力。萨利赫集团的主要策略，一是利用也门各政治力量之间的矛盾来争取自己的利益；二是依托自己的势力与各力量周旋，绝不轻易放弃核心利益特别是军事权力；三是适时进行妥协，保住集团利益，2011年在数次拒绝后最终签署了海合会协议，2017年又试图与沙特等妥协退出与胡塞力量的结盟。

萨利赫集团参与也门政治重建与政治和解存在一个重大的矛盾。一方面由于萨利赫集团在也门社会中的形象不良，是动荡发生后几支力量集中针对的目标，但另一方面该集团又有很大的势力，虽然几经挫败但依然控制着原政府军中的一些精锐力量，也控制着最大的政党——“全国人民大会”。如果无视该集团而一味打压会导致该势力的强烈反弹激化矛盾，有违2011年海合会协议的精神与和平过渡的本质；如果缩手缩脚不能有效遏制萨利赫集团，尾大不掉，就无法有效实现国家政治结构的重建。

因此，如何在削弱萨利赫集团力量的同时保障该集团稳定地参与国家政治重建使也门政治和解，具有内在的根本张力：第一，萨利赫集团与政府执政力量内部的矛盾。萨利赫交权后依然控制执政党，哈迪总统属于该执政党核心领导成员；萨利赫集团的一些骨干人员还控制着军队、情报等重要部门。哈迪政府需要削弱萨利赫家族的军事、政治影响力，而萨利赫家族则在尽量保存实力。后来这一矛盾激化，萨利赫集团在内战中加入反对政府的力量。第二，萨利赫集团与其他反对派的对立。艾哈迈尔家族、胡塞力量、南部政治力量、青年政治力量都视萨利赫集团为大敌，不断打压萨利赫集团，促使萨利赫下台，迫使该集团不断交出军权等。第三，萨利赫集团与国际社会的对立。沙特牵头的海合会协调迫使萨利赫下台，但萨利赫保住了很多政治利益。联合国也曾应哈迪政府的要求而出台了制裁萨利赫集团的决议。美国对萨利赫集团的多方面示好也没有回应。

3. 艾哈迈尔家族在动荡中的策略、目标及其面临的挑战

艾哈迈尔家族控制着也门最大的部族联盟，长期占据议长一职，并控制着第二大政党“伊斯兰改革集团”，其家族也控制着也门的一些重要经济领域，是也门最具影响力的集社会、军事、政治于一体的力量。在2011年以来的动荡中，艾哈迈尔家族有着重大的政治追求：一是扩大其家族政治权力及影响力，不仅在也门传统政治领域中，也包括在青年群体、国际社会中的影响力；二是迫使萨利赫下台，打击萨利赫集团，2007年谢赫·艾哈迈尔议长去世后艾哈迈尔家族与萨利赫集团的关系急剧恶化；三是在政治重建中获得重大政治利益，包括控制国家政治权力的核心职位，维持对西北政治集团有利的行政划分；四是实现其保守的宗教政治色彩浓厚的政治主张。

动荡发生后，该家族积极支持街头政治，给予物资、政治与安全的支持。该家族力量与萨利赫集团发生了直接的暴力冲突，对迫使萨利赫下台产生了很大影响。在政治和解的全国对话会议中，该家族的影响力也很大，会议的重大决议基本符合该家族的利益。随着对话会议失败后政治冲突与矛盾的加深，该家族淡出争夺的最前沿，与胡塞力量停战，没有参与内战。但该势力拥有很大的实力，一旦也门内战、政治重建出现重大变化，该势力一定会参与到也门政治重建之中。

艾哈迈尔家族在也门政治重建中具有很大的内在冲动，也面临很大的挑战：第一，艾哈迈尔家族保守政治主张与也门政治重建的现代化方向之间的张力。该家族是典型的部族传统政治力量代表，支持“伊斯兰改革集团”等宗教政治势力，试图在也门政治重建中强化宗教色彩，这与社会政治进步的现代主义方向是背道而驰的，国内、国际社会都对艾哈迈尔家族的这一政治态度持排斥态度。第二，内战中的缺位看似超脱了直接的对立，但却降低了在也门未来的政治话语权。参与内战的各力量一旦实现和

解后会成为政治重建中主要的力量。

4. 哈迪政府作为推进也门政治重建的主导力量所面临的挑战

也门动荡以和平方式得到平息并开启了对话、和解、政治重建后，哈迪政府被认为是主导也门政治重建进程的力量，得到国际社会的支持，也一度得到国内大部分力量的认可。哈迪政府在民族和解与政治重建中的使命及目标包括：一是建立一个现代化的、包容的也门政治制度体系，打牢也门政治发展、社会进步的基础；二是形成强大的政府力量避免政府被也门的政治势力（政治强人）干扰、影响、控制。

但哈迪政府自身的实力非常薄弱，主要依靠国际社会支持。对政治重建进程中有些事务的处置操之过急，在重大利益分配中出现严重的决策失误；更主要的是这样一个政府，不但会使和平进程被打破，还导致也门陷入长期的内战。虽然哈迪政府当前还被国际社会视为也门的政治代表，但其发挥政治重建的主导作用的能力还不足。

第一，哈迪政府与各派政治力量的平衡关系。作为主导政治和解进程的政府，哈迪政府既要承担削弱萨利赫集团军事政治势力的使命，又不幸卷入内战，不仅与胡塞—萨利赫联盟对峙，还与南部的一些力量存在重大矛盾并发生了武装冲突。

第二，哈迪政府在政治重建过程中的过渡角色十分明显。内战结束后，哈迪政府需承担主导国家政治重建的角色，但因其实力不足，且缺乏广泛的代表性，因此势单力薄。但是，国内外对这个民选政府抱有很大的期待，希望哈迪政府能改变萨利赫政府之前的一些政策，使也门顺利实现后萨利赫时代的政治过渡。

（二）社会政治力量

也门一些社会力量具有很大的政治能量，如部族等在也门社会中占有重要地位并形成重要的政治势力，因此，也门的社会政治力量在动荡中起着重要的作用。这些力量拥有较为广泛、持久的社会力量基础，和坚实的政治影响力。

1. “南部运动”自也门动荡以来的活动及其面临的挑战

“南部运动”是一个松散的社会政治组织，其社会基础是南部民众，南部民众对遭到的经济、政治歧视长期不满。该力量虽然在2007年成立了“南也门运动”（Al Harak）并寻求独立，但其政治行动能力不强，没有稳定的军事力量。

动荡发生后，该力量参加反对萨利赫的示威活动，也举行过抵制补选哈迪为总统的大选，当胡塞力量2014年控制了首都后，“南也门运动”更加积极地谋求南部独立。2014年2月，“南部运动”反对由六大区域组成的联邦计划，南部被划分为两个区域，其政治影响力明显地被压制。

2. 部族力量参与也门动荡的目标及其对也门政治发展的挑战

部族力量在也门的影响非常广泛，部族是基本的社会单位，部族（忠诚）关系是也门基本的社会关系，[①] 民众对部族的依赖非常大。也门的部族不仅拥有对所辖民众的社会、司法等影响力，还拥有忠诚度非常高的部族武装。也门动荡发生后，部族力量非常活跃，或者参与、支持游行示威，或者参与暴力冲突，或者与极端势力包括恐怖势力勾连；当前的也门内战，各地的部族力量都卷入其中。也门部族在动荡中的基本诉求是保护、扩大部族利益，以国家政权与制度的形式来保障部族的利益：一是维护部族社会的基本现状，保障部族制度中平民、部族首领的权利；避免部族受到各种重大冲击包括政治重建中对部族所控制的地域、资源的冲击。二是扩大部族的社会经济与政治利益，通过参与动荡中的各种博弈来获取利益，特别是试图影响国家政治重建的各个环节。

也门部族在动荡中发挥其政治影响力，有维护社会稳定的积极作用，但在也门政治现代化建设中具有突出的张力关系。

第一，部族社会与现代社会的张力。在也门，民众的部落忠诚度远远高于国家忠诚度，部落民众对部落的认同强于对国家的认同。部落习惯法流行于部落地区，民众认为它更灵活、有效和便捷而不喜欢求助政府法律系统。[②] 部族制度中具有严格血统和等级观念，政党、政权都与部族关系深度交织，影响也门政治、社会的现代化。

第二，地方主义与国家政治统一的张力。也门政治利益地区化，其核心就是部族与政治的高度关联，部族是地方政治中的实力派。部族与地方主义的结合成为也门政治碎片化的一个顽疾，严重影响也门政治稳定。部族往往要求政府给予无条件的支持、援助，却不会对政府保持忠诚；一旦国家不能向部落提供支持与援助，也就失去了部族的服从。哈迪政权与部落间关系的恶化，就是因其无力向部落提供萨利赫政权的国家福利。[③] 浓厚的部落色彩和不断激化的教派矛盾加剧了社会分裂，也门社会文化治理

---

① Robert D. Burrowes, Historical Dictionary of Yemen, Rowman & Littlefield Publishing Group Inc, 2010, p. 387.

② Nadwa Al – Dawsari, Tribal Governance and Stability in Yemen, Middle East, April 2012, p. 8.

③ Sarah Phillips, What Comes next in Yemen? Al – Qaeda, The Tribes, and State – Building, Middle East Program, No. 107, 2010, p. 6.

中始终存在的部落认同、教派冲突成为地方主义得以产生的重要因素，历史上也门部落常常对政府统治构成威胁。[①] 部族主义、地方主义为外部干涉、恐怖势力渗透提供了机会。20 世纪 80 年代沙特阿拉伯积极向也门输出逊尼派的“萨拉菲运动”,“基地”组织在 20 世纪 90 年代在也门建立分支。针对沙特借助“萨拉菲”派的活动在也门扩大影响力的现实，伊朗对同属于什叶派的胡塞力量组织暗中支持。

第三，不同部族之间宗教、经济发展存在较大差异,[②] 部族之间矛盾很大，而许多重大政治、社会矛盾也会转化为部族之间的矛盾，增加部族的压力。部族之间的矛盾往往会给外部干预提供机会，如沙特与伊朗在也门的争夺激化了也门内战，美国在也门的无人机反恐行为造成了大量的平民伤亡。

第四，一些部族势力与国际恐怖势力、极端势力相互勾连，为其向也门渗透、在也门活动提供机会与便利，恶化了也门的安全与政治环境。通过与也门部族势力相勾结，国际恐怖势力、极端势力向也门进行大肆的渗入与扩张[③],“基地”组织在也门建立分支就是看中了也门在阿拉伯半岛的重要性[④]。2011 年也门动荡发生后，“基地”组织势力在也门南部不断扩大地盘，其中一个重要原因就是得到了当地部族的支持和默许。部族首领不仅接受“基地”组织势力对当地修建电站、开垦农田的支助，还默许恐怖势力设立“宗教法庭”对民众进行控制。“伊斯兰国”也向也门渗透，不仅针对清真寺等公共场所实施袭击，还在 2015 年 10 月杀害了亚丁省省长。

（三）经济发展中的重大问题及其对政治发展的严峻挑战

经济的落后是横亘在也门发展中的巨大问题，严重影响着也门的民族和解、政治重建。

1. 绝对贫困问题及其产生的张力

也门是联合国确定的世界最不发达国家之一，是阿拉伯半岛最贫困的国家，国家经济基础十分薄弱，很多经济发展潜力无法发挥，存在严峻的绝对贫困问题，而长期的战乱、动荡又加剧了也门的贫困。绝对贫困问题

---

① 苏瑛、黄民兴：《国家治理视阈下的也门地方主义探究》,《西亚非洲》2017 年第 2 期。

② 李明伟：《也门乱局中的部落因素探析》,《国际研究参考》2016 年第 7 期。

③ 杨光主编：《中东发展报告 No. 16（2013—2014）》，社会科学文献出版社 2014 年版，第 57 页。

④ Sarah Phillips and Rodger Shanahan, Al－Qa'ida, Tribes and Instability in Yemen, Analysis, November, 2009, p. 4.

给也门政治和解、政治重建带来重大障碍。

第一，绝对贫困导致也门国家重建严重依赖国际援助，一旦国际援助中断就会导致国内政治、经济的巨大波澜，会导致也门政治重建等活动受到国际社会的牵制。

第二，动荡导致政府财政更加艰难，无法执行对部族的经济补贴等举措，部族对哈迪政府严重不满而在全国对话会议中不积极支持哈迪政府，导致哈迪政府推进全国和解的工作举步维艰。

第三，绝对贫困给哈迪政府的执政和重大改革带来挑战，一些积弊已久的社会经济政策既遗患无穷，又难以在动荡之中承受改革。2014 年 9 月哈迪政府取消石油补贴，虽然这是一项重要改革，但由于绝对贫困问题，此举对普通民众日常生活的影响非常直接，导致民众普遍反对哈迪政府的该政策并发生了一系列的抗议示威。民生领域改革却导致哈迪政府失去了民众的支持。

第四，绝对贫困给恐怖势力发展提供了社会空间。恐怖势力不仅借助社会、经济问题进行蛊惑，还以一些经济手段来招募、争取贫困地区的支持等，给国家安全带来重大危害。

2. 经济差距、社会分配问题及其挑战

也门的经济差距从地区来看是南北经济差距。南部地域辽阔，拥有重要的石油资源，但北部在国家财富包括石油收入的分配上一直处于支配地位，导致南部与北部的经济差距拉大。从社会群体来看，也门经济收入存在巨大的鸿沟。也门的少数群体控制社会财富，绝大多数民众处于赤贫的状态，而社会中间力量很薄弱；阶层贫富差距与绝对贫困相互交织，更加凸显了社会阶层的严重对立。

由于长期的动乱，也门存在严重的人道主义灾难，不仅有本国难民，还有邻国埃塞俄比亚的难民。难民问题加重了也门的经济困难。

也门社会基层的巨大经济差距，对也门动荡、政治重建具有致命冲击：第一，南北经济差距、对立是南北社会对立的基础，这成为影响也门政治统一的持久、根本性障碍，也是“南部运动”的社会基础。在也门政治重建的每个重大环节都会涉及经济收入、资源分配问题，在这一问题上的巨大现实差异与态度差异在根本上撕裂着也门社会。第二，巨大经济差距导致严峻的社会对立，成为社会动荡的巨大隐患，也给各种极端主义的渗透提供了机会。

二、国际张力

在也门动荡中，有多股国际力量对也门局势发展有着重大的、决定性的影响。

（一）联合国等国际组织在也门的工作及其面临的挑战

1. 联合国在也门的工作及其挑战

联合国在也门长期开展工作。动荡以来联合国在也门的主要工作，一是推动也门政治重建、政治和解，二是进行人道主义救援。这两项工作都十分艰巨、紧迫。联合国秘书长专门任命了也门问题特使。自2011年起，联合国秘书长任命了三位也门问题特使，现任的联合国也门特使是2018年2月任命的。

联合国在也门动荡中深度卷入。联合国特使与也门各方接触很多，在也门动荡以来每个重大环节都在积极作为，试图推动重大问题的解决。2018年6月联合国特使又到也门首都与各方接触就推动也门港口城市荷台达的停火、重启和谈等事宜做工作。

但联合国在也门的两方面工作都遇到了严峻的挑战，人道主义救援任务艰巨，政治重建不但没有进展反而陷入长期的内战，联合国特使的工作遭到了重大挫折。

2. “也门之友”

“也门之友”成立于2010年1月，其目的通过向也门提供援助、促进也门化解各种矛盾及不稳定因素，使社会经济稳定发展来促进也门政治发展。这一专门援助也门的国际组织，至2010年年底已帮助也门获得25亿美元的实际援助。2011年年初，“也门之友”还开会讨论成立一家专门银行，以帮助也门经济全面发展。该组织对也门的社会稳定、政治和解起到了一些积极作用。

“也门之友”的成立背景是美国强化了在也门的反恐工作。2009年也门国际恐怖势力在美国本土发动了袭击。2010年美国在也门加大反恐行动力度的同时增加了对也门的发展援助，推动政治、经济改革，积极动员国际社会支持也门的社会发展与稳定，并与英国联合推动成立“也门之友”。2012年5月，30多个国家和国际组织承诺向也门提供超过

40 亿美元的援助。[①]

也门与国际社会对其抱有很高期望，联合国曾高度评价“也门之友”的活动。但联合国在 2012 年 9 月认为也门需要至少 110 亿美元的资金，“也门之友”的支持远没有达到这一数额。[②] 2014 年 9 月之后因为也门陷入内战该组织停止活动。

3. 国际组织在也门的工作与也门现实之间存在突出的张力

联合国等国际组织在也门的工作具有不可替代的作用，且其作用还有很大潜力没有发挥出来，应该成为国际社会促进也门局势稳定、参与也门重建工作中的领导力量。但从 2011 年动荡以来的现实看，联合国等国际组织在也门的行动及其发挥作用具有突出的矛盾与张力。

第一，认识错位与也门现实之间的张力。国际组织的“规范化”要求与也门动荡转型时期国家脆弱的社会政治现实情况之间的张力，源于联合国等国际组织对也门现实突出矛盾认识的偏差。也门是世界最不发达国家之一，社会、经济发展矛盾长期尖锐。而在局势动荡、政治重建、内战等背景下也门国家更加需要国际社会包括联合国等国际组织的援助与支持，而其国家履行国际组织的义务与要求的能力则比 2011 年动荡之前更加脆弱。

因此，国际组织在也门活动的一些要求，不但不能帮助也门稳定反而会激化也门的矛盾。2014 年年初也门全国对话会议失败后，国际货币基金组织在 2014 年要求也门政府取消燃油补贴方可批准也门的 5. 6 亿美元贷款请求。[③] 2014 年 7 月 30 日，也门政府宣布大幅提高汽油、柴油价格，以减少燃油补贴方面的支出。此举遭致民众强烈不满，引发从萨那迅速扩展到全国的抗议示威并引发流血冲突，严重削弱了也门政府的威信，给胡塞力量的活动提供了机遇。燃油补贴是困扰也门的长期难题，政府补贴政策举步维艰。而世界银行、国际货币基金组织和相关援助国则将“取消燃油补贴”作为援助也门的条件不断施压，显然不合时宜。

第二，政治倾向性与公正身份形象之间的张力。有的国际组织的活动

---

① 《中国向也门提供一亿人民币无偿援助 承诺培养人才》，《环球时报》2012 年 5 月 25 日。

② With 22 Million People across Yemen Suffering, \$2. 96 Billion Humanitarian Response Must Be Fully, Rapidly Funded, Secretary – General Tells Pledging Conference, SECRETARY – GENERALSTATEMENTS AND MESSAGES, SG/SM/18968 – IHA/1450, 3 APRIL 2018, https: //www. un. org/press/en/2018/sgsm18968. doc. htm; The State of Food Insecurity in the World: Strengthening the enabling environment for food security and nutrition, FAO, IFAD and WFP, 2014, pp. 36 – 38, https: //www. fao. org/3/i4030e/i4030e. pdf.

③ 《国际货币基金组织在也门取消燃油补贴后同意提供贷款》，驻也门经商参处，环球网，2014 年 8 月 10 日，https: //china. huanqiu. com/article/9CaKrnJFoXv。

具有明显的政治倾向性，其工作也不能机制化地稳定、持续。比如，在“也门之友”的活动中，沙特具有突出的作用，是绝大部分援助资金的提供者。当胡塞力量控制也门后，沙特空中袭击胡塞力量，卷入也门内战，“也门之友”就难以运行下去了。

第三，联合国解决也门政治、社会问题的能力与重大期待之间的张力。也门的局势动荡、政治重建、内战，对联合国提出了严峻挑战。在2011年也门动荡发生后，联合国特使与海合会一道促成了也门各方停火、达成了和平过渡的协议，之后联合国特使积极参与也门各个环节的重大工作。联合国自身及国际社会对联合国在也门发挥突出作用都给予厚望，但也门的社会、政治矛盾尖锐，人道主义危机严峻，特别是内战常常导致港口遭封锁，因此联合国自2011年至2018年，先后派出的三位特使都很难实质性地推动也门重大矛盾的解决。

（二）美国在也门的关注点及其张力

1. 美国在也门动荡中的关注点

美国长期关注也门局势。动荡以来，美国在也门主要关注的问题：一是打击“基地”组织半岛分支的活动，特别是防范该势力聚合做大，危及美国本土安全，如向美国实施袭击、在美国招募人员等。二是保持阿拉伯半岛、海湾地区的稳定，保障美国在中东的核心力量的存在，如沙特是美国的战略盟友，在巴林与科威特等地有美国的重要军事基地。三是所谓的“民主外交”，通过颠覆美国不信任的政权来服务美国的中东霸权。2003年伊拉克战争后美国在中东强势推行其“民主改造”计划但屡屡受挫，而2011年以来阿拉伯地区的剧烈动荡又给美国的“民主外交”提供了机遇，颠覆萨利赫政权、强化美国对也门的控制成为美国的主要目标。也门动荡发生后，美国设想将也门和平过渡的形式打造成一个样板，服务其“民主外交”。

2. 美国在也门的主要活动

美国在也门的活动长期侧重于反恐方面。2000年美国“科尔”号事件后，美国与当时的萨利赫政府加强了在反恐方面的合作；“9·11”事件后，鉴于本·拉登在也门有着相当的影响，美国通过经济援助、帮助也门政府培训反恐部队等方式，与也门政府开展反恐领域内的诸多合作。但是，随着美国势力的相对削弱，以及美国对中东事务的介入逐渐减少等原因，美国对在也门打击恐怖主义的手段也逐渐功利化，大多以实施无人机打击的方式反恐，方式和手段逐渐单一。西亚北非局势动荡后，美国在也门的活动减少得更为明显，美国对也门动荡、政治重建等过程没有进行直接的干预，而是支持海合会对也门的斡旋、武力干预等。美国在2015年沙特武力卷入也门内战后一度抑制对沙特的军火出口以试图平抑也门内战的升级；2018年沙特记者卡舒吉遇害后，美国宣布停止给沙特飞机提供空中加油。

3. 美国也门政策中存在的张力

美国在也门的政策及其影响力产生的主要张力包括：

第一，迷信武力反恐与恐怖势力不断膨胀之间的张力。美国在也门主要使用无人机打击恐怖分子，但对于从根源上消除恐怖势力在也门长期存在却鲜有作为，导致也门成为国际恐怖势力活动的重要中心。美国政府对在也门反恐逐渐力不从心，而在反恐方面严重依赖于美国援助的也门政府的反恐能力也大大削弱。也门东部地区的哈德拉毛省和南部的阿比扬省等地成为“基地”组织和“伊斯兰国”招兵买马的主要地区，甚至在当地与部族力量结合，建立了稳固的根据地。

第二，大国责任与也门局势不断恶化之间的张力。美国在也门政治重建的重要关头没有积极作为，最突出的表现是：2014年年初，也门政治重建的全国对话会议失败后美国没有帮助各方化解矛盾，致使也门很快陷入内战；2015年沙特等介入也门内战时美国没有阻止导致也门内战升级，且持续到现在不但没有停止的迹象反而更加僵持。

第三，霸权主义与也门问题的扩大化。2015年4月，也门外长公开批评俄罗斯，认为俄罗斯在联合国的提案中没有提及对哈迪政府的支持，并一方面支持也门总统哈迪的合法性，另一方面又认可也门胡塞力量的活动。事实上，也门问题也被带入美国与大国的争夺，美国将叙利亚、也门等局势与乌克兰局势联系在一起来向俄罗斯施压；英国则在也门问题上与美国基本保持一致，并与也门南部力量联系较多，试图以在殖民时期英国与南部的联系而保持在也门动荡中的影响力。

（三）海湾地区国家对也门的政策及其存在的张力

阿拉伯半岛与海湾地区的地缘政治，对也门局势影响非常大。

1. 沙特对也门介入的加深

沙特非常关注也门动荡对海湾地区安全的影响，也非常重视与也门的双边关系。也门与沙特毗邻，扼红海、曼德海峡、亚丁湾的重要通道，在阿拉伯半岛、海湾地区的地缘安全与政治中具有重要地位。沙特在也门的目标：一是，维护也门政治秩序的基本稳定，避免也门陷入动荡而冲击沙特、地区安全，特别是海合会的安全；二是，打击也门的胡塞力量、什叶派力量，避免与沙特敌对的势力控制也门，威胁沙特安全；三是，防范国际恐怖势力从也门威胁沙特，在也门的“基地”组织、“伊斯兰国”势力与沙特境内的恐怖势力、极端势力有很多联系。

自动荡发生以来，沙特非常积极地参与到也门的政治和解、内战之中，其方式包括大力斡旋、积极援助、武力干预。在动荡发生后沙特大力支持以海合会名义对也门各政治力量的斡旋，最后促成也门各方同意了海合会提出的协议，实现了也门动荡的和平过渡，并开启了国家政治重建的全国对话会议。沙特还通过“也门之友”向也门提供巨额援助，以此帮助也门稳定社会、政治局势。2014 年也门政治和解破裂、滑入内战后，沙特坚定支持哈迪政府打击胡塞力量，并从 2015 年 3 月持续到当前。可以说，沙特全面而深度地卷入了也门的动荡之中。

沙特对也门的政策一度产生了积极的影响，特别是促成也门各方以和平的方式结束动荡，开始政治重建。但沙特的相关政策、行为与也门当前的内战密不可分，沙特的也门政策存在重大的缺陷与矛盾。

第一，沙特高度重视也门局势，但与也门主要政治力量之间都存在猜疑、隔阂、对立。对于沙特的国家安全来说，也门的安全与国家稳定发展非常重要。但由于历史等因素，也门的主要政治力量却都与沙特存在重大矛盾。胡塞力量长期与沙特对立，在 2011 年动荡之前沙特就以空袭的方式帮助也门萨利赫政府打击胡塞力量，2015 年后沙特动员联军干预也门内战打击胡塞力量；萨利赫集团在 2011 年因海合会协议而下台，之后与沙特关系紧张，内战爆发后萨利赫集团与胡塞力量结盟，与沙特支持的哈迪政府对峙，2017 年沙特与萨利赫集团试图和谈而孤立胡塞力量，但双方还没有能够有效实现合作就发生了萨利赫身亡事件；也门的主要部落对沙特有各种历史积怨；也门的宗教政治力量得到沙特的重视，但因为其受穆兄会影响较大而被沙特猜忌；南部政治力量与沙特长期对立，特别是 1994 年的内战中沙特支持北部政治力量打击南部政治力量的历史积怨很深。

第二，斡旋、援助、隔离墙等手段与武力干涉之间的张力。沙特对于促进也门的政治和解投入了很多资源，其中 2011 年以海合会名义的斡旋受到国际社会与也门的高度肯定，之后沙特通过“也门之友”给予的巨额援助也表现出了沙特对也门政治转型、社会发展的有力支持。但当也门陷入内战之时，沙特却选择了直接的武力卷入，这里可能有尽快恢复也门政治秩序的考虑，但无论如何武力干涉手段加剧了也门的冲突，其武力干预本身在国际事务中饱受诟病，其干预的后果是内战的长期化。

第三，半岛大国的形象与挑战。沙特是半岛地区的大国，一旦也门事务处理不慎，可能会对其地区大国形象产生较大负面影响。这种负面影响会对沙特产生一系列影响，特别是其作为海合会领导的形象。

2. 伊朗卷入也门政局及其张力

伊朗在也门主要与胡塞力量联系，但与胡塞力量的联系并非是全面的，这与伊朗在也门的目标追求有关。伊朗在也门有对沙特形成牵制、服务其地区战略的一面，也有增加对也门事务发言权的一面。伊朗对也门事务的参与是有限的，一是保持、加强与胡塞力量的联系，支持胡塞力量在也门转型中维护自身核心利益；二是在国际社会就也门事务发出呼吁，特别是反对沙特的武力干涉，鼓励也门政治力量之间和解。

伊朗参与也门事务，有明显的弱势、困境与不足。一是，伊朗参与也门事务遇到的突出地缘紧张关系。沙特、巴林等国家对伊朗参与也门事务持坚决的批评、反对态度，美国等国家也持类似沙特的态度。也门是沙特与伊朗地缘紧张关系的一个重要部分，伊朗在也门的任何活动都会触动沙特的敏感神经。二是，什叶派特色限制了伊朗在也门的参与程度。在也门的动荡中，什叶派与逊尼派的对立非常明显。伊朗只能与什叶派的胡塞力量保持联系，与其他政治力量很难接触并施加影响。伊朗对也门事务的整体影响力就受到很大限制。

3. 阿联酋参与也门事务及其存在的张力

阿联酋参加了以沙特为首的多国联军在也门的行动，但阿联酋在也门主要关注南部地区，希望在也门南部形成自己的影响力，包括能够控制南部重要港口亚丁。除了参与沙特牵头的武力干预外，阿联酋与“南部运动”、南部部族力量的联系比较多，这些力量与哈迪政府拉开了距离，甚至爆发了武装冲突。

阿联酋参与也门事务存在的挑战包括：第一，支持南部一些力量就意味着与北部力量的对峙。在也门政治格局中，北部特别是西北部政治力量控制着国家政权，阿联酋支持南部力量就会面临与北方政治力量的对抗；哈迪政府要求行使全国权力，也会形成阿联酋与沙特支持的哈迪政府的对立，造成海合会内部在也门问题上的不协调。第二，南部地区现在有多股政治力量，政治生态复杂，阿联酋面临多种力量挑战。哈迪政府武装力量与阿联酋支持的南部力量已经发生了武装冲突；阿联酋支持的力量还遭到“基地”组织恐怖势力的袭击；此外，南部力量中，部族力量与“南部运动”之间也存在政治目标的重大差异。

（四）国际恐怖势力在也门的活动及其挑战

国际恐怖势力在也门有很大的活动空间，也门因而成为全球恐怖活动的一个中心。在也门动荡、重建、内战等各阶段中，恐怖势力都是活跃的参与者。

1. “基地”组织半岛分支的活动及其形成的冲击

也门是“基地”组织半岛分支的活动中心，经营也门对于“基地”组织具有长远的战略意义。2009 年“基地”组织半岛分支掀起了一波针对美欧国家的恐怖袭击。2011 年以来，“基地”组织半岛分支非常活跃，其活动呈现了很多新的特点：一是，扩大恐怖暴力袭击。该势力在也门北部与南部都实施过针对哈迪政府的重大恐怖袭击，其恐怖袭击的范围扩大、烈度增强。二是，持续追求“建国”目标。2011—2012 年“基地”组织在也门西南部实现了武装“建国”，2015 年该势力又在南部公开控制一些地域宣称“建国”。三是，该势力卷入也门内战，一方面针对胡塞力量、阿联酋支持的南部力量实施恐怖袭击，另一方面与南部部族力量加强合作，实施一些水利、道路、医院等基础设施建设，意图扩大其影响和恐怖活动的社会空间。

“基地”恐怖势力在也门的新活动、新扩张给也门局势增加了明显的动荡因素：第一，恐怖活动的严峻威胁与也门脆弱的反恐怖能力。恐怖活动与国家治理能力是一个此消彼长的关系，在恐怖活动嚣张之际，也门国家呈现出持续动乱、国家反恐怖能力被极大地削弱的态势。第二，恐怖活动空间的多维扩张及国际反恐怖工作的简单化。“基地”恐怖势力不仅扩大其典型的恐怖袭击活动，还进行“建国”、争取民心的政治、社会活动；但国际社会在也门的反恐怖工作却主要依靠无人机打击，在促进停火、强化实施社会发展等相关的反恐工作却很少，国际社会在也门的反恐工作总体是简单而无力的。第三，恐怖主义极端目标无限性及其影响的全球扩散。恐怖主义在也门的极端目标是无限的，其在也门的活动会给全球恐怖活动带来影响。

2. “伊斯兰国”向也门的渗透及其对也门局势的挑战

2015 年也门内战爆发后，“伊斯兰国”开始在也门实施恐怖暴力袭击，主要针对胡塞力量。“伊斯兰国”在也门的活动目标，一是向也门渗透、扩展其在西亚地区的活动空间；二是展示其活动能力并配合其在叙利亚等地的暴力活动，表达其一贯的极端主义立场特别是宗教方面的极端立场，打击也门的什叶派力量；三是与“基地”势力在也门进行争夺，配合其从叙利亚战场的全球回流、战略转移等。

“伊斯兰国”在也门的活动主要在北部和哈德拉毛省的西部地区等地，其人员、组织网络与“基地”势力相比较为薄弱。但该势力在也门的活动形成的挑战不容忽视：一是，推动国际恐怖势力向也门聚合，强化也门国际恐怖活动中心的作用，挑战国际社会在也门的反恐能力；二是，国际恐怖势力之间的竞争、争夺推动恐怖活动的进一步升级、扩张，导致国际反恐工作的复杂化，比如国际社会在也门的反恐工作必须考虑如何应对国际恐怖势力在也门“建国”、进行社会“建设”等行为。

第二节　也门局势动荡期

在中东剧变中，也门经历了重大波折。在也门执政33年的萨利赫政府最终签订了和平交权的协定，局势似乎缓和，但是随之而来的各派权力斗争，把也门局势推向了动荡的深渊。

一、也门局势动荡及政治秩序的初步恢复

也门局势动荡发生后主要经历了几个阶段。

第一阶段，街头抗议及社会矛盾激化（2011年1月底至2月）。

修改宪法是也门局势动荡的直接原因。也门议会在2011年1月1日通过了一项宪法修正案，该修正案是执政党“全国人民大会”党推动的，其目的是为萨利赫终身把持总统权位做铺垫。修正案的核心是，总统有权提名自己，且可以无限期连任。对这一修正案，反对派多次表达抗议。

反对派的抗议遭致萨利赫政府的武力镇压。而受突尼斯动荡的影响，对贫困生活不满的民众、什叶派和逊尼派的部落武装甚至是“基地”组织的武装分子聚集在首都萨那的广场上示威抗议。3月18日，萨利赫政府的安全部队射杀了至少50名游行示威者并宣布在全国实行为期一个月的紧急状态。[①] 萨利赫政府虽然强力弹压了民众的抗议，但也门国内外各种政治力量围绕萨利赫的去留问题展开了激烈的角逐，其中绝大部分力量都认为萨利赫应当尽早下台。这场示威活动很快转化为要求萨利赫下台的政治运动，也门国内局势开始急转直下，变得对萨利赫政府及其本人极为不利。

在国际方面，以美国和沙特为首的海合会要求萨利赫尽快放弃权力，并和平交接。在国际社会的压力下，萨利赫先是在2011年2月宣布终止民意反对强烈的宪法修正案、推迟议会选举（原定于4月举行），并向国内

① Anonymous, On His Way Out; Yemen's President False, The Economist, 398.8726, Mar 26, 2011, pp. 54－55.

外保证不再谋求连任，不谋求将国家权力、总统职位移交给儿子。反对派初步取得了胜利。

第二阶段，萨利赫阵营内部开始分化、分裂（2011 年 2 月至 5 月 23 日）。

2011 年 2 月，萨利赫虽然宣布了终止宪法修正案，但是反对派和民众对萨利赫的“退让”亦步亦趋，提出了要求萨利赫立即辞职，甚至要审判萨利赫涉及贪污腐败、镇压平民等诉求，被萨利赫势力拒绝。面对局势发展，在萨利赫阵营内部也出现了分裂：首先，一直与萨利赫阵营结盟的、以谢赫·萨迪克·艾哈迈尔为首领的哈希德部落联盟宣布支持反对派，并在 2011 年 5 月 23 日率领其部落武装开始在首都与政府军展开交战。其次，自也门危机爆发以来，萨利赫阵营内部一批执政党成员和政府官员辞职，数名军队高级将领倒戈，其中包括萨利赫的兄弟、第一装甲师师长兼西北军区司令阿里·穆赫辛·艾哈迈尔。再次，一些重要地区的军政要员离开了萨利赫阵营，如东部军区司令穆罕默德·阿里·穆赫辛、哈德拉毛省军区将领纳赛尔·阿里·舒艾比和南部拉赫季省军区高级军官费萨尔·拉杰卜均表态支持反对派，随后，萨利赫政府军与这些倒戈部队之间爆发了持续的武装冲突，也门内乱已经出现苗头。

第三阶段，萨利赫最终签订协议交权（2011 年 6 月至 11 月）。

面对“众叛亲离”的政治局面，萨利赫自知难以继续维持多年的统治，因此开始逐步接受海合会的调解。尤其是 2011 年 6 月 3 日，萨利赫与多名政府高官在总统府内部的清真寺遭遇火箭弹袭击受伤，实际上让他真切感受到了国内要求他下台的巨大压力。美国对也门动荡的态度与反应，一是谴责也门发生的炮击总统府事件（暴力手段），二是呼吁冲突双方立即停止敌对行动，三是呼吁根据海合会的调解协议来推进权力交接的和平有序过渡。而对于萨利赫本人受伤情况，美国没有提及。

面对国内、国际要求其辞职的压力，萨利赫有很多后顾之忧，特别是担心下台后面临被审判的风险。因此，萨利赫在与也门各派谈判中，曾三次同意签署旨在化解也门危机的调解协议，但又反悔。

第四阶段，也门政治过渡的“双协议”以及哈迪政府成立，并开始为全国对话会议做准备（2011 年 11 月至 2012 年 2 月 27 日）。

经过多轮谈判，2011 年 11 月 23 日，也门各派在同意让萨利赫及其亲属、助手和亲信享有司法豁免权后，在联合国与海合会重要人员（联合国代表包括联合国秘书长的政治顾问、也门问题特使，海合会代表包括沙特国王、海合会各国的外长）的见证下，萨利赫签订协议同意和平交权；也门最大的两个政党（“全国人民大会”，即萨利赫所在的执政党；也门社会党，最大的在野党）也签署了海合会协议的执行协议。也门各政治力量的领导人在维护萨利赫下台后的稳定局面这一问题上保持一致，也门问题似乎见到了和平的曙光。

第五阶段，哈迪政府产生及政治重建的初步工作（2012 年 2 月 27 日至2014 年 2 月）。

哈迪曾经担任萨利赫的副手，任副总统职务。作为南部力量的代表人物，哈迪担任副总统有平衡南北双方势力的政治考量。同时，哈迪本人行事一贯低调，这使其成为也门各方能够接受的总统的合适人选。因此，在萨利赫签署了和平交权协议后，作为副总统的哈迪成为也门新总统的不二人选。

哈迪政府作为也门历史上第一个民选政府，拥有国际和国内的较为充分的政治合法性，但如何依托这一政权的基础行使其国家和解、政治重建的使命，是其执政初期首先需要面临的问题。

和平协议签署不久，哈迪政府和萨利赫、胡塞力量之间的矛盾成为民族和解的主要矛盾。哈迪与萨利赫双方之间原有的合作在中东剧变后维持了一段时间。但是哈迪上台后，在民众的支持下力图削弱萨利赫及其家族的影响力，双方之间矛盾爆发。哈迪认为萨利赫在下台后企图利用自己的影响力颠覆新政府，并支持胡塞力量与政府对抗。这不可避免地与哈迪政府产生了矛盾。萨利赫势力则力图维护其核心利益，不断与哈迪总统走向对立。从宗教派别上看，萨利赫来自于北部的哈希德部落，是也门影响力较大的部落之一，属于什叶派中的栽德派，而哈迪则是来自于南部地区逊尼派部落地区，在教派利益上的矛盾，使双方之间矛盾进一步加深。

哈迪政府上台后面临着严峻的经济形势。2011 年，受到国内局势动荡的影响，也门经济出现了负增长，实际 GDP 下降了 12.7%，通胀率也从 2010 年的 11.2%增长到 19.5%，政府税收大大减少，[①] 经济形势十分严峻。

哈迪政府上台后为政治重建做准备。在美国的支持下，对“基地”组织等极端势力的打击取得了一些成效。2012 年 2 月，“基地”势力重要头目安瓦尔·奥拉基在也门南部被美国炸死；[②] 5 月，也门政府军向控制阿比扬省的“基地”组织半岛分支势力实施大规模清剿，击毙了数百名武装分

---

① Salisbury, Peter, Al – Hadi Takes Charge of Economy, Middle East Economic Digest (MEED), 7/25/2014, Vol. 58, Iss. 30/31, pp. 42 – 43.

② Local Al – Qaeda Chief' Dead In Yemen Clashes, Al Jazeera Media Network, http://www.aljazeera.com/news/middleeast/2012/02/2012216104619495628.html.

子，将恐怖势力驱逐出津吉巴尔市；9月，“基地”组织二号头目赛义德·谢赫里及其6名保镖在东部地区（哈德拉毛省瓦迪）被也门政府军击毙。“基地”势力在南部公开控制的地区被政府收复，其被击退到山区据点；“基地”的一些重要头目被击毙。这些为也门政治重建提供了基本的安全条件。

二、动荡时期重要的矛盾及其问题焦点

哈迪政府执政初期，面临着复杂的国内外局势，其境况就像“蛇与楼梯的游戏一样：进两步，退一步”①。在国内，各派政治力量之间的分化组合尚未完成，哈迪政府作为各派力量妥协的结果，如何协调各派之间的利益关系和发展经济成为其面临的首要问题。萨利赫下台后，其家族成员仍然掌握着也门武装力量中的精锐部队，保有对也门局势的影响力；胡塞力量在北部地区蠢蠢欲动。国内反恐形势日趋严峻，极端组织在也门东部地区招兵买马，在南部地区建立了据点。

（一）萨利赫去留与也门的和平过渡

也门动荡发生后，萨利赫的去留成为也门政治社会中的首要问题。其核心是，萨利赫必须“去”，就是从总统位置上离去；但萨利赫又必须“留”，就是必须保留萨利赫集团的基本利益、核心利益，因为萨利赫集团具有很强的势力，全面清除萨利赫集团并不利于也门的政治发展。

也门国内各种势力盘根错节，萨利赫长期在也门执政，与这些势力或明或暗存在诸多关系，如何公平地解决萨利赫的去留问题，对也门未来和平发展至关重要。萨利赫交权后，在联合国2216号决议和海合会的调解下也门获得了暂时的和平，但是这个和平取决于各方之间的相互信任。② 对于萨利赫的去留，哈迪政府基本上执行了海合会的协议，给予了萨利赫本人、主要亲属和亲信豁免权。

萨利赫虽然将总统职位让给了哈迪，但其本人一直没有离开也门，其

---

① Tricky Balancing Act for Al – Hadi，Yemen's New President Has Focused on Rooting out Extremist Groups，But Has Met with Mixed Success，Middle East Economic Digest（MEED），July 27，2012，Vol. 56（30），p. 7（1）.

② Robert Forster，Toward a Comprehensive Solution? Yemen's Two – Year Peace Process，The Middle East Journal，Vol. 71，No. 3，Summer 2017，p. 480.

集团的政治影响依然存在，但被削弱。如何让萨利赫及其势力在也门政治生活中保持合适的位置，即如何“留”在也门政治生活中，是一项重大问题。哈迪政府、也门各政治力量和国际社会必须要慎重处理与萨利赫的关系，这是关系也门未来政局的关键所在。

（二）结束动荡实现平稳过渡

与其他中东国家不同的是，2011 年也门的政治动荡相对较为平稳，虽然也出现了游行示威和抗议活动，但随着萨利赫交权，也门实现了较为和平的权力交接与过渡。这与在海合会监督下也门政治各方之间达成协议，并在一段时间内较为完整地执行了该协议不无关系。作为这个协议的最大获益者，哈迪政府基本上保全了萨利赫集团的一些诉求和力量，保证了萨利赫集团的力量不成为也门平稳过渡的不稳定因素。

中东剧变后，“基地”组织在也门东部地区尤其是哈德拉毛省地区扩展势力，发动多起恐怖袭击，对也门安全局势构成严重威胁。“基地”组织半岛分支在 2010 年也门动乱中占领了南部的阿比扬省和舍卜沃地区，并不断发展壮大。哈迪总统在 2012 年 2 月宣誓就任时，哈德拉毛省省会发生了汽车炸弹袭击，导致 28 人死亡。

在哈迪政府的攻势下，也门政府军收复了在动乱中被极端组织占领的地区。但恐怖势力试图通过暴恐袭击干扰也门政治过渡。津吉巴尔市的两处军事基地在 2012 年 3 月遭到自杀式炸弹袭击；①“基地”组织在 2012 年 5—8 月连续制造了 3 起造成重大伤亡的爆炸事件，死亡达 170 多人。此外，也门政府安全人员成为恐怖分子袭击的重点对象，有 40 多名安全部门人员在 2012 年遭“基地”分子袭击身亡。②“基地”组织的活动严重影响了也门安全局势，对哈迪政府提出了新的挑战。

（三）达成全国对话会议的基本认同

2011 年 4 月，海合会提出的化解也门危机的调解协议核心内容，是萨利赫和平移交权力给副总统。在这些内容完成之后，则是要召开也门各派力量都参加的全国对话会议，真正实现也门的权力过渡与和平。

但是，也门开展全国对话之路矛盾重重。哈迪就任总统后不久，萨利赫将反对派与其的矛盾公开化，批评反对党联盟已经放弃“民主和对话的方式”，对也门的稳定、统一造成了严重破坏。这一政治压力也促使萨利

---

① 程星源：《也门新总统哈迪》，《国际资料信息》2012 年第 4 期。

② 张金平：《全国对话会议与也门政治过渡》，《西亚非洲》2013 年第 2 期。

赫积极寻求与其他力量结盟，维护本集团的利益。

过渡时期也门政治发展中的斗争焦点集中在争取全国对话会议的代表名额分配和未来的国家权力架构上。全国对话会议是2011年海合会、联合国等与也门各派签订的和平协议的一部分，希望以此来解决各派的分歧。全国对话会议被赋予较大权力，可以讨论任何经济与社会发展甚至是南部的发展问题。协议签订后，代表各派势力的南部代表、青年代表、女性代表和各个政党之间，都为角逐会议代表名额展开了明争暗斗。

在对也门未来发展问题上，伊斯兰背景的政治力量的话语权分量加大。也门最早的伊斯兰力量是“国家民主前线”（National Democratic Front），该组织1979年在南部形成，其核心成员主要是穆斯林兄弟会成员、部落领袖、本土及其他政治伊斯兰分子，该组织是也门伊斯兰力量的核心部分。① 以“伊斯兰改革集团”为代表的伊斯兰势力逐渐扩大了影响。

除此之外，部落之间、南北地区的发展等问题也是政治重建必须面对、解决的重大议题。

三、各力量在动荡时期的活动、目标及其张力

在动荡时期，也门国内各个力量都走到前台，在动荡中追求自己的核心诉求和利益。

（一）萨利赫集团的目标

萨利赫集团在动荡中面临严峻的政治危机。在动荡时期，该集团的主要目标是尽量地减少本集团的损失和影响力的衰减，依托集团实力维护集团基本权利。在这个阶段，萨利赫与各派甚至与其长期的政治对手——胡塞力量保持联系，最大限度维护本集团的利益。

萨利赫集团凭借的实力基础包括：首先，该集团在政界和军界的影响，萨利赫的两个儿子仍然掌握着也门实力最强的两个军区，其他的一些亲信仍然支持萨利赫，对哈迪政府的军令并不服从；其次，希望利用也门名誉总统这一职位发挥影响力；再次，利用“全国人民大会”党保持影响，该党仍然是全国最大的政党，在全国对话会议上至少有112个席位，

① Browers, Michaelle L., Yemen's Joint Meeting Parties: Origins and architects, Political Ideology in the Arab World: Accommodation and Transformation, Cambridge: Cambridge University Press, 2009, pp. 150 – 151.

继任书记祖卡、副书记阿瓦迪等该党主要领导人仍然追随萨利赫。

（二）艾哈迈尔家族的目标

艾哈迈尔家族（al－Ahamrs，哈希德部落的统治家族）在2011年与萨利赫彻底分道扬镳后获得了更多部落地区的支持，甚至爆发了相互袭击对方住所的事件。该家族领导着“伊斯兰改革集团”，与萨利赫集团及其他政治势力之间在治国理念等方面有着较深的矛盾。艾哈迈尔家族及“伊斯兰改革集团”在也门动荡时期的主要目标是推翻萨利赫政权，形成对自己有利的政治生态，以期在政治重建中处于有利态势。

在哈迪政府成立的军事委员会中包括艾哈迈尔家族的领导人萨迪克·艾哈迈尔，这对于落实海合会协议是十分不利的。艾哈迈尔家族及“伊斯兰改革集团”在内阁成员中与前执政党“全国人民大会”和主要反对派——逊尼派伊斯兰政党“联席会议”党各占50%，[①] 双方实力可谓旗鼓相当。“联席会议”党主张改革，但是在也门发生动荡后，它和“全国人民大会”在一些方面取得了共识，比如它们都主张先要确定削减价格补贴改革的原则，在召开全国对话会议和制定新宪法问题上有共识。

（三）南部力量的目标

南部力量主要包括政府中的南部代表、南部的分离主义势力以及南部的一些部落势力。也门南北矛盾没有随着也门的统一被完全弥合。代表南部利益的人士认为自也门统一后，与控制政府和经济的北部的政治和部落精英相比，南部从统一中获得的利益严重不足，认为1994年夏季的内战导致了萨利赫政府极力排斥南部人士，造成了也门动荡格局。所以，南部寻求在政治上的公正和重大的改变，甚至完全独立。哈迪作为南部部落的代表，也希望能够通过政治改革满足南部的要求。北部自然力图保持也门作为一个统一的国家。2011年6月和7月，也门政府和南部代表举行了两次谈判，但是都无果而终。[②]

南部和北部的谈判无果而终的原因在于双方对未来也门的国家政体设想存在矛盾。由于历史的因素，北部在也门统一后在政治、经济和军事等

---

① Browers，Michaelle L.，Yemen's Joint Meeting Parties：Origins and Architects，Political Ideology in the Arab World：Accommodation and Transformation，Cambridge：Cambridge University Press，2009，pp. 150－151.

② Browers，Michaelle L.，Yemen's Joint Meeting Parties：Origins and architects，Political Ideology in the Arab World：Accommodation and Transformation，Cambridge：Cambridge University Press，2009，pp. 150－151.

方面占据优势，获取的利益也比南部多，当然支持统一的中央集权式的也门。但是南部在统一后获得的利益远远不如北部，希望在全国对话会议后建立联邦制国家。但是，一旦建立联邦制，如何实现各省之间、中央和地方之间、部落与政府之间的权力平衡，对也门这样的国家来说又是难题。同时，全国对话会议没有包括其他的一些政治力量，比如胡塞力量、青年组织和女性组织，虽然后来在2012年底吸收了胡塞力量参加，但是围绕全国对话会议的席位和未来国家道路选择之争而爆发的各派之间矛盾，使也门的动荡程度不断加深。

（四）国际力量及其目标

对也门局势具有影响的国际因素主要是海合会和美国等国。国际社会对也门的关注出发点主要是地区安全。在经济方面，国际社会尤其是与也门关系较为密切的海合会，积极牵头对也门的经济援助，并减免或延期了部分债务；在政治方面，海合会多次充当调解人，支持弱势的哈迪总统作为也门各派政治势力的“调解人”，推动也门全国对话会议的筹备和各派的和解。沙特除了在海合会框架下支持也门和谈，还强调支持也门安全、稳定、繁荣和领土完整，共同打击“基地”组织。

其他西方国家配合美国在也门的活动，也希冀通过或者提供经济援助，或者提供反恐方面的支持等，在某一方面来影响也门局势，扩大自己的国际影响。英国除主动举办伦敦也门问题国际会议外，还向也门提供1亿英镑的发展援助，并提供反恐情报和安全培训；法国则通过派遣一个军事工程师小组帮助也门修建一座海防基地，以应对“基地”组织宣称欲控制曼德海峡的企图，保护红海和亚丁湾之间的海上运输安全，支持也门打击包括“基地”组织在内的恐怖组织行动，并通过法国在吉布提和阿布扎比的军事基地为也门打击恐怖主义提供支持；日本则在2010年4月与也门政府签订了一项初步协议，为也门海岸警卫队提供一批巡逻船，并为也门海岸警卫队在改进装备、提升执行任务能力以及打击海盗和恐怖分子、改善亚丁湾和阿拉伯海域的安全状况等方面提供必要的资金和技术支持。

联合国积极参与、推进也门问题通过政治途径解决，为也门政治重建提供条件。联合国主导的也门问题和谈，强调也门各方展开对话的声明是解决也门政治危机的“坚实基础”。联合国专门设置了也门问题特使，可以看出其对也门问题的重视程度，同时也在外交和政治层面积极斡旋。但联合国的一些决议流于形式，缺乏强制力，不能阻止也门各派之间的混战，甚至被也门各派看作是对国内政治权力格局重新洗牌的工具。

阿盟内部对也门局势的看法有巨大分歧，因此只是谴责恐怖主义组织在也门犯下的罪行，支持也门政府打击各种形式的恐怖组织和恐怖活动。

（五）恐怖势力的目标

“基地”组织在也门发展由来已久，也门政局动荡后，极端组织在南部地区与当地的分裂主义相结合，发动了多起针对也门政府和外国目标的恐怖袭击，造成了大量的人员伤亡，对地区安全局势造成了负面影响。这个时期，“基地”组织等恐怖主义势力的目标包括：在也门南部和东部地区扩展势力，寻机“建国”扩大影响；加强暴力活动，扩大暴力袭击范围、形式，甚至图谋实施大规模的军事行动、占据城镇；向也门社会进一步渗透，扩大在也门社会的影响力。这一时期的活动让也门逐渐成为极端组织新的“策源地”。①

四、各种矛盾张力对动荡时期的影响

也门动荡期间，各种力量之间的矛盾张力加剧，构成了混乱的图景，对也门动荡的影响如下：

（一）也门和平过渡的实现

也门实现了和平过渡，是这个时期也门局势最为显著的特征。也门之所以能够实现和平过渡是内外矛盾张力最终妥协的结果。在内部，也门各方在处理萨利赫下台和推选新总统过程中总体上保持了一定的克制，没有爆发大规模的武装冲突，最后在海合会的调解下获得成功。

在外部，美国和欧盟国家等对也门各派所施加的压力，也是各派能够坐在谈判桌前通过政治途径实现和平过渡的重要原因。虽然达成的协议是一个折中方案，也基本满足了也门国内对立双方政治力量的基本诉求，即反对派坚持萨利赫交权、下台的诉求，萨利赫集团要求人身保障及维持基

① 刘中民、任华：《也门极端组织的演变、成因及影响》，《阿拉伯世界研究》2017 年第 2 期。

本政治实力。[①]

（二）“基地”组织在也门南部地区的扩展

也门陷入暴力冲突与政治动荡、和平斡旋艰难进行之际，“基地”组织趁机在也门南部地区扩展势力。2009 年 1 月，“基地”组织在也门和沙特的分支合并成“基地”组织半岛分支，以也门东部为主要基地，在也门和沙特从事恐怖活动。动荡期间，“基地”在也门南部和东部地区发展十分迅速，甚至在 2011 年 5 月 28 日，“基地”组织的一个分支在占领了也门南部的阿比扬省省会津吉巴尔市后宣布“建国”。“基地”组织在也门能够迅速发展的原因是多方面的。

首先，无论是萨利赫政府还是哈迪政府，其政治影响主要在北部和西部地区，对南部和东部地区的影响原本就十分有限，这为“基地”组织在这些地区扩展力量提供了便利；其次，“基地”组织利用也门各派在西部和北部争夺造成南部和东部地区的权力真空，迅速在该地区建立稳固的据点；再次，“基地”组织采取本土化措施，不仅注重与当地的部落的关系，尤其是与一些部落首领的私人关系，还在部落地区兴修公路等基础设施，借以吸引民众的参与。

（三）哈迪政府的成立及其面临的严峻挑战

哈迪政府是各方妥协后的政府。哈迪政府没有自己的实力基础，哈迪本人曾长期担任副总统，但是其地位和作用与萨利赫本人有较大差异，因此难以形成强势专制政府，易于为各派接受。哈迪来自于南部的部落地区，能够得到南部地区认可，又不可能对北部地区构成威胁，因此南北政治力量都能够接受；而哈迪本人长期作为萨利赫集团中的一员参与国家政治，也能够减少萨利赫势力的安全恐慌。

但正因为如此，哈迪政府必将是一个“弱势”角色，而其所面临的挑战却是严峻的。哈迪政府是否能够承担也门过渡时期的重大历史使命，成为一个关键问题。

哈迪政府成立后，面临的挑战是多方面的：

第一，也门派系林立削弱哈迪政府的施政能力。在政府内部，如何消化桀骜不驯的各派势力、维护政府的稳定是其面临的首要问题。在促成萨利赫下台过程中，也门的各反对派立下了汗马功劳，功成名就之后，如何

---

① 《萨利赫签署权力移交协议 也门局势仍难以乐观》，《中国日报》，2011 年 11 月 24 日，http：//www. chinadaily. com. cn/hqgj/jryw/2011 - 11 - 24/content_4466694. html。

安排这些势力，也是哈迪需要面对的挑战。对于萨利赫阵营，2012 年 4 月，哈迪解除了一些萨利赫家族成员的军权，在同年 12 月，宣布改组军队，新设立由总统直接掌控的三支部队：总统卫队、特种行动部队和弹道武器部队，以此强化自身的势力。

由于历史和地理的原因，也门长期经历分分合合，历届也门中央政府的控制力十分有限，即使是萨利赫时期，其权威也仅仅局限在首都萨那及其周围。在也门各地分布着大大小小 200 多个部落，各个部落之间不仅相互独立，而且都有自己的武装。也门中央政府的各项政策不仅要取得部落酋长们的支持，还要依赖他们维护政治上的“合法性”。以艾哈迈尔家族为代表的西北部精英集团还控制着也门许多大公司，这些公司的经营范围涉及油气、电力、投资、金融等关键领域。在社会组织上，这些政治集团与也门各个部落之间存在着千丝万缕的联系，甚至一些部落首领便是这些大公司的实际控制者。哈迪政府想一蹴而就驯服这些财力雄厚的部落势力，难度十分大，甚至如果出现政策上的失误，被这些财大气粗的部落力量推翻也不无可能。

第二，经济与社会发展问题。哈迪总统表示当选后首要工作是处理经济危机。[①] 也门统一后，国家经济与社会发展仍然步履维艰。萨利赫政府执政多年，虽然实施了诸多的经济与社会发展计划，但是经济仍然危机频发，再加上国内政治腐败严重，失业率不断上升，油气资源和水资源面临枯竭，[②] 使也门经济发展雪上加霜。2012 年 2 月，联合国粮农组织的数据显示，也门有 500 万人因为长期缺乏食物而健康受损，在一些地方儿童严重营养不良人数达联合国饥荒标准的两倍，达 30% 以上。[③]

第三，南部地区的恐怖主义问题。哈迪政府在全国对话会议前严厉打击南部恐怖势力。哈迪政府上台后，美国政府和海合会加大了对也门政府的反恐行动的支持力度，不仅加强了对其人员的培训，美国还多次出动轰炸机配合也门军队打击极端组织，客观上为南部地区的稳定增加了有利因素。哈迪政府加强对恐怖势力的打击，原因也是多方面的：其一，打击恐怖主义，可以彰显其执政的政绩，使其政府更加稳固；其二，打击恐怖主义，可以最大限度维护也门的政治稳定；其三，打击恐怖主义，可以获得

---

① 张金平：《全国对话会议与也门政治过渡》，《西亚非洲》2013 年第 2 期。

② Matalobos González De La Vega，Ignacio：“Yemen”，Geopolitical Overview of Conflicts 2012，p. 272.

③ Salisbury，Peter，Infighting Hits National Dialogue，Middle East Economic Digest（MEED），7/27/2012，Vol. 56，Iss. 30，pp. 26 – 27.

更多的国际援助，树立新政府良好的国际形象。

第三节 也门全国对话会议及政治建设

也门是中东剧变中唯一一个通过谈判最终解决政权更迭的国家。在理论上，也门已经建立起以民选制、多党制和独立的司法体制为特点的民主制度，但一直未能彻底实现。在这次全国对话会议上，这些议题被重新提出。也门全国对话会议是过渡时期最为重要的政治事件，它将决定也门未来政治道路的选择，为也门开启了一个“全新的开始”①。

一、全国对话会议的进程及其主要阶段

根据海合会的协议，也门全国对话会议需要包含也门国内各个政治力量，包括青年组织和女性组织、南部代表和胡塞力量等，这些政治力量都是首次参与关于国家未来的讨论。

（一）第一阶段：议程的确立与讨论（2012 年 6 月至 2013 年 3 月 18 日）

2012 年 2 月 25 日，哈迪当选也门新总统，随后按照海合会协议，也门政府开始筹备全国对话会议。在这个阶段，政治力量各方分歧较大，会议曾经多次推迟，直到 2012 年 11 月，会议的议程才最终确定下来。可见，一个能够被各方广泛接受的方案的形成需要多轮较量。

全国对话会议首先确定的是对话的原则。在海合会调解方案中，虽然没有为参加对话会议设立任何先决条件，但是和平、广泛参与的原则得到了也门各派的赞同，为贯彻这些原则也门各派采取了一些措施。2011 年 6 月 10 日，也门建立了交流委员会（the Communication Committee），包括超过 13 个公民社会组织、工会、基金会、私人部门、媒体、少数民族组织以及研究机构在内的也门社会各方面力量，为全国对话会议的召开做准备。

该委员会广泛吸收也门各派政治力量，践行了和平、广泛参与的原则，为对话会议召开营造了良好的政治气氛。针对也门政府和胡塞力

---

① Salisbury Peter, Dialogue Offers a Fresh Start, Middle East Economic Digest (MEED), 3/22/2013, Vol. 57, Iss. 12, pp. 20 - 21.

量在北部地区的冲突，伊斯兰政治力量认为“任何有助于全国对话会议胜利召开的建议都是可以被接受的，只要是愿意放弃武器都可以来参加全国对话会议”。[①] 同时，伊斯兰政治力量认为年轻人也应当被吸收进来以促进“停止暴力”；也门社会党认为：“这次对话会议要寻求一个彻底改变，这次会议的目标是和平，这次会议是停止暴力的最好选择；如果我们相互之间不好好地协商，我们就有可能重蹈苏丹的覆辙甚至更差。所以任何非暴力的政治派别都可以来参加对话，包括胡塞力量。”[②] 伊斯兰政治力量和也门社会党的上述态度实际上也表达了当时也门各派的观点，这也是全国对话会议能让也门各方最终参与进来的重要原因。

2013 年 3 月 18 日，在哈迪政府的主持下，也门全国对话会议在萨那召开，这次会议是也门历史上最具包容性的对话会议。

（二）第二阶段：激烈的斗争阶段（2013 年 3 月 19 日至 2014 年 1 月 25 日）

也门全国对话会议的最终目的是为也门未来制定一部新的宪法，促进国家政治建设，维护国家稳定。在为期六个月的全国对话会议期间，也门各派围绕国家统一与政治体制问题、社会公平与发展、权力分配、南部问题等诸多议题进行了较量。为此设立了九个工作组，就每一项议题进行讨论。

这个阶段的讨论十分激烈，几乎在每一个问题上，各派都发生了激烈的争论。其中以南部问题、国家行政区划的讨论最为激烈，一些南部代表坚持要保持南部地区的独立，反对联合国和海合会倡议中保持也门统一的基础，认为南部地区的民众有全民公决决定自己命运的权利。面对南部的强烈不满情绪，也门政府提出了“20 点一揽子建议”（“20 points” package of measures），其中 11 点建议反映了南部代表们的不满，对南部代表做出了重大妥协。但南部诉求的一些重大利益及南北间的根本分歧仍然没有解决，有些南部代表还否认全国对话

① Outreach Committee, No Preconditions for the Upcoming National Dialogue, Yemen Times, 11 Jun 2012, https://reliefweb.int/report/yemen/outreach-committee-no-preconditions-upcoming-national-dialogue.

② Outreach Committee, No Preconditions for the Upcoming National Dialogue, Yemen Times, 11 Jun 2012, https://reliefweb.int/report/yemen/outreach-committee-no-preconditions-upcoming-national-dialogue.

会议的合法性，抵制全国对话会议的工作小组访问亚丁。① 到了全国对话会议将要结束的时候，为了避免南部问题拖累整个大会的进程，由 39 个国家组成的“也门之友”对南部代表施加压力，南部代表的态度才有所缓和，但是仍然有一些南部地区的分离主义者坚持未来的联邦制国家中应当只包括两个联邦主体——北方和南方。这实际上是要恢复到 1990 年以前南北也门分裂的局面。

公民人权与公平问题是青年、女性等政治力量最为关注的议题，这将是也门政治重建中最根本性的问题。在对话会议的代表中，有 20% 为青年代表，30% 为女性代表，这也是也门历史上第一次有女性代表参政。在会议的第一个阶段，通过了许多关于提高女性权利的决议，但是在第二个阶段却被保守势力否决了，可见在也门要完全实现女性的权益与公平正义尚需时日。

（三）第三阶段：会议的失败（2014 年 1 月 26 日后）

2014 年 1 月 25 日，也门全国对话会议结束。这次对话会议的召开，一方面使也门各派能够心平气和地共聚一堂，各抒己见，似乎是取得了一定的成就；但是另一方面，全国对话会议并没有解决事关也门未来发展的重大问题。这次对话会议缓和了各派之间的矛盾，会后，也门各派改变了以前只会说“不”的传统做法，改变为“是，但是”。② 这次对话会议仅有的成果是确定了在 2014 年上半年举行宪法全民公决、议会和总统的全国大选，以及确立了也门未来的联邦制，但是没有确定联邦区的划分。

全国对话会议最终，胡塞力量和“南部运动”的代表都没有签字，这实际上代表全国对话会议的失败。

二、全国对话会议讨论的核心议题

全国对话会议最终的目的在于建立一个各方都能广泛参与和认可的联合政府，因此所探讨的问题涉及也门未来发展的诸多问题，其核

---

① Ali Saif Hassan，Yemen National Dialogue Conference：Managing Peaceful Change? Accord，Iss. 25，p. 53.

② Ali Saif Hassan，Yemen National Dialogue Conference：Managing Peaceful Change? Accord，Iss. 25，p. 54.

心议题主要有以下几个方面。

（一）国家统一与政治体制

国家统一与政治体制问题是全国对话会议首先要解决的问题，这两个问题为也门各派政治力量之间相互博弈的最大框架，其他问题都基于这两个问题而展开。在当前情况下，如果未来建立一个强势的中央政府，那么又走回了萨利赫政府的老路，但是如果中央政府弱势，那么也门可能会走向分裂。

也门统一后，国家统一与整合问题一直存在，除了南北发展不均衡问题和南北权力分配问题，也门的社会结构仍然属于较为原始的部落结构。以艾哈迈尔家族为代表的北部部落力量在全国对话会议上的话语权增加，其酋长艾哈迈尔坐在了会议的前排，但对哈迪政府来说，如何引导部落力量在也门政治建设过程中发挥积极作用，是一个任重道远的问题。在全国对话会议中，除了一些南部的分离主义者之外，绝大部分的南部代表和北部代表都坚持维护也门的统一。南部代表大多数希望获得更多的权力，一些南部代表认为也门从1990年统一后，北部始终都在压迫南部，因此在支持也门统一的前提下，提出了联邦制的建议。

在政治体制方面，主要是南部与北部之间的矛盾。对于维护也门的统一，国内外实际上形成了共识，不同的是在统一制度下是否要实行联邦制的问题。也门乱局后，南部问题再次被提出来。大部分的南部代表不希望国家分裂，但是希望增加南部的权力。而北部为了继续维护也门的统一，同意了南部代表要求的国家体制的改变，实行联邦制，并以“法律”的形式确定了联邦制作为也门未来的国家体制。经过第二轮全国对话会议的讨论，在2012年1月26日，将未来也门分为6个联邦区，其中北部4个、南部2个。一些南部分离主义者反对该建议，认为最少应当保证北部和南部在政治地位上的平等，甚至只需要建立北部和南部两个联邦主体才最为合适。

也门各派在国家统一与政治体制问题上的争论反映出也门在1990年统一后，南北部在政治权力分配、经济与社会发展等方面的整合存在许多问题，这是造成也门分离主义尤其是南部地区分离主义长期存在的重要原因。对于哈迪政府来说，其具有的南部背景，一方面有利于巩固国家的统一，一方面也有利于联邦制的实施。

（二）实现社会公正与发展

在全国对话会议期间，重建宪法权威成为建立一个新也门的首要步骤，政治公正与社会公正是未来也门和平的根本保障。既包括政治制度建设的公正问题，也包括部落社会公正议题，如工人权利、行政独立、出版自由、重建司法体制等。①

在也门动荡中，许多民众走上街头抗议政府，其中年轻人的诉求逐渐突出，也门青年长期难以公正地参与国家政治生活，难以通过政治途径争取自己的权利。在萨利赫下台过程中，年轻人起到了非常重要的作用。由于也门工业不发达，年轻人就业不充分，失业率较高。美国大西洋理事会拉菲克·哈里里中东研究中心丹纳·格林菲尔德认为："也门迫切需要解决年轻人关注的议题如根治腐败，向年轻人开放更多的政治和经济空间。"②

（三）国家权力分配

国家权力分配包括：主要政治力量之间的权力分配、未来国家体制及政府部门权力分配、权力分配涉及的政治原则与理想化的分配问题等。

全国对话会议召开的基本准则是也门各派政治力量都有平等的机会参与关于也门未来的对话。全国对话会议关于未来也门权力的分配主要包括中央政府层面的权力分配和中央政府与地方政府之间的权力分配两部分。

在中央政府的权力分配方面，全国对话会议通过吸收也门各个政治派别的方式，初步实现了各派共商国是的良好开局。全国对话会议在2012年11月27日公布了全部565名代表的分配方案，③ 符合国内政治力量的现实与政治现状，这种分配方式实际上体现了当时也门各派政治力量的对比。代表北部利益的萨利赫集团、伊斯兰政治力量都获得了较多的席位，哈迪政府虽然是一个弱势政府，但是也获得了大约10%的席位，青年、女性以及胡塞力量等也门各派力量都获得了一

---

① Steinbeiser, Stephen, No Peace without Justice: The Arab Spring, the National Dialogue, and Yemen's Descent into Chaos, http://cy.revues.org/2866#tocfrom1n2.

② Sprusansky, Dale, Yemen's National Dialogue, Washington Report on Middle East Affairs, Sep2013, Vol. 32, Iss. 7, pp. 60-61.

③ Ibrahim Sharqieh, A Lasting Peace? Yemen's Long Journey to National Reconciliation, Brookings Doha Center Analysis Paker, No. 7, February 2013, p. 18.

定的席位，实际上体现了全国对话会议的包容性。

中央政府和地方政府之间的权力分配也是全国对话会议的议题。部落是也门的基本社会单位，在地方和中央权力分配中起着重要的作用。2012 年 10 月 16 日，也门各派代表和社会代表在萨那召开了“城镇会议”（Town Council），这是也门历史上第一次有普通公民参与相关议题讨论的会议。在筹备这次会议的主席的努力下，各方意见都得到了充分的表达，筹备主席引导代表讨论了包括北爱尔兰及其他国家地方治理的经验。[①] 为此，也门思考制定新的宪法草案，以重新界定中央政府和地方政府的权力界限。

（四）南部问题

南部问题是也门统一和内战的遗留问题，其问题的主要症结在于南北双方在政治权力和经济利益的分配上。在这个问题上，南北双方甚至曾经兵戎相见，在 1994 年夏季爆发了内战，虽然北部最后再一次统一了南部，但是南部的分离势力一直十分活跃，时常与也门政府发生冲突。也门虽然经济总体上较为落后，但是北部的经济发展程度要好于南部地区。在也门统一后，许多在南部城市比如亚丁等地的建设项目都被转移到了北部地区比如萨那，这引起了南部人士的普遍反对。在经济利益的分配方面，北部地区对南部地区的石油收益等分配过多，也导致南部地区的不满，南部的分离主义者以此作为寻求独立的重要宣传点。

哈迪政府上台后，一些来自南部的代表要求建立民主、公正的联邦制国家，并启动民主化改革，这实际上是反对北部权力过大，而南部长期不能公平地参与中央政府的问题。哈迪总统作为出身南部部落地区的总统，希望南部地区能够更多地扮演维护也门统一的角色，而不是单纯地与北部地区对抗。在南部影响力很大的社会党对“基地”组织在阿比扬省等地的活动表示担忧，该党向全国对话会议提出要首先打击恐怖组织在这些地方的活动，以免成为南部混乱状态的根源。

全国对话会议为也门乱局后各派力量重新分化组合提供了平台，其所讨论的问题也关乎未来也门的发展，在这次会议上分歧和共识共存。国际社会认为“如果也门全国对话会议上能有 30%—50% 的议题

---

① Lackner Helen，Yemen’s National Dialogue：Will It Succeed?，London：Open Democracy，18 Oct 2012.

得到解决，就是一个很大的成就”。[①] 另外，在包容性方面，2013 年 9 月底，也门临时政府就过去的一些错误做法向胡塞力量和南部代表致歉。[②] 2014 年 1 月 25 日，也门全国对话会议闭幕，各方最终同意建立联邦制以推动国家民主政治、社会发展进程，但是对联邦中分区的数量仍然存有不同意见。[③]

三、各种力量在全国对话会议中的较量及其张力

也门国内各派力量在全国对话会议期间相互较量，矛盾错综复杂，造成对话会议从一开始就举步维艰，很难形成共识。同时，萨利赫下台后，没有一支力量能够完全统御各方，哈迪政府威信不足，甚至还与一些政治力量存在矛盾，自然不能掌控局面。

（一）哈迪政府目标及其自身的弱点

哈迪政府是也门动荡初期受益最大的一个。作为国内外承认的合法政府，有两年的任期可供其施展治国理念。

对于哈迪政府来说，这个时期其目标是树立起政治威信。哈迪政府虽然是各方公认的合法政府，但面临着巨大的挑战。迅速恢复政治稳定、建立安全的社会环境、带领也门发展经济是其首要目标。为此，在政治上，哈迪政府不仅积极与萨利赫集团、艾哈迈尔家族领导的“伊斯兰改革集团”等也门传统政治力量合作，还主张与胡塞力量、南部分离主义一起共商国是；对外则积极打击南部地区的恐怖主义，获得美国等国际社会的支持。哈迪政府依靠美国的援助，对“基地”组织在也门的分支机构坚决打击，取得了一定的效果，改善了部分地区的安全环境。

但是，哈迪政府与也门各派之间也存在着矛盾。首先，与北部的胡塞力量之间的矛盾。在宗教上，胡塞力量属于什叶派的栽德派，哈迪政府的主要支持者则是来自南部地区的逊尼派，两者之间的冲突又

---

① Sprusansky, Dale, Yemen’s National Dialogue, Washington Report on Middle East Affairs, Sep, 2013, Vol. 32, Iss. 7, pp. 60 - 61.

② Steinbeiser, Stephen, No Peace without Justice: The Arab Spring, the National Dialogue, and Yemen’s Descent into Chaos, http: //cy. revues. org/2866#tocfrom1n2.

③ Nabeel A. Khoury, Yemen: In Search of a Coherent U. S. Policy, Middle East Policy, Vol. XXI, No. 2, Summer 2014, p. 1.

掺杂了地区大国伊朗和沙特争夺地缘政治优势的外部因素，因此变得更加复杂。因此，哈迪政府通过改组军队希望增强对抗胡塞力量的资本，顺便也能削弱萨利赫集团的力量。但是，哈迪对军队和安全机构的改组不仅没有取得效果，反而把萨利赫集团推向了胡塞力量一方，可谓得不偿失。

其次，哈迪政府与地方势力存在诸多矛盾。在与南部的“南方过渡委员会”的关系上，哈迪政府坚决反对该组织要求把南也门地区独立出去的目标。哈迪政府虽然是合法政府，但是在国内没有相对稳固的“大本营”或“根据地”，只能依靠南部逊尼派部落武装的支持维持。这些部落武装虽有一定战斗力，但其利益相对独立、忠诚度较差，其主要目的是要借助哈迪政府遏制胡塞力量向南扩张，保卫部落领地，因此不足以成为哈迪政府重建控制权坚实的依靠。

最后，在哈迪政府内部，政治腐败和效率低下造成政府财政状况日益恶化是其难以在也门动荡中发挥主导作用的重要内部因素。哈迪政府既无法与也门各派力量达成有效的合作，也无法根除萨利赫政府留下的贪污腐败和效率低下等痼疾。同时，由于也门经济与社会长期落后，哈迪政府执政后拿不出有效的治国方案，因此，面临内外交困的哈迪政府很快就陷入困境。

（二）萨利赫集团的目标及其面临的挑战

萨利赫集团看似在萨利赫辞去总统职位后受到的损失最大，且有可能对未来也门局势造成不利影响，但是海合会的协议实际上考虑到了这一点，因此萨利赫仍然出任“全国人民大会”党的主席。但萨利赫集团已经整体处于被动局面，失去了对中央政权的控制，与国内各派力量的矛盾很深，在国际社会遭到普遍排斥。萨利赫集团在全国对话会议上的目的是搅乱也门政局，在乱中为本集团谋取利益。以之后的情况看，它达到了一定的效果。

（三）胡塞力量的核心政治愿景及其政治薄弱环节

萨利赫时期，胡塞力量的目的就是要推翻萨利赫的世俗政府，因为胡塞力量认为萨利赫政府一直以来歧视栽德派，并试图在经济上边缘化他们，很少在胡塞力量地区进行基础设施建设。2004 年后，胡塞力量与萨利赫政府之间爆发了多场战争，但是萨利赫政府没能消灭胡塞力量，甚至两者之间还存在着某种默契，即萨利赫政府意图通过胡塞力量牵制其政治对手，以维护自己的威权统治，而胡塞力量也不希望国家分裂，因此才有了两者在2014年9月的结盟。

在也门全国对话会议期间，胡塞力量的政治诉求基本上是与也门各派力量相冲突的，因为其建立政教合一的宗教国家的目的与其他各派力量建立世俗的国家政权之间有着本质的区别。这也是为什么胡塞力量一开始并没有被邀请参加全国对话会议，后来在对话会议中被边缘化的根本原因。

（四）南部政治力量的政治目标

1994年的内战南方战败后，南部问题出现。南部政治力量之间存在着分歧，在对话会议之前，南部分离主义者面临着三条道路选择：一是获得完全独立；二是与北部建立联邦制，在政治上平起平坐；三是继续保持与北部的政治统一，但是要表达对北部的不满，在统一的前提下寻求更多的自治权。①

南部力量的政治诉求在也门全国对话会议中是重要议题。对于哈迪政府来说，虽然哈迪本人来自南部地区，但是维护也门的统一仍然是其政府合法性的保障；也门其他派别如萨利赫集团等与以海合会为代表的国际社会，也都不希望也门出现分裂。因此，全国对话会议中将也门的国家体制改为联邦制，并将全国化为六个地区的做法，实际上是在南部诉求与也门政治统一之间的一种平衡，以便最大限度地化解也门国家分裂的危险。

（五）艾哈迈尔家族及北部部落联盟的政治目标

艾哈迈尔家族是也门人口第二多但是实力最强的哈希德部落的统治家族，该家族长期与萨利赫结盟。2011年后，萨利赫意图让自己的儿子接班，但是以艾哈迈尔家族为首的北部部落联盟实际上想推选艾哈迈尔家族的人为新总统，但其持有的宗教右翼保守政治态度受到普遍质疑。

2011年3月18日，萨利赫政府以军队镇压聚集在萨那首都广场上的示威游行民众，艾哈迈尔家族的领袖萨迪克·艾哈迈尔（老艾哈迈尔的长子）及其弟弟哈米德·艾哈迈尔、侯赛因·艾哈迈尔、希米

---

① Ibrahim Sharqieh, A Lasting Peace? Yemen's Long Journey to National Reconciliation, Brookings Doha Center Analysis Paker, Number 7, February 2013, p. 11.

亚·艾哈迈尔公开反对萨利赫总统。[1] 哈米德·艾哈迈尔在“伊斯兰改革集团”政党中处于核心领导地位，受到哈米德·艾哈迈尔影响，艾哈迈尔家族成员都支持反对派。[2] 与此同时，艾哈迈尔家族还联系也门实权人物阿里·穆赫辛·艾哈迈尔（Ali Mohsen al – Ahmar，穆赫辛虽然姓氏为艾哈迈尔，但不是艾哈迈尔家族的成员，他长期担任也门第一装甲师师长，这个装甲师大概有25000人至30000人[3]），使其带领军队进入萨那市区保护在广场上示威的群众，并得到许多也门政府人士，如外交官、执政党成员、政府工作人员和军官的支持。[4] 艾哈迈尔家族与阿里·穆赫辛的联合给萨利赫政府形成了极大的压力。

哈希德部落武装自2011年5月23日开始对首都萨那的政府目标发动袭击，同萨利赫领导的政府军发生激烈的武装冲突，部落武装占领了政府大楼、也门官方通讯社等，[5] 造成了至少127人死亡，也门局势急转直下。双方通过部落协调委员会达成停火协议结束了冲突，部落武装退出政府大楼，也门政府停止攻击艾哈迈尔家族的住所。但是不久双方战火重燃，到8月初双方再次爆发大规模冲突。

（六）社会力量（青年、女性等）在对话中的政治目标

全国对话会议期间，青年、女性参与政治活动、谋求社会群体权益的积极性普遍提高。但总体而言，也门的社会力量在政治对话中的话语权还很弱。

也门社会关系出现了一些新的变化，社会结构的扁平化趋势出现。这主要表现在青年和女性权利意识的觉醒。青年由于就业问题而使得他们的

---

① Tobias Thiel, After the Arab Spring: Power Shift in the Middle East? Yemen's Arab Spring: From Youth Revolution to Fragile Political Transition, IDEAS Reports – special reports, Kitchen, Nicholas (ed.) SR011. LSE IDEAS, London School of Economics and Political Science, London, UK, p. 44.

② Sudarsan Raghavan, Yemen's Powerful Families Still Cast Shadows, The Washington Post, February 13, 2013.

③ Tobias Thiel, After the Arab Spring: Power Shift in the Middle East? Yemen's Arab Spring: From Youth Revolution to Fragile Political Transition, IDEAS Reports – special reports, Kitchen, Nicholas (ed.) SR011. LSE IDEAS, London School of Economics and Political Science, London, UK, p. 45.

④ Tobias Thiel, After the Arab Spring: Power Shift in the Middle East? Yemen's Arab Spring: From Youth Revolution to Fragile Political Transition, IDEAS Reports – special reports, Kitchen, Nicholas (ed.) SR011. LSE IDEAS, London School of Economics and Political Science, London, UK, p. 44.

⑤ Kamaldien, Yazeed, Yemen: Living with an Endless Revolution, Global Information Network [New York], 01 June 2011.

政治参与度不足，而女性问题则是由于也门长期以来仍然是一个相对保守的社会，女性参政十分有限。在反对萨利赫的示威中，女性也广泛参与进来，表现出了政治觉醒。女性迫切希望获得政治参与权，并希望在未来的国家权力中按照选区获得代表数额上的配额。[①] 青年和女性问题作为全国对话会议的重要议题，虽然仍然缺乏支持，但反映出也门社会结构的变化。

这些新问题的出现，一方面反映出中东剧变对也门社会巨大的冲击，导致原有的社会结构开始逐渐解构，新的社会力量逐渐形成，成为政治精英们不可忽视的政治重建因素；另一方面，在动荡中，南部意见被重视，首次作为平等一方提出关于未来国家体制建设的设想。也门全国对话会议所体现的较强的包容性和南北方对话的平等性，使得会议期间国内局势较为稳定。

（七）国际社会对全国对话会议的期待

全国对话会议期间，国际社会对也门的评价基本上是积极的，维护也门统一是以海合会、美国和联合国为代表的国际社会的共识。因此，国际社会在也门对话会议前后的主要表现如下：

第一，海合会积极促进全国对话会议。包括也门全国对话会议在内的也门和谈进程是在海合会的积极斡旋和推动下达成的，海合会有通过实现也门和平进程来展现自己影响的意图。在全国对话会议前后，海合会在南部代表、青年代表等也门各方力量之间积极斡旋，保证了全国对话会议的包容性和顺利召开。海合会清楚地知道，处于重要地缘位置的也门一旦分崩离析，不仅对国际航路安全以及在也门的极端组织发展有重要影响，而且还会对混乱的中东安全局势产生不利影响，因此，维护也门统一是海合会最大的目标，也是海合会不遗余力介入也门问题的动力。

第二，美国等大国积极支持也门的和平进程。美国不仅在外交上支持也门的和平，还提供了1040万美元支持全国对话会议的召开。[②] 也门和平进程也得到了域内海合会各国和土耳其等地区大国的支持。[③] 但是，国际社会对也门的援助要么口惠而实不至，要么附加条件。2012年和2013年，

---

① Is Yemen a New Model?, Journal of International Affairs, Fall/Winter 2013, Vol. 67, No. 1, pp. 197 - 202.

② US Allocates 10.4m Dollars for Inter - Yemen National Dialogue, BBC Monitoring International Reports, June 29, 2013.

③ Turkey Welcomes Yemen National Dialogue Conference, BBC Monitoring International Reports, March 21, 2013.

国际社会对也门所承诺的80亿美元援助资金中只有不到三分之一的资金到位，且还要附加一些政治改革的条件。[①] 世界银行和阿拉伯经济与社会发展基金提供了1亿到1.5亿的远期贷款。[②] 然而，这些援助对于也门面临的严峻的经济发展问题来说，只是杯水车薪。

四、也门“民族和解与对话”政治重建严重受挫的原因

也门全国对话会议无果而终，到2014年胡塞力量占领首都，也门以政治对话实现民族和解、国家重建的设想遭受重大挫折。原本在阿拉伯地区动荡中实现和平过渡的也门，为什么会遭受如此严峻的挫折，不但政治对话无果而终，且陷入数年的内战？这有着重大而深刻的原因。

（一）海合会协议未能实现也门的政治整合

海合会的协议是以维护也门的政治统一和稳定为基础的，因此其协议需要在也门主要派系之间寻找均衡。但海合会协议并没有完全照顾到也门所有的政治势力及派别，尤其是对萨利赫时期被镇压的反对派和南部分离主义势力。因此可以说，海合会的协议是一种“消极的和平”（negative peace）而非一种“积极的和平”（positive peace），因为没有提供一种各方能够认同的基础。[③] 全国对话会议最终成了各派表达本派利益的舞台，而不是解决问题、实现和解的途径。

以对萨利赫的政治豁免为例。2011年6月，萨利赫在总统府的清真寺中做礼拜遭到袭击后，认为是反对派所为，并以此为要挟要求海合会对其全面豁免。在萨利赫33年的统治时期（1978年至2011年），许多政治反对派被无情打击，甚至无故消失。在全国对话会议期间，这些反对派的家属呼吁海合会敦促萨利赫政府公布这些人消失的真相，要求惩办真凶，以平息国内长久存在的愤怒，为全国对话会议的召开创造良好的条件。但海合会的协议无条件赦免了萨利赫，这导致民众对协议不满，国际社会一些

---

① Salisbury, Peter, Al - Hadi Takes Charge of Economy, Middle East Economic Digest (MEED). 7/25/2014, Vol. 58, Iss. 30/31, pp. 42 - 43.

② Salisbury, Peter, Al - Hadi Takes Charge of Economy, Middle East Economic Digest (MEED). 7/25/2014, Vol. 58, Iss. 30/31, pp. 42 - 43.

③ Ibrahim Sharqieh, A Lasting Peace? Yemen's Long Journey to National Reconciliation, Brookings Doha Center Analysis Paker, Number 7, February 2013, p. 18.

声音（如南部非洲真相与和解委员会）声称要寻求第三条道路来解决萨利赫的豁免问题，[①] 一些遭到萨利赫政权迫害人员的家属在首都举行游行示威，抗议对萨利赫的赦免。与此同时，一些南部分离主义势力，也参与到这场游行示威中，因为他们并不信任海合会的协议能够给他们带来和平。因此，这两个政治力量对也门对话会议采取了抵制措施，要么没有被邀请参会，要么在会议进程中处于边缘地位，根本无力发声。因此，在全国对话会议最终签字的时候，南部代表首先拒绝签字，并退出了会议。

长期以来，也门的统治者们在极力维护自己部族的政治力量和执政基础的同时，还十分注重保持与其他部落、利益集团之间盘根错节的关系。即便如此，强势的萨利赫政府也只能依靠艾哈迈尔家族的力量统治萨那及其周围地区，对南部地区的控制力较弱。萨利赫政府使也门保持了一种微妙的平衡，这种平衡被打破后，弱势的哈迪政府无法重新维持也门各派之间的力量平衡，这便使各派缺乏进行对话的政治基础。因此，海合会未能实现也门有效的政治整合，只是提出了理想中的路线图计划，这是全国对话会议最终破产的根本原因。

（二）军队问题无法有效解决

也门全国对话会议上，虽然设置了很多议题，但是军队问题是一个横亘于对话会议进程中的突出难题。军队在也门国家和社会经济中的地位十分重要，各派政治力量以掌握军队作为支持本派力量发挥作用的基石。海合会在召开全国对话会议之前，认为会议必须在一个安定的环境中进行，在这期间应防止也门国内出现暴力冲突。但是，也门是一个部落力量强大的国家，许多部落地区是军事、政治、经济和文化四位一体的。许多部落拥有相当数量的武装力量，历史积怨、教派冲突等各种因素交织，使部落间的矛盾与冲突不断。因而，海合会的愿望没有强有力的支持，也忽视了也门各派互不相容的现实，可见，保证全国对话会议的安全环境只能是一句空谈。

在全国对话会议期间，各派仍然保有自己的武装力量，都不想将自己的军队拱手相让，这一方面是由于各派之间缺乏互信，另一方面则是由于全国对话会议没有给出一个能够为各方接受的解决军队问题的方案。因此，在全国对话会议最终协议签订后，当也门各派之间的矛盾激化之时，首先考虑的仍是动用武力消灭或者削弱对方，而不是通过谈判的途径来解

① Ibrahim Sharqieh, A Lasting Peace? Yemen's Long Journey to National Reconciliation, Brookings Doha Center Analysis Paker, Number 7, February 2013, p. 8.

决问题。所以，手握重兵的也门各派没能彻底解决军队问题，也门实现和平便遥遥无期。

（三）政府操之过急而无法在关键政治问题上得到回应

在2012—2014年间，胡塞力量、艾哈迈尔家族、萨利赫集团都与哈迪政府分道扬镳，不仅不能共同推进政治对话与协商，还走到兵戎相见、长期内战的地步。这与哈迪政府处置不当有直接关系。

胡塞力量从2004年在北部萨达省兴起后，萨利赫政府采用拉拢和军事打击等多种方式对付它，但一直未能消灭。显然该势力是政治和解与对话中不可或缺的一部分，但哈迪政府自一开始就与其矛盾重重，虽然最终同意其参加全国对话会议，但在很多重大问题上没考虑胡塞力量的核心利益。胡塞力量对哈迪政府很不信任，认为这次会议的最终目的是为了削弱其力量。

艾哈迈尔家族在也门政治、社会中具有相当的发言权，艾哈迈尔家族的代表虽然在全国对话会议中坐到了前排，但对会议安排很不满，认为政府主导的对话会议没能反映其诉求。结果艾哈迈尔家族与胡塞力量一起退出全国对话会议，会议的代表性被严重削弱。

萨利赫集团因为军队改革中被政府剥夺了很多军权，又遭到联合国的制裁，对哈迪政府十分不满，最终走向了战场。

第四节　2014年内战以来的也门

2014年9月内战爆发后，胡塞力量在与哈迪政府的军事冲突中，占领了包括首都在内的北部九个省份，并形成了由其主导的新政府。在这个阶段，也门基本上形成了胡塞力量、哈迪政府和极端组织三足鼎力的政治力量格局，加剧了也门的动荡，也造成了严重的政治危机和人道主义危机。

一、内战的主要过程

从胡塞力量和哈迪政府之间的力量对比关系上，可以把此次也门内战分为三个阶段。

（一）第一阶段：从胡塞力量占领萨那到进攻亚丁迫使哈迪总统出走（2014年9月至2015年3月26日）

首先，胡塞力量武力控制首都及中央政府，其他势力则袖手旁观，也门出现了滑向内战的严重危机。胡塞力量在参加全国对话会议的过程中不但没有缓解积怨，反而与哈迪政府之间的矛盾不断激化。2014年9月，哈迪政府宣布取消对燃油的补贴，引起了国内民众的抗议，胡塞力量趁势从北部萨达省举兵南下，很快占领了首都萨那。胡塞力量与政府军公开进行武装对抗并控制了首都。

胡塞力量占领萨那后，一是较为迅速地恢复了萨那地区的供水和供电，恢复生活秩序。胡塞力量从开始兴起，便被萨利赫政府和哈迪政府视作反叛组织，而在占领萨那后，胡塞力量通过向民众保证维护首都秩序，加强对治安的管理，逐渐转变角色，维护其统治区域的稳定。在缺水缺电的萨那，[①] 胡塞力量修建了新的输水、电力设施，安抚民众。萨那社会秩序很快恢复稳定，胡塞力量的“反叛”形象在一定程度上被减弱。二是设立新的强力机构，试图将控制国家权力的行为合法化。2015年1月18日，胡塞力量控制首都后，成立“总统委员会”和“全国过渡委员会”在2月6日行使总统和议会的权力。

其次，哈迪政府被迫逃出萨那，内战正式爆发。2015年2月21日，哈迪出走萨那，到也门第二大城市亚丁行使中央政府权力。哈迪到亚丁后撤换了与胡塞力量关系密切的安全部队司令，遭其抵制并发生了倒戈，与政府军激烈交火，哈迪政府军和总统卫队节节败退，2015年3月24日，胡塞力量控制了南部城市塔伊兹，直接威胁哈迪政府大本营——亚丁。

再次，哈迪总统出走沙特，沙特组建联军介入也门内战，也门内战迅疾国际化。胡塞力量继续向南部进攻，很快围困了哈迪政府所在地亚丁，迫使哈迪总统出走沙特。3月25日，哈迪到达沙特，沙特联合多国组成联军在3月26日对胡塞力量实施“果断风暴”的军事打击。也门内战很快国际化。

（二）第二阶段：从沙特介入也门内战到萨利赫身亡（2015年3月26日至2017年12月4日）

这一阶段是也门内战的激烈冲突期、军事僵持期，主要有三方面内

---

① El－Mageed，Abdallah Ibrahim Abd；El－Kamel，Abd El－Hadi；Abbady，Abd El－Bast；Harb，Shaban；Saleh，Imran Issa，Natural Radioactivity of Ground and Hot Spring Water in Some Areas in Yemen，Desalination，15 July 2013，Vol. 321，p. 28.

容：军事冲突及其发展趋势、政治较量及各自阵营的内部分歧、恐怖势力的活动。

首先，在军事方面，胡塞力量虽然一度攻入亚丁但很快撤离；哈迪政府力量与胡塞力量对峙，缓慢地将胡塞力量向北压制。沙特等联军持续以空袭打击胡塞的军事要地及后方基地，特别是萨那城、萨达省；胡塞力量也偶尔向沙特发射导弹。胡塞力量的军事目标是守住西北部地区特别是荷台达—萨那一线，而哈迪政府及联军则设想以空袭、破坏胡塞力量与萨利赫的政治联盟来摧毁胡塞力量。2016 年 4 月至 9 月间，双方的战线已集中在荷台达—萨那一线；2016 年后，双方在亚丁地区、塔伊兹等地继续发生冲突，还针对商业船只实施袭击。[①] 这一拉锯战的军事态势一直持续到 2018 年 6 月的荷台达“黄金胜利”攻势。胡塞力量与哈迪政府之所以陷入拉锯战，是因为双方都无力取得军事上的明显优势或重大推进。胡塞力量的军队扩充到了 10 万到 12 万人左右，但是由于战线不断拉长，遭到沙特联军海陆两线的军事进攻，战争的支撑能力明显不足。而哈迪政府由于丢失了包括首都萨那在内的大片领土，虽然获得了沙特等国在军事、外交和物资等方面的支持，但是已经流亡沙特，且在与胡塞力量的作战中，损失惨重，士气低落，无力发起对胡塞力量的大规模战斗，更难于速战速决。

其次，在政治方面，双方各自争夺“政治合法性”，但国际社会普遍认为哈迪政府依然是也门国家的代表。2016 年 4 月至 9 月，联合国曾促成胡塞力量与哈迪政府在科威特进行谈判，但谈判不但没有收获，反而因胡塞力量的代表被滞留而加深了相互间的隔阂。沙特与哈迪政府一度寄希望于萨利赫集团与胡塞力量的分裂而解决内战，其后确实争取到萨利赫集团，并导致萨利赫集团与胡塞力量之间的矛盾由政治纷争到暴力冲突。但萨利赫之死没有让胡塞力量在结束内战问题上让步，双方的军事、政治较量开始了战略性的转变。

各自阵营内部都有重大矛盾与冲突。胡塞力量与萨利赫集团由政治—军事联盟走向了暴力冲突并导致萨利赫之死。哈迪政府内部矛盾重重。哈迪总统在 2014 年 4 月、2018 年 10 月等重大军事行动的关键时期更换了总理。哈迪政府与南部力量也有矛盾，在亚丁机场的控制权上发生过暴力冲突。2017 年 4 月，哈迪罢免了亚丁省省长祖贝迪的职务。祖贝迪联合南部军政主要人物 26 人在 2017 年 5 月成立“南方过渡委员会”，反对哈迪政府，并提出改组政府的要求。“南方过渡委员会”得到阿联酋的支持，在

---

① Jeremy M. Sharp, Yemen: Civil War and Regional Intervention, CRS (Congressional Research Service) Report, 7 - 5700, R43960, August 24, 2018, p. 7.

对待胡塞力量的态度上与沙特、哈迪政府有重大区别，基本原则是不过于削弱胡塞力量，将胡塞力量视为战略上的配合力量以谋求在南部的利益。

再次，恐怖势力在这一阶段实施了一系列重大袭击。2015 年“伊斯兰国”加强了在也门的暴恐袭击。如 2015 年 3 月 20 日在萨那市、萨达省同一天发生的连环恐怖袭击造成了 100 多人死亡，5 月 23 日“伊斯兰国”又袭击了亚丁的政府军基地和军队征兵处。

“伊斯兰国”乘内战之际进入也门，既寻求庇护地，也扩展活动地。2015 年 6 月 20 日，“伊斯兰国”在萨那一个清真寺实施汽车爆炸袭击，9 月 2 日在萨那北一清真寺门口实施了两起爆炸袭击，11 月 20 日“伊斯兰国”宣称对在哈德拉毛省两个边境检查站的自杀式爆炸案负责。而 2016 年也是一个恐怖袭击持续高发的年份。[①]

而“基地”组织势力在扩大组织网络的同时，还以支持水利设施、道路建设等来强化在南部地区的影响，不断稳固对这些地区的渗透，已经渐成气候。

（三）第三阶段：自萨利赫身亡到和谈的开启（2017 年 12 月 4 日至今）

这是也门内战发生新变化甚至转折的时期，内战各方发生了一系列的重大变化。

首先，胡塞力量遭到严重削弱。胡塞力量与萨利赫阵营一度进行着较好的合作。在也门过渡时期，萨利赫与胡塞力量暗中交往，甚至有人认为萨利赫利用自己的关系，使胡塞力量在 2013 年后迅速从其总部萨达省发展到了周边的焦夫省等地。

2016 年 7 月 28 日，胡塞力量和萨利赫集团在萨那宣布建立“总统委员会”（后称“最高政治委员会”），试图主导也门政治重建进程，将哈迪政府边缘化。但双方由于在财政权和一些人事任免上存在矛盾，合作破裂。而萨利赫在 2017 年 12 月 2 日发表的电视讲话中，宣布支持沙特及哈迪政府的态度，实际上对萨利赫集团未来的政治选择有着重要的引导作用。

萨利赫死后，胡塞力量失去了萨利赫集团同盟，萨利赫势力的一部分

① 2016 年连续发生多起恐怖袭击事件：1 月 28 日在亚丁总统府附近发生爆炸袭击；3 月 25 日，“伊斯兰国”在亚丁地区实施了三起汽车自杀式爆炸案；5 月 12 日，“伊斯兰国”针对一个军队检查站实施连续爆炸袭击；10 月 6 日亚丁总理和内阁成员居住的酒店遭到袭击；12 月 6 日亚丁省省长遭恐怖袭击身亡；12 月 10 日，亚丁机场遭到 IS 袭击；12 月 18 日亚丁发生的袭击导致 49 人死亡。

力量加入了政府军，这导致胡塞力量在政治上更加孤立，在军事上为了保住首都萨那而丧失了西南地区的一些重要战略要地，最终导致哈迪政府武装力量在2018年6月发起了荷台达之战。虽然胡塞力量控制了也门北部和西部的大片区域，仍然能够维持现有的政治格局，但总体而言陷入了被动，比较孤立。

其次，哈迪政府相对增强了政治与军事实力。萨利赫集团在2017年12月公开与哈迪政府结盟，这是哈迪政府的双倍收获，既削弱了胡塞力量，又增强了自己阵营的力量。处于与胡塞力量长期拉锯战中的哈迪政府，乘机在西南地区推进了战线。

哈迪政府在2018年发生了两次重大事件，一次是1月28日与“南方过渡委员会”在也门爆发了激烈冲突，一次是10月哈迪总统更换了总理并对被解除职务的总理进行相关调查。这些矛盾耽误了哈迪方面对胡塞力量的军事进攻，但总体而言，哈迪政府开始摆脱军事上的被动。

再次，国际社会对也门内战的态度发生了变化。沙特在这一阶段依然通过空中优势和物资援助积极支持哈迪政府。但沙特在卡舒吉记者遇害后面临很大的国际压力，影响了其在也门的干预力度。美国也向沙特施加了一定的压力，要求沙特尽快结束在也门的军事干预。

阿联酋对哈迪政府的军事行动不予积极支持，主要是不愿意看到彻底击溃胡塞力量，造成“南部运动”等力量失去牵制政府的犄角之势。阿联酋及其支持的南部力量更愿意与胡塞力量达成政治妥协而非在战场上决一死战。

联合国积极斡旋也门内战双方，包括同意保障胡塞力量代表出国及返回的安全。在联合国的努力下，双方在2018年12月初开始了和谈，并达成了一些积极的成果，主要围绕相互交换战俘、需进一步谈判的重大议题等。和谈虽然曲折艰难，但终于出现了以和谈结束内战的转机。

二、内战中各力量之间的较量及其主要矛盾

内战中不仅有军事冲突，更有政治较量；不仅有对立双方之间的较量，还有剧烈的内部矛盾冲突。

（一）内战直接冲突双方间的较量

较量双方是胡塞—萨利赫联盟与沙特—哈迪政府联盟，较量的方式既有激烈的军事冲突，也有激烈的政治斗争。

在军事上，双方都试图完全击败对方，以军事胜利掌握国家主导权。胡塞—萨利赫联盟在地面军事行动中具有一定的优势；而沙特—哈迪政府联盟则在空中打击、后勤支持、综合实力上有绝对优势，埃及和以色列也在海上协助沙特封锁也门的海岸线，帮助支持哈迪政府的民兵部队在海上运输弹药和补给。经过三年多的较量后，2018 年 11 月双方在荷台达进行了争夺战并陷入胶着状态。

在政治上，一是争夺主导国家的政治合法性，二是瓦解对方的联盟。胡塞力量占领萨那后开始寻求主导国家政治的重建，① 其核心是控制中央政权。胡塞力量追求这一目标的主要方法，一是与萨利赫结盟而扩大政治支持，二是迅速恢复所控制地区的社会秩序而争取民心，三是通过政治机制的建设而排斥哈迪政府。2016 年 8 月 13 日，在内战中休会两年之久的也门议会举行特别会议，143 名议员一致投票通过并认可“最高政治委员会”的建立及其对也门全境的统治，以图否定哈迪政府在国内的政治合法性。

而沙特—哈迪政府联盟则依托国际社会的普遍支持，依托民选政府的身份，依托国内一些部族、政治势力的支持，维护和巩固其政治合法性。哈迪政府努力汇合各反对胡塞—萨利赫联盟的力量。沙特还积极分化胡塞—萨利赫联盟，促使 2017 年 11 月胡塞力量与萨利赫集团的矛盾公开化并通过火并分手，是沙特—哈迪政府联盟的一个巨大胜利。

（二）胡塞力量与萨利赫集团的矛盾

萨利赫执政时期，曾多次清剿胡塞力量组织，但是一直没有成功，双方之间的矛盾也不断加深。中东变局后，胡塞力量与萨利赫出于共同的利益逐渐结盟。对于萨利赫来说，借助胡塞力量对哈迪政府的军事胜利可以进一步扩大自己的影响；对于胡塞力量来说，萨利赫虽然已经下台，但是仍然保有强大的影响力，且可以将其丰富的执政经验为己所用，双方一拍即合。

前期双方的合作较为紧密，但是双方之间的矛盾也逐渐显现。在联盟中胡塞力量更占优势，胡塞力量想将这一优势长期化进而主导国家事务，而萨利赫集团则将胡塞力量作为工具借以击败对手后东山再起、主导国家，而绝不愿做胡塞力量的助手。胡塞力量控制首都后，萨利赫集团的行动受到胡塞力量的控制。2017 年 11 月，双方在一些重要人事任免方面产

---

① Staff Writers, Yemen's Hadi threatens to boycott peace talks, Aden (AFP), July 10, 2016, http://www.spacewar.com/reports/Yemens_Hadi_threatens_to_boycott_peace_talks_999.html.

生了分歧，双方矛盾公开化。2017 年 12 月 2 日，萨利赫发表公开讲话，宣布支持沙特及哈迪政府，而胡塞力量采取了先下手为强的策略，将意图逃离萨那的萨利赫打死。萨利赫集团的实力被大大削弱，而胡塞—萨利赫联盟不复存在，胡塞力量在政治上变得孤立。

萨利赫死后，其亲属仍然掌握一定的武装力量，萨利赫所属的“全国人民大会”党仍然是也门重要政党，萨利赫发表的支持哈迪政府的电视讲话对胡塞力量控制区域和原萨利赫阵营未来的选择产生了影响。2018 年 3 月 20 日，萨利赫的兄弟阿里·萨利赫·艾哈迈尔被哈迪政府任命为也门预备役部队的指挥官，萨利赫阵营的一些力量直接参与哈迪政府，与胡塞力量作战。

（三）哈迪政府与其他政治力量的冲突

这是哈迪政府与其国内同盟力量之间的矛盾，最突出的是与南部力量的矛盾，而南部力量的代表在 2017 年之后主要是“南方过渡委员会”。在内战开始之初，胡塞力量就与南部力量争夺亚丁机场的控制权，后来在 2018 年 1 月又发生了激烈的武装冲突。哈迪总统解除了包括亚丁省长在内的一些南部力量的重要人物的行政职位。此外，哈迪政府与政府内其他力量也有矛盾，如内战开始之初与安全部队的矛盾、多次更换总理等。

哈迪政府退守亚丁后，与南部力量矛盾激化。2017 年 4 月，哈迪罢免了也门亚丁省省长祖贝迪的职务后，后者在 5 月成立了“南方过渡委员会”，10 月 14 日在亚丁宣布成立“国民大会”并将举行南方独立公投。2018 年 1 月 30 日，“南方过渡委员会”武装力量和也门政府军在位于亚丁的总统府展开激战，政府军再次战败，“南方过渡委员会”的武装力量占据总统府。

哈迪政府内部及其与其他力量之间的矛盾严重削弱了与胡塞力量军事对抗的能力，也对其政治合法性造成不小的挑战。一旦战争结束，哈迪政府阵营的力量会发生严重分化，与哈迪分道扬镳。

三、国际社会在也门内战中的态度及其产生的张力

在这个阶段，国际社会对也门局势产生影响的主要国家是沙特和美国。以沙特为首的军事联盟对也门的干涉，使也门内战国际化，局势更加扑朔迷离；而美国对也门反恐支持的减少，使也门安全局势不断恶化。

（一）沙特对也门的武装干预使也门局势复杂化

哈迪政府邀请沙特打击胡塞力量使沙特能够合法地介入也门问题，但沙特介入也门问题也有自己的考虑，主要有以下三方面的原因：其一，以沙特为首的海合会在中东剧变中力促萨利赫交权，哈迪政府作为其一手扶持的新政府，若在与胡塞力量的冲突中被消灭，其大国形象必然受到严重损害；其二，沙特在也门有着传统的影响，而胡塞力量与沙特有长期的矛盾，如果胡塞力量掌权，那么沙特将面临失去也门的困境，这是其不允许的；其三，与伊朗争夺地区领导权，虽然伊朗对胡塞力量的支持和影响尚不明朗且十分有限，但沙特认为伊朗在内战中支持胡塞力量影响到了红海地区的航行自由，[①] 其实质是沙特为了防止某种最坏状况的出现而采取防范于未然的策略。因此，也门问题最终成为沙特检验其能力的重要战场。[②] 也门由于对沙特具有重要的地缘政治地位，沙特直接出兵打击胡塞力量，凸显了也门对沙特的重要作用，并成为与伊朗争夺的"中心国家"[③]。

（二）美国对也门反恐支持和援助的减少

美国对也门局势的关注程度大不如前。首先，对也门的援助大大减少，这与美国的全球战略逐渐向亚太地区转移有关。其次，美国在也门的反恐行动主要通过无人机轰炸、提供后勤和情报支持等方式来实现，许多承诺经常不能兑现。最后，美国在沙特为首的海合会参加打击胡塞力量的行动后，通过沙特来施加影响，表明美国对也门局势的关注程度进一步下降，甚至到了边缘化的程度。

美国推行"亚太再平衡"战略以来，对中东的投入不断减少，在也门问题上，美国对也门的反恐投入不断减少，手段也逐渐功利化。美国在也门积极推行新反恐模式，这一模式以也门政府作为打击恐怖活动的主要力量，美国的远距离精准打击行动作为辅助力量，美国对也门提供情报支持、训练反恐部队，但不派地面部队，重点采取无人机打击行动。

其一，美国一直帮助也门反恐，但是近年来对也门反恐的支持力度大不如前。其二，美国仍然保留对也门的关注度一定程度上是出于对伊朗在

---

① Marcel Serr, Understanding the War in Yemen, Israel Journal of Foreign Affairs, 2018, https://doi.org/10.1080/23739770.2017.1419405, p. 4.

② The War in Yemen Tests Saudi Arabia's Clout, Global Economics, January 23 – January 29, 2017, pp. 12 – 13.

③ Marcel Serr, Understanding the War in Yemen, Israel Journal of Foreign Affairs, 2018, https://doi.org/10.1080/23739770.2017.1419405, p. 6.

地区影响力扩大的防范，而不是反恐的实际需要。[①] 其三，美国退居幕后，主要通过提供后勤和培训人员来支持也门反恐。美国在也门的反恐行动造成了大量的平民伤亡，这引起了也门国内的抗议和也门政府的反感。2017年2月8日，也门政府宣布，不允许美国地面部队在也门境内进行反恐行动，使用无人机打击也门境内的极端组织也要事先与也门政府协商和协调。因此，美国更多通过支持沙特对胡塞力量进行打击而宣示在也门问题上的存在。

（三）联合国通过多种途径促进也门各派之间的和谈，但收效甚微

2015年6月、11月和2016年4月，联合国主导了三次也门和谈，但是无果而终。同时，联合国还多次通过关于也门问题的决议，设立也门问题特使在也门各方斡旋。直到2018年年底，联合国的斡旋才有新的突破，使内战中对立双方在瑞典开始新的和谈并促成了停火。

总体来看，联合国对也门局势十分关注，但是限于现实情况，对也门局势的影响主要表现在道义和人道主义援助上，而难以实质性地引导也门停止内战、恢复重建。但联合国的作用是独特的、不可替代的，未来也门停火与政治重建中，联合国的作用会进一步凸显。

国际力量的介入加剧了也门国内各力量的对立。胡塞力量与哈迪政府爆发冲突后，国际力量迅速介入也门，加速了也门政治的碎片化程度。胡塞力量看起来比较孤立，但伊朗的支持一直存在，[②] 其实力长期处于一种强势状态，对也门尤其是北部地区局势的掌控超出了外界的预期。而流亡沙特的哈迪政府不仅希望重返萨那，更希望击退胡塞力量，在自身力量十分有限的情况下，不得不依靠沙特。可见，也门成为地区大国争权夺利的垫脚石，加剧了其国内各力量的对立。

四、内战中各力量的较量产生的影响

（一）也门的战争灾难

也门国内政治力量对抗造成也门国内人道主义危机严重。自也门内战爆

---

① Carney, Jordain, Obama Offers Few New Military, Vet Proposals in SOTU? Yemen Violence Raising U. S. Concerns, Hampton Roads International Security Quarterly, Portsmouth, Oct 1, 2015, p. 83.

② 刘中民：《沙特与也门关系很复杂》，《世界知识》2015年第9期。

发以来，国内民生凋敝，战乱成为“静默的杀手”①：平均每天有75名平民在内战中伤亡，700多万人面临着食物短缺，370多万名儿童营养不良，其中有100万名5岁以下的儿童严重营养不良，② 只有不足45%的卫生设施仍然可以使用，而也门各派力量无暇顾及这些窘境。③ 在也门，诸多的医院、公路等基础设施遭到破坏，医护人员短缺。

也门饥荒和因战乱导致的流行性疾病迅速蔓延。也门粮食生产因战乱大幅度减产造成了也门严重的饥荒。联合国粮农署认为：“四分五裂的也门造成一半以上也门人的粮食安全无法保证。”④ 许多在也门工作的医生和护士甚至喊出：“不要给我们钱，我们需要的是食物。”⑤ 即使是在内战爆发前的2014年，也门也只有53%的人能享受到卫生系统的服务，55%的人使用到清洁的饮用水。⑥ 到了2017年，2700多万也门人中有2100多万人亟须饮用水、食物和医疗方面的援助，130多万也门人无家可归。饥荒已经遍布也门22个省份中的14个。⑦ 与此同时，由于战乱造成大量人员伤亡和公共卫生设施被破坏，只有不到45%⑧的医疗设施可以运转。更为严重的是，原本就十分短缺的医护人员因为战争原因更加捉襟见肘，2016年有3万多名医护人员没有领到一整年的工资，他们中许多人都已经离开了也门⑨，医疗系统“几近崩溃”⑩。

也门的人道主义危机导致物价飞涨：面粉价格上涨了30%、燃料价格

① The Lancet, Yemen's silent killers, The Lancet (London), Vol. 389, Iss. 10070, Feb 18, 2017, p. 672.

② Eshaq, Abdulaziz M; Fothan, Ahmed M; Jensen, Elyse C; Khan, Tehreem A; AlAmodi, Abdulhadi A, Malnutrition in Yemen: an invisible crisis, The Lancet (London), Vol. 389, Iss. 10064, Jan 7, 2017, pp. 31 - 32.

③ Ross Porter, Freedom, Power and the Crisis of Politics in Revolutionary Yemen, Middle East Critique (2017), Vol. 26, No. 3, p. 281.

④ More than Half of Strife - torn Yemen's Population is Food - insecure: FAO, Food & Beverage News, Jan 30, 2016.

⑤ Devi, Sharmila, Millions in Need of Humanitarian Assistance in Yemen, The Lancet, London Vol. 390, Iss. 10112, Dec 9, 2017, p. 50.

⑥ Qadri, Firdausi, Taufiqul, Clemens, John, Cholera in Yemen—An Old Foe Rearing Its Ugly Head, Boston: The New England Journal of Medicine, Vol. 377, Iss. 21, Nov 23, 2017, p. 2005.

⑦ Eshaq, Abdulaziz M; Fothan, Ahmed M; Jensen, Elyse C; Khan, Tehreem A; AlAmodi, Abdulhadi A, Malnutrition in Yemen: An Invisible Crisis, The Lancet, London Vol. 389, Jan 7, 2017, p. 31.

⑧ Yemen's Silent Killers, The Lancet, 18 - 24 February 2017, Vol. 389 (10070), p. 672.

⑨ Qadri, Firdausi, Taufiqul, Clemens, John, Cholera in Yemen—An Old Foe Rearing Its Ugly Head, p. 2005.

⑩ Gavlak, Dale, Health System in Yemen Close to Collapse, Bulletin of the World Health Organization, Oct 2015, Vol. 93 (10), pp. 670 - 671.

翻番、水价上涨了600%。[①] 在这种情况下，2017年10月2日，联合国呼吁沙特领导的联军为人道主义组织开放红海的也门口岸，甚至派出了一个专门工作组赶赴利雅得与沙特政府谈判，以便为人道主义物资进入也门提供通道。

（二）各政治力量之间矛盾激化，政治建设进程出现了严重倒退

为尽快解决国家的严重危机，也门社会党在2015年4月19日提出了停止内战和实现全国和平的具体方案，[②] 得到阿拉伯联盟的支持。但由于各方分歧严重，国内各派政治力量重新分化组合，政治进程不但不能尽快恢复，反而导致内战长期化。

第一，通过内战，胡塞力量成为一支不可忽视的、具有全国性影响的政治力量。从2014年9月到2017年12月，胡塞力量控制首都，长期保持地面战优势。胡塞力量积累了一定的执政经验，极大地扩展了该势力的影响力。虽然与萨利赫集团分手导致实力受到严重削弱，但其影响力已经远大于2014年9月进入首都之前。今后，在也门政治重建中胡塞力量的影响力会有明显提升。2019年9月，胡塞力量向沙特提出停火，单方面释放了290名战俘。2020年1月1日，胡塞力量释放了6名沙特战俘，[③] 要求联军采取对等行动。自2020年3月以来，胡塞力量继续在战场上取得进展。

第二，哈迪政府力量被削弱。哈迪政府作为一个各派力量折衷的结果，在上台后作为各派力量的调解者纵横捭阖，但是由于其执政根基薄弱，其不仅与也门传统政治力量如萨利赫家族矛盾迅速激化，经济与社会治理不力还导致其失去了民心；与南部力量之间的矛盾多次激化甚至发生武装冲突。在与胡塞力量的军事冲突中，哈迪政府长期遭受重大挫败。哈迪政府被迫流亡国外而依仗沙特的支持，虽然在军事、政治上抵抗住了胡塞力量，但在也门民众心目中其独立性大打折扣。

2018年1月"南方过渡委员会"宣布亚丁进入紧急状态，要求总统哈迪在七天内解散内阁，否则就将推翻政府。几天后南部分离主义武装开始攻击亚丁的政府部门。实际上，在联合国的2216号决议中，就要求哈迪政

---

① UNICEF（United Nations International Children's Emergency Fund，联合国儿童基金会），United Nations Leaders Call on the Saudi - led Coalition to Fully Lift Blockade of Yemeni Red Sea ports，https：//www. unicef. org/media/media_101758. html。

② 安国章：《也门执政的社会党提出解决国家危机的具体方案》，人民网，2015年4月20日，http：//world. people. com. cn/n/2015/0420/c1002 - 26874500. html。

③ 《也门胡塞武装释放六名沙特战俘 要求多国联盟换俘》，新华网，2020年1月3日，https：//3g. china. com/act/news/10000166/20200103/37601444. html。

府与各派共享权力，但是哈迪政府拒绝了，这也埋下了哈迪政府与南部分离主义冲突的根源。[①] 现阶段，各派与哈迪政府的公开撕裂进一步弱化了政府的力量。

第三，一些传统政治势力遭到重创，也门政治格局发生重大变化。其中最为突出的就是原来长期控制也门国家政治的萨利赫集团与艾哈迈尔家族集团。这两支力量被削弱意味着也门政治在内战后会发生重大重组，其政治格局会发生根本性的变化。

艾哈迈尔家族在内战中没有发出声音，其家族主要代表人物都流亡国外。在内战中的缺位也决定了该家族势力在战后的发言权是有限的。加之该势力所控制的“伊斯兰改革集团”保守的政治态度遭到国内广泛的诟病与反对，且任人唯亲。哈希德部族各酋长对其家族长期控制权力不满，转而支持胡塞力量或保持中立。[②] 艾哈迈尔家族因同卡塔尔、穆兄会等关系密切，沙特停止了对其援助，[③] 其力量在胡塞力量占领萨那后被迅速地逐出了也门权力中枢。该势力的政治基础被严重削弱。

萨利赫集团已经由主导国家政权势力滑落为依附其他势力，其不满于与胡塞力量结盟中的劣势地位，却在与胡塞力量分手后再次分化，其家族力量不得不依附于哈迪政府，在哈迪政府中的地位还不及在原胡塞—萨利赫联盟中的地位。

第四，南部力量的组织性增强，部落的影响力继续扩大。哈迪政府逃亡南部后，与南部的一些部落联盟和原本就存在的分离主义之间结成了联盟，但双方一直存在重大分歧，到2018年1月进一步凸显。在内战中，南部力量的军事实力得到彰显，在2017年出现了“南方过渡委员会”，其组织行动能力远大于原来的也门社会党、“南部运动”等。在内战中，南部力量整体上升，包括支持哈迪政府的部族力量的扩大。

也门部落影响继续扩大。部落地区长期游离于现代也门政治发展过程之外，[④] 在哈迪政府无法行使中央权力后，部落地区在也门政治中的作用进一步增强。而在战争中部落的军事实力得到加强。内战后，部落的政治

---

① Robert Forster, Toward a Comprehensive Solution? Yemen's Two - Year Peace Process, The Middle East Journal, Vol. 71, No. 3, Summer 2017, p. 481.

② 吴天雨、吴冰冰：《也门宰德派的兴衰与胡塞武装的政治抗争》，《阿拉伯世界》2018年第3期，第59页。

③ 吴天雨、吴冰冰：《也门宰德派的兴衰与胡塞武装的政治抗争》，《阿拉伯世界》2018年第3期，第59页。

④ Daniel Martin Varisco: Yemen's Tribal Idiom: An Ethno - historical Survey of Genealogical Models, Journal of Semitic Studies, LXII/1 Spring 2017, pp. 217 - 241.

发言权会自然扩大，这给也门政治带来长期影响。

（三）地区国际关系更加复杂化

在地区层面上，随着沙特和阿联酋卷入也门内战，及也门内战局势的波动，伊朗也强化了与胡塞力量的联系，也门内战对地区关系的影响在扩大，并导致复杂化。

第一，沙特对也门事务的影响力在增加，与阿联酋等国家在也门南部问题上的分歧也在增加。2015 年 3 月 26 日，沙特联合阿联酋、科威特、巴林、埃及、约旦、苏丹和摩洛哥等国发起了针对胡塞力量的军事行动。沙特持续三年多一直在军事、政治、后勤等方面大力支持哈迪政府。显然，沙特要保障自己支持的力量在内战中取得胜利，或者基本取得胜利。通过长期参与也门内战、支持自己选择的力量，使沙特对也门的影响力大大增加，也门各政治力量也明确了这一点。

但沙特对也门的武力干预行动实际上造成了阿拉伯世界的分裂。一方面，主张武装介入的力量如沙特、埃及等赞成推进军事行动，反对武力介入的如叙利亚、伊拉克、黎巴嫩和利比亚等国则反对，其他如阿曼、阿尔及利亚、毛里塔尼亚、突尼斯、巴勒斯坦、吉布提和科摩罗等国则保持中立。① 另一方面，阿联酋与沙特在也门问题上也形成一定程度的竞争关系。如阿联酋支持南部力量争取更多的权利，对胡塞力量也不主张在军事上解决。但阿联酋和沙特都反对也门分裂。自 2019 年以来，沙特与阿联酋在对哈迪政府的态度上的分歧越来越大，2019 年 10 月，阿联酋从也门撤军，沙特为首的联军实力遭受重大削弱。2020 年 5 月，哈迪政府与“南方过渡委员会”发生新的冲突后开始进行谈判。沙特主张各方遵循《利雅得协议》，反对局势再度升级；同时也呼吁也门政府和“南方过渡委员会”尽快组建联合政府，将新冠肺炎疫情、恐怖主义和洪灾作为首要应对的挑战。阿联酋则支持“南方过渡委员会”的诉求。

第二，沙特与伊朗的矛盾因也门内战而更加尖锐。沙特与伊朗是地区事务中对立的国家。也门内战爆发后伊朗一直批评沙特干预也门内政，而沙特则指责伊朗给胡塞力量运送军火等。在美国撕毁伊朗核协议、强化制裁伊朗的背景下，也门局势加剧了沙特与伊朗的矛盾，让两国的对立增加了新的热点。

2020 年上半年，也门内战的武装冲突再次激化，特别是在马里卜省、

---

① Dong Manyuan, The Yemen Crisis: Impacts and Prospects, China International Studies, September/October 2015, pp. 68 – 69.

阿尔拜达中央省、萨阿达省边界拉齐地区的冲突非常激烈，伊朗加强对也门胡塞力量的支持，胡塞力量在战场上占据了一些优势。由于沙特国内疫情较严重且政治局面不稳定，同时，全球油价下跌让沙特经济受创严重，胡塞力量乘沙特内外交困之时出击，促使沙特尽快结束也门战争。

（四）恐怖势力未来发展趋势

经过在也门内战期间的能量积累，恐怖势力在也门不仅增强了活动能力，还设立了更大的活动目标。

首先，恐怖势力实施了一系列的恐怖袭击，包括针对政府的袭击行为，以破坏社会秩序、打击政府的形象。2018 年 2 月下旬，恐怖势力在亚丁实施了针对哈迪政府反恐怖机构的袭击。冲击也门政治重建是恐怖势力的一个重要目标，而也门的恐怖势力有能力实施暴力干扰。2011 年 1 月到 2017 年 2 月间至少有 6051 起恐怖袭击事件和反恐事件与也门有关。[①]

其次，恐怖势力针对性的袭击目标、时机的选择激化了也门政治派别间、宗教派别间和南部力量间的矛盾。2018 年 1 月 30 日，也门南部舍卜沃省首府阿塔格的一处检查站遭到恐怖袭击，遇袭的是由阿联酋支持的也门南部力量的武装人员。该事件发生的前几天，也门政府军和“南方过渡委员会”之间发生了武装冲突。针对南部力量，并选择南部力量与政府力量武装冲突刚发生几天时间发动袭击，恐怖势力的行为客观上激化了南部力量与政府力量间的矛盾。此外，IS 等恐怖势力会重点袭击胡塞力量，如 2015 年针对胡塞力量清真寺的袭击。

再次，恐怖势力利用在内战中积蓄的能力，在未来会有更大的政治野心。也门部落力量强大，政治碎片化严重，中央政府对广大山区和农村地区控制力量十分薄弱，这些成为“基地”组织和“伊斯兰国”渗透的重要条件。胡塞力量与哈迪政府的冲突导致也门东部地区陷入权力真空地带，极端组织在这些地区的力量不断增强。[②] 如在也门东部的哈德拉毛省等地，“伊斯兰国”武装人员通过与当地部落首领联盟、提供公共产品等方式，实现其本土化策略，“伊斯兰国”与“基地”组织在这一策略上非常类似。“基地”组织在 2015 年后趁内战之际在南部占据了一些城镇，[③] 还与部族

---

① 在简氏恐怖主义与叛乱活动情报中心数据库（https://janes.ihs.com/TerrorismInsurgencyCentre/Home）进行搜索，并附加条件：国家（也门）、时间（2011 年 1 月 1 日至 2017 年 2 月 20 日），得到的结果。

② 刘中民、任华：《也门极端组织的演变、成因及其影响》，《阿拉伯世界研究》2017 年第 2 期。

③ 《多方势力争斗 “基地”分支控制也门南部》，人民网，2015 年 12 月 4 日，http://world.people.com.cn/n/2015/1204/c1002-27890983.html。

力量一起进行社会基础设施建设，在当地站稳了脚跟。

最后，虽然各方一度强化反恐行动力度，但恐怖势力的能量在一直积蓄。面对恐怖势力的猖獗，各方强化了反恐力度。2016 年 4 月 25 日，阿拉伯联军在也门南部发起的针对恐怖势力的军事打击，消灭了 800 名“基地”组织武装分子。美国无人机的袭击力度也明显增加。2017 年 3 月 2 日，美国无人机袭击了也门中部“基地”组织的六个据点，5 月 21 日又在马里卜省实施打击。[①]“基地”组织半岛分支头目阿布卡塔布·奥拉基在 2017 年 6 月 22 日被美军用无人机炸死。[②]

极端组织继续在也门东部、南部扩展组织网络。极端组织在东部地区的发展渐呈大势，对也门未来反恐和地区安全局势造成了极为不利的影响。2015 年后，“基地”组织加强与部落地区实力派的合作，实现本土化，提高其在地区的生存能力。除此之外，“基地”组织还十分重视安抚其控制或者影响区域的民众，比如在中部的贝达省一些部落地区，“基地”组织只是从当地招收武装人员，但是并不强迫当地人接受他们的意识形态，尽量避免同部落人员发生对抗，甚至多次表达对部落领袖的敬意，还帮助当地的部落一同抵制胡塞力量。西部塔伊兹地区成为胡塞力量与哈迪政府激战的地区时，“基地”组织武装分子也进入该地区，与当地的部落武装联合，向当地提供社会服务，打击胡塞力量。[③] 在亚丁等恐怖势力活动的热点地区，“伊斯兰国”与“基地”组织势力都进行了渗透，既实施恐怖袭击，也有与内战双方的武装冲突。恐怖势力的暴力活动多样化进一步使也门局势复杂化。

---

① Ryan, Missy, U. S. Forces Kill 7 Suspected Al – Qaida Militants in New Yemen Raid, Washington Post, 23 May 2017.

② U. S. Airstrike Kills Senior Al – Qaida Leader In Yemen, US Fed News Service, Washington, D. C. , 24 June 2017.

③ Gregory Johnsen, Al – Qa'ida and the Islamic State Benefit As Yemen War Drags On, CTC Sentinel, No. 1, Vol. 9, 2016, p. 14.

第五章　巴林局势与政治建设中的三重张力

2011 年以来，巴林在中东剧变的背景下受到了波及，其政治建设直到当前依然进行得非常艰难。巴林王国是波斯湾西南部的一个岛国，它是海合会成员国，美国第五舰队司令部驻扎在此。巴林在地区安全中具有突出的战略地缘位置和重要性，因此 2011 年巴林动荡引发了国际社会的关注。社会、政治、国际三重张力影响了巴林动荡的演化进程。

在巴林政治建设过程中，什叶派和逊尼派的矛盾、外籍劳工和本国劳工的矛盾、社会发展与政治体制改革的矛盾等问题再一次成为巴林的主要问题。在动荡中，这些问题并未被完全解决，又衍生出诸如青年问题和民主化、沙特和伊朗在巴林的地缘政治争夺激化等新问题，使巴林的局势具有国际化特征。巴林政府在沙特、美国和英国等外部力量的支持下，迅速平息了什叶派的反抗，重新确立了对国家大局的掌控，反映出其政治和社会结构极强的稳定性。

巴林反政府示威活动从 2011 年 2 月 14 日开始，是阿拉伯动荡的一部分，但其动荡过程及其演化具有自身的特点。局势动荡后，巴林表面上实现了政治秩序的稳定，2018 年 11—12 月进行了议会选举，但其政治、社会张力依然突出，暴力活动暗流涌动。① 面对危机，巴林以强化与沙特、美国的合作作为基本国策之一。2019 年 8 月，巴林加入美国主导的在霍尔木兹海峡附近活动的“护航联盟”。促进经济发展也是巴林稳定社会秩序、消除动荡影响的基本国策。2020 年 3 月，巴林为了应对新冠肺炎疫情对经济的不利影响出台了一揽子经济刺激计划。②

---

① Bahrain：Unrest，Security，and U. S. Policy，CRS（Congressional Research Service）Report，95 - 1013，December 4，2018，pp. 10 - 11.

② 其计划包括 114 亿美元，相当于巴林 2019 年国内生产总值的 29.6%，具体内容包括：（1）政府将利用失业保险的富余资金承担受雇于私营企业的巴林人 4—6 月的工资；（2）从 4 月开始，政府将为所有水电用户（包括个人和企业）支付三个月的水电费；（3）从 4 月开始，政府将免除民众三个月的市政费；（4）从 4 月开始，政府将免除政府工业用地三个月的租金；（5）从 4 月开始，政府将免除游客接待机构 3 个月的旅行管理费；（6）把“流动性基金”的规模扩大一倍，达到 5.31 亿美元；（7）巴林央行将把各银行的借贷总能力提高到 98 亿美元左右，鼓励银行对客户的贷款分期进行延期，并在必要时为客户提供额外的贷款支持；（8）重新调整巴林政府劳动就业计划的工作重心，聚焦向受疫情影响企业提供贷款和其他支持。

第一节　巴林政治建设中的三重张力

一、巴林主要社会分层的固化与对立

按照不同的划分标准如经济社会实力与地位、教派、年龄、国籍等划分，能够最为清晰地展示巴林社会阶层的主导力量与因素。巴林全国人口约150万，外籍人口占55%；85%的居民信奉伊斯兰教，其中什叶派占70%，逊尼派占30%。[①] 巴林社会分层存在结构化矛盾，各个社会阶层的政治态度构成了巴林动荡和政治建设中三重张力的基础。

（一）按照社会经济地位划分

按照经济地位划分，可以分为经济寡头、中间阶层、普通民众。在巴林社会、经济领域占据主导地位的是经济寡头阶层，主要是王室哈利法家族及一些商业寡头家族，这一阶层是维持国家现状的核心力量。他们在经济上控制了巴林的重要行业和领域，在政治上表现出较为保守的倾向，但由于对社会矛盾的深刻认识，部分人员主张进行社会、政治改革。

中间阶层包括与哈利法家族结盟的阿拉伯部落、中央国家机关行政人员、大城市的巨贾等，他们是社会现状的基本支持者，虽然有一些政治改革要求，但强调社会秩序的稳健发展。

巴林社会、经济领域最底层包括工人、农民等阶层，[②] 这是对社会变革、进步要求最为强烈的阶层，对社会、经济状况有很多不满，是动荡的主要参与者和支持者。但由于巴林国家整体经济状况、社会保障条件比较好，特别是与也门、埃及等动荡国家相比要好得多，巴林动荡中的社会矛盾相对缓和。

（二）按照教派与国籍等来划分

按照教派与国籍等来划分，可以分为伊斯兰教与其他宗教，其中伊斯兰教民众分属什叶派和逊尼派；按国籍可以划分为本国人与外籍人。

---

① 《巴林国家概况》，中华人民共和国外交部网站，2018年3月，http：//www. fmprc. gov. cn/web/gjhdq_676201/gj_676203/yz_676205/1206_676356/1206x0_676358/。

② 韩志斌：《列国志·巴林》，社会科学文献出版社2009年版，第14—17页。

什叶派人数占人口绝大多数。什叶派民众对社会、经济地位状况长期不满，多数什叶派生活在平均水平线以下，[①] 有很强烈的提升社会、经济地位的要求，是2011年动荡的主要参与者。巴林政府一直注重在不引发现有社会、经济结构状态发生重大震荡的前提下不断改善什叶派的社会、经济状况，化解社会积怨。但什叶派与逊尼派的社会对立是巴林国家基本的社会张力，什叶派在巴林的政治和经济地位远不能与其人口比例相匹配。[②] 在经济上，逊尼派多从事商业与贸易活动，而什叶派则多是城乡劳工、渔民和农业劳动者。虽然巴林的什叶派和逊尼派在历史上存在着广泛的文化和血缘联系，但是两者的分野甚至在日常生活中都非常明显，这实际上造成了巴林社会的分裂。[③]

海湾石油富国卡塔尔、阿联酋、巴林等国的外籍劳工一直以来是各国社会发展中的重要问题。这些国家在战后伴随着石油经济的快速发展，衍生出对劳动力的大量需求，但是本国人口较少，因而吸引了来自巴基斯坦、印度及一些阿拉伯国家的外来务工人员。在巴林，外籍人口的数量甚至已经超过了本国人口的数量。在这种情况下，巴林政府一直有通过不断增加的外籍人口来平衡什叶派民众人口数量优势的压力的考量。外籍人口虽然在经济上有一定的收入，但是在政治上却不能享有巴林公民所拥有的权利，因而实际上处于社会的低层。同时，与他们原来所在的国家相比，他们在巴林工作能够获得更好的收入，他们害怕参加反对政府的活动会被巴林政府驱逐，因此在巴林动荡中基本不会参与抗议示威等活动。

（三）按照年龄来划分

按照年龄可以简略地划分为青年群体与其他群体，虽然“其他群体”这一划分比较笼统，但就社会地位和经济地位来说都没有青年群体重要。对于社会、经济以及国家政治等现状与问题青年群体最为关切。青年群体由于思维活跃和互联网技术发展所导致的西方自由、民主观念的传播，成为巴林动荡中最为活跃的群体。他们效仿西方的政党政治模式，在动荡中

---

① 李福泉：《什叶派与巴林政治变局》，《西北大学学报（哲学社会科学版）》2014年第1期。

② Omar Hesham AlShehabi, Contested Modernity: Divided Rule and the Birth of Sectarianism, Nationalism, and Absolutism in Bahrain, British Journal of Middle Eastern Studies, Vol. 44, No. 3, p. 335.

③ Omar Hesham AlShehabi, Contested Modernity: Divided Rule and the Birth of Sectarianism, Nationalism, and Absolutism in Bahrain, British Journal of Middle Eastern Studies, Vol. 44, No. 3, p. 335.

成立了青年人的联合组织，宣扬青年群体的政治诉求和目标，体现了青年群体对巴林政治体制改革的呼声。

二、动荡以来巴林主要政治势力及其矛盾

政治紧张关系及其各个阶层之间的张力，是影响巴林动荡走向的最直接原因。2011 年动荡发生以来，巴林国内政治关系是多重政治张力相互交织的结果。

（一）统治集团与反对派的矛盾

巴林的政治统治阶层与经济寡头集团是一致的，由王室、逊尼派权贵阶层和其他政治联盟等组成。政治统治阶层的首要目标是维护巴林王室权力和逊尼派在国家中的政治主导地位；无论是保守强硬的策略还是温和改革的策略，其目标是一致的。

巴林埃米尔的权力在其独立后不断强化。从 1971 年 8 月 14 日建国后的第一届议会起就发生了议会与王室争夺立法权、财税监督权的斗争。巴林埃米尔随即中止宪法，解散议会、内阁兼领立法权，国家政务由埃米尔命令代替，随后以 1975 年的“国家安全法”打击各派政治力量。1999 年新埃米尔即位后，2001 年 2 月 14 日《民族行动宪章》实施公投，巴林王室的一些表态曾一度唤起民众对民主化改革的希望和热情。2002 年 2 月新宪法由国王批准执行。新宪法加强了国王权力，保障逊尼派控制立法权力，形成了王室与逊尼派对财政部、国防部和内政部的绝对掌控。

什叶派政治组织一致反对王室及逊尼派政府的专权，其政治主张关切的核心内容是提高什叶派民众的参政地位，保障什叶派平等的政治权利；削弱王室及其家族的权力；提高什叶派在巴林的宗教地位；经济、教育等领域实施改革。[①] 他们普遍主张以和平、协商的方式推进改革，很少有以暴力手段推翻现存国家政治框架的革命要求。

巴林社会发展过程中普通民众的民主意识逐渐觉醒，民众从要求社会改革转向要求政治改革、限制王室权力上来。但由于巴林经济状况较好，民众享受较高的福利，社会结构基本稳定，巴林普通民众既缺乏与政府激烈、持续对抗的实力，也缺乏意愿。

---

① Andreas Baumgartner, Bahrain—A Show Case for Political Reform in the Middle East, Wien, Oct. 2008, p. 29.

对此，巴林王室一方面试图缓解民众不满，另一方面又将维持甚至强化家族统治作为核心目标。这样只能使得政治改革的时机被耽误，扩大了统治集团与反对派之间的相互猜疑，双方之间的矛盾越积累越严重，和解与协调越拖延越困难。这是2011年动荡以来全国对话会议不能发挥作用的主要原因。

（二）统治集团内部的政治分歧

巴林统治集团内部包括王室家族与保皇派力量之间的矛盾以及王室内部政见的差异。支持现存政治体制与结构的政治力量被称为保皇派，是主要的逊尼派力量，核心政治力量是2011年2月形成的逊尼派国家统一联合会（Sunni National Unity Gathering），其构成包括伊斯兰国家论坛（The Islamic National Forum）和伊斯兰真实社团（The Islamic Authenticity Society）以及大量的独立人士。保皇派认可、坚持王室为核心的现行政治体系的合法性，并担心什叶派的政治活动会导致显性政治体系的崩溃，因而反对给全国对话会议预设任何目标。① 逊尼派政治力量与王室之间的矛盾表现得不明显，属于策略与细节性，多汇合于王室内部的政策差异。越是在动荡激烈的时期，王室与保皇派之间的矛盾就越小。

王室哈利法家族内部对于治理国家的主张有较为明显的差别，可以分为三派。一是改革派。这一派接受了英美现代政治观念，对巴林社会、政治中的结构性矛盾、问题及其风险有较为清醒的认识。因而这一派力主与反对派进行对话，主张做出较大的让步寻求对话与和解，但不放弃君主立宪制作为基本政治体制。二是强硬派。这一派是现存国家政治、经济、社会体系中最大的获益者，其命运与国家政权的特权制度捆绑紧密。该派别一直在巴林王室内部占主导地位，政治理念保守。该派别反对任何让步、改革，甚至反对任何对话。其政治判断的基础是：任何让步都会导致什叶派、反对派政治权力欲望的增加，妥协、对话不能导致协商一致而是更大的政治危机。因此，其政治结论是：任何动荡的实质对于王室、政府和国家来说都是一种安全危机而非政治改革。该派别主张强力平息动荡，不给反对派和民众以任何改革的余地，以国家强力维持现行国家体系，遏制民众与反对派的诉求，维护寡头集团利益。三是中间派。这一派以国王为代表。国王支持与什叶派、反对派对话，寻求社会和解，但不愿意触及一个核心问题，即巴林政府改革中的首相去留问题，这是为了维护王室团结与

① Popular Protests in North Africa and the Middle East（III）：The Bahrain Revolt，Crisis Group，Middle East/North Africa Report NO. 105，6 April 2011，p. 12.

核心利益。国王希望通过稳健的对话进行和解，以有序的改革保持王室的稳定与延续。

巴林统治集团的内部矛盾并不激烈，在对重大问题的处置与关键时刻，王室与政府保持了一致。同时，在统治集团力量与反对派力量的对比中，统治集团力量占据优势，而反对派力量则很涣散。

（三）反对派力量组成及其政治分歧

相对于统治集团的团结，反对派力量之间的政治主张差异、分歧很大，相互之间的联系松散，每支力量都不太强，因此难以形成有力一致的政治行动能力。

巴林政治反对派由三股力量组成。一是君主立宪派。其主要是以伊斯兰民族和谐协会（The Islamic National Accord Association）形成的跨教派政治松散联盟，包括占据多数的什叶派团体，也有民族主义、左翼、复兴社会党等力量。君主立宪派主张在现有政治框架内以合法政治斗争推动全面改革，其目标是寻求社会、政治改革与进步；不主张推翻王室与政治体系；其主要途径是与王室改革派合作、对话。但大多数时间得不到王室的重视。

二是民主共和派。该力量主要是动荡中（2011 年 3 月）形成的巴林共和国联盟（Coalition for a Bahraini Republic），[①] 这支政治力量主要是什叶派力量，其主张包括通过和平抗议手段推翻巴林王室，最终建立民主共和国。其政治改革的目标和意愿比较强烈，但不主张暴力与激进方式。

三是巴林青年草根政治力量。其代表性组织是“2 月 14 日青年联盟”（The February 14 Youth Coalition），[②] 这是一个以现代通讯联络方式相互联系的政治共同体，公开宣称以暴力形式参与政治活动。在这个联盟的推特上，其宣称有 149456 名成员，其目的是推翻巴林现政府。而更多的草根力量是青年和下层社会人员，没有形成政治组织，多以小团体的形式存在；其政治活动也多通过互联网、手机等为联络手段进行组织。青年草根力量具有持续的行动，每年都呼吁针对政府的抗议示威。[③] 年轻人是巴林国家

---

① 包括“自由民主运动”（Movement for Liberties and Democracy）、“伊斯兰道路”（The Islamic Trend）、“巴林伊斯兰自由运动”（The Bahrain Islamic Freedom Movement），都是什叶派团体。

② What is the 14 February Coalition? Citizens for Bahrain 6 January 2014，https：//www.citizensforbahrain.com/index.php/entry/what - is - the - 14 - february - coalition.

③ Coalition Youth of 14 Feb Revolution：To Go to Streets Marking the Anniversary of February 14 Revolution，U - news，3 February 2018，https：//www.u - news.net/en/news/50/6321/Bahrain - %7C - Coalition - Youth - of - 14 - Feb - Revolution - To - Go - to - Streets - Marking - the - Anniversary - of - February - 14 - Revolution.htm.

的未来，但年轻人组建反政府组织又给巴林政府继续维持以前的政治秩序增加了新的难题，巴林政府面临着新的“青年困境”。青年草根形成了自己的政治组织，加深了年轻人政治参与的程度。这里许多人受过高等教育，熟悉西方的民主和自由思想，强烈地反对王权政治；其参与政治的热情高、意识强，并熟悉现代联络方式，动员、聚合能力强，易于与外界特别是阿拉伯世界的青年交流、联动。在推特、“脸书”、“油管”等互联网社交软件成为年轻人联系的工具后[①]，他们成为2011年游行示威中的重要成员[②]。

青年草根虽然是一支不能忽视的力量，但还没有聚合起来组织化，其政治行动能力大打折扣。这一政治力量要求推翻哈利法家族统治，实现民主化的政治变革，因而坚决不与巴林政府谈判，他们突出“广场革命”行动，甚至有的还涉及暴力袭击。

反对派三股力量之间政见分歧很大，相互之间很少联系，难以形成政治联盟或者一致的政治行动。即使主张推翻现政治体系的力量，在政治手段选择上也不一样，相互在争取统治阶层支持和民众支持方面还存在竞争。可见，反对派的政治行动能力与统治阶层相比非常薄弱。因此，巴林政治反对派呈现严重的碎片化，[③] 其领导、参与2011年动荡的能力也很薄弱。

三、影响巴林动荡的国际张力

按照地域与政治联系，影响巴林动荡的国际张力有三个圈层，都对巴林动荡产生了重大、直接的影响。

（一）海湾地区紧张的国际对立关系

海湾地区紧张的国际对立关系对巴林产生了双重影响。一方面，巴林是海合会成员，与沙特、阿曼等海合会成员联系密切，海合会成为巴林国

---

① Julia Davidson & Elena Martellozzo, Exploring Young People's Use of Social Networking Sittes and Digital Media in the Internet Safety Context: A comparison of the UK and Bahrain, Information, Communication & Society, Vol. 16, Iss. 9, 2013, pp. 1456 – 1476.

② Hasan, Ebrahim Abdulrahman Al – Shaikh, News Media and Political Socialization of Young People: the Case of Bahrain, Thesis (Ph. D.) of University of Leicester, 2013, p. 25.

③ Laurence Louër, Houses Divided: the Splintering of Bahrain's Political Camps, Carnegie Endowment for International Peace, April 04, 2012, http: //carnegieendowment. org/sada/47726.

际事务和国内安全的基础，一旦国内出现重大安全危机，海合会是巴林的主要依托。另一方面，巴林对海湾地区什叶派人口占多数的伊朗、伊拉克与本国什叶派的联系非常敏感，担心伊朗支持本国什叶派的政治活动甚至夺取政权。这也是巴林在平息其内乱后在外交方面紧随沙特的原因之一。

巴林考虑国家安全等重要事务，会首先考虑海湾地区局势、海湾地区关系。而沙特和伊朗在观察巴林问题时也会从海湾地区地缘政治角度来考虑。

（二）西亚北非地区国际紧张关系

西亚北非局势动荡并没有完全重新塑造这一地区的安全格局。作为同属阿拉伯世界之一的巴林，阿拉伯世界发生的重大事件会向巴林传递国际压力。如地区局势的动荡，增加了本国抗议示威活动的烈度及其社会、政治诉求。而巴以冲突也是巴林必须长期面对的问题，巴林必须考虑阿拉伯国家的普遍态度。

巴林也积极回应地区局势的变动，在西亚北非地区国际关系格局变动中发挥协调作用，如积极承办研讨地区热点问题的“麦纳麦对话会议”。这一对话会由总部设在英国伦敦的国际战略研究学院主办，世界主要国家都参与到了这一国际安全对话会中，展现出巴林在政治动荡后试图树立新的国际形象的意图，弱化武力平息动荡带来的负面冲击。

（三）全球国际政治的张力

全球政治与大国关系也对巴林有直接的影响，主要反映在美国与巴林的关系。一方面，美国与巴林关系密切，巴林是美国第五舰队司令部的驻扎地，是美国的北约外盟友，美国坚定支持巴林的稳定与安全；而巴林在得到美国支持的同时并没有受到太多大国竞争的冲击。另一方面，美国的全球霸权战略也给巴林处理动荡事务增加了很大的压力。美国多次敦促巴林实现民主化改革，通过人权组织等就刑罚、女性问题等向巴林施压以迫使巴林实施相关改革。在巴林局势动荡发生后不久，美国就向巴林传递了促进民主化改革的信息，而美国在突尼斯、埃及、利比亚等地的行动策略给巴林处置动荡增加了压力。此外，本地区国家对美国在西亚北非地区的霸权行为的批评，也冲击着巴林的政策，巴林面临着“亲美”的压力，包括恐怖分子在内的打击美国目标的活动可能会波及巴林。

第二节　巴林政治对立期

就在埃及动荡导致穆巴拉克下台后的数日，巴林动荡发生了。巴林动荡成为阿拉伯世界动荡中的一个重要组成部分，是海湾国家在这一时期最为突出的事件。虽然动荡持续的时间很短，但局势变化十分迅速，其演化经历了发生、激化、武力平息等三个明显的阶段。

一、动荡演变的三个阶段

（一）动荡的发生（2月14—16日）

巴林的动荡发生于2011年2月14日，当日约6000多人在巴林各地进行了街头抗议，抗议活动以和平方式进行。巴林广场革命主要在首都麦纳麦的珍珠环岛进行，故国际社会以“珍珠环岛”指代巴林动荡。

巴林动荡发生的时间与地区环境不无关系。一是受到突尼斯和埃及动荡发生、演变的影响；二是动荡的组织者有意选择了2月14日这个时间，将这一天称之为“愤怒日”，这个时间是2001年巴林《民族行动宪章》公投的日期，也是2002年宪法生效的时间。组织者为了表达对国家民主进程的期待而通过现代网络媒介动员民众选择在2月14日进行“广场革命”。后来参加者人数不断增加，最多时达到了20多万人，占巴林人口总数的五分之一。① 抗议者首先从什叶派的聚居区开始，② 参加者中还包括逊尼派民众③和其他宗教信仰者。

在这一阶段，什叶派民众提出的要求主要涉及政治权利的平等以及要求更多的社会权利，如释放此前抗议活动中被捕的人、进行宪政改革和政治民主化改革、要求公民享有更大的政治自由度、赋予什叶派平等的权利

---

① Frederic Wehrey，Bahrain's Decade of Discontent，Journal of Democracy，Vol. 24，No. 3，July 2013，p. 116.

② Report of the Bahrain Independent Commission of Inquiry（PDF）（Report），Bahrain Independent Commission of Inquiry，23 November 2011，pp. 68 – 69，http：//files. bici. org. bh/BICIreportEN. pdf.

③ Physicians for Human Rights，Do No Harm：A Call for Bahrain to End Systematic Attacks on Doctors and Patients，April 2011，https：//s3. amazonaws. com/PHR_Reports/bahrain – do – no – harm – 2011. pdf.

和地位，以及社会经济领域的公平正义特别是改善工作和生活条件等。但也有少部分较为激进的什叶派民众拒绝对话，要求现政府辞职，建立民选政府；更激进的反对派还提出了废除王室，成立共和国的主张。总体来看，什叶派的要求达不到危及巴林王室和政府的合法性以及什叶派和逊尼派在巴林国家中的地位等核心问题的程度。

（二）动荡冲突的激化（2月17日—3月13日）

巴林动荡迅疾滑向了矛盾冲突激化的阶段。这主要是巴林政府内部对动荡处置态度严重分歧所导致的结果，也有巴林民众、反对派不断提高要求、增加对政府不信任感的因素。

首先，2月17日起流血事件扩大。14日、15日接连发生了示威者死亡的事件，示威者与政府之间的矛盾瞬间被激化。到了17日，政府进行了大规模的驱逐、冲击、抓捕行动，导致百余人受伤、几十人失踪。① 这一天被称为“巴林血腥星期四”。

其次，流血事件扩大导致抗议活动急剧升级。巴林主要的工会联合会呼吁2月17日开始罢工，议会中什叶派为主的反对党维法格党宣布将暂停参与议会活动。民众与政治团体的诉求在升级，提出了推翻政府、废除2002年宪法等要求，甚至提出废除君主制、建立共和国，这些触及了巴林政府与王室的政治敏感点与底线。抗议人群封堵了麦纳麦的主要街道，首都的秩序受到严重影响，但抗议者强调和平抗议。② 2月20日，首都的教师、律师和工程师等群体加入了抗议活动，抗议者的社会阶层扩大，但抗议活动比较平静。

2月21日，约30万巴林居民（占当地人口的50%以上）聚集在首都一座清真寺对面，支持君主立宪制政体。③ 对立的抗议活动规模变大，形成了不同阵营的对峙。什叶派的乌拉玛议会呼吁在2月25日（星期五）举行大规模集会，为在上周遇害的抗议者祈祷；27日，抗议者计划向司法部游行，要求释放更多政治犯；28日，抗议者包围了国民议会大楼两个半

---

① Clashes Rock Bahraini Capital – Armoured Vehicles Seen on the Streets of Manama after Police Storm Protest Site in Roundabout, Killing at Least Six, Al Jazeera, 17 February 2011, https：//www.aljazeera.com/news/middleeast/2011/02/2011217142233248 20.html；Bahrain Protests：Police Break Up Pearl Square Crowd, BBC News, 15 April 2011.

② Bahrain Royal Family Orders Army To Turn on the People – Bahrain's Ruling Family Has Defied Mounting International Criticism by Ordering the Army To Turn on Its People for the First Time Since Pro – Reform Demonstrations Erupted Five Days Ago, The Daily Telegraph, 15 April 2011.

③ Bahrain News Agency, 15 April 2011.

小时。

3月1日，巴林7个反对派组织召开反政府集会，数万名抗议者参加，集会被命名为“全国团结集会”，反对派议员提出辞职。3月2日，政府支持者在阿法塔赫（Al Fateh）清真寺广场集会。3月3日，发生了动荡以来的第一次宗派暴力冲突。美国参谋长联席会议主席访问巴林，会见国王与王储，关注巴林动荡的走势。沙特等海合会国家担心巴林动荡局面失控，同时担心美国的政治、人权干预等。

再次，这个阶段巴林局势也有一些缓和的迹象，但由于民众对王室的要求与现实相距甚远，最终演化成政府对民众抗议活动的武力镇压。2月19日，政府安全力量撤离，数千名抗议者重新返回“珍珠环岛”，到2月底，抗议活动没有受到集中的武力干扰。随之，国王下令释放了一批政治犯、免职了几位官员，并宣布将免除部分贷款，[①] 这实际上释放了和解的诚意，但民众与政治反对派认为国王与政府回避核心重大问题。3月3日，有什叶派领导人表示同意与王室对话，协商解决政治、社会问题。3月4日，什叶派政治组织“伊斯兰全国协议”的领导人呼吁逊尼派和什叶派实现和解。[②]

（三）事态平息阶段（3月14日—5月底）

3月13日，巴林政府开始强硬反应，国家安全力量强行大规模驱逐广场抗议人群。以沙特为主，阿联酋等国参与的海合会武装力量在3月14日进入巴林，开始以武力支持巴林政府迅即平息动荡，并于6月撤出巴林。同时，巴林政府以实施紧急状态等举措打击抗议活动及反对派的其他活动来稳定局面。

海合会的行动有这样几个特点：一是，海合会力量以集体的名义行动。海合会派出的这支力量主要包括4000名沙特士兵和1500名阿联酋警察。二是，与巴林安全力量配合且分工明确。沙特等武装力量主要安排在关键设施处，包括石油和天然气设施和金融机构，巴林安全力量则主要负责清场。这样做的目的在于避免外部干涉力量直接面对巴林民众，而激起民众更大愤怒。三是，干预行动迅速。巴林提出请求，海合会立即回应，并很快控制住了混乱的局面。四是，西方国家反应平淡。美国仅仅呼吁克制，英国只是呼吁本国公民撤离。伊朗、伊拉克、黎巴嫩真主党力量批评

---

① 《巴林国王下令释放政治犯　F1巴林站被取消》，中国青年网，2011年2月23日，http：//news. youth. cn/tptt/201102/t20110223_1490527. htm。

② Anti－Government Protest in Bahrain，Al Jazeera，4 March，2011.

海合会对巴林的武力干预。联合国批评武力平息行为违反了国际法。除此之外，3 月 15 日，海合会武装力量对巴林的干涉还受到地区局势的影响。当日，利比亚卡扎菲的政府军与反对派在艾季达比耶激战，该市是反对派在其大本营班加西构筑的最后一道重要防线，西方和阿拉伯一些国家正忙于帮助利比亚反对派守住艾季达比耶，一定程度上减少了对巴林动荡的关注。

巴林政府的强力平息举措及其特点：一是，在 3 月 15 日宣布实施 3 个月的紧急状态，以紧急状态遏制抗议活动等动荡局面。如以违反紧急状态法为由强力制止了 3 月 25 日的抗议计划。二是，有力控制了反对派的政治活动。在刚实施紧急状态时，巴林政府就关闭了麦纳麦所有的商店和学校，封闭了高速公路，切断了什叶派人员之间的直接联系。巴林政府同时宣布在每日下午 4 点至翌日清晨 4 点之间实施宵禁；安全部队同时限制外国媒体行动，不准他们在麦纳麦或其他地区采访。这些措施起到了封锁消息的作用。国际社会与国内政治双重压力迫使主要反对派力量维法格党在 3 月 27 日接受了科威特的斡旋提议。巴林议会在 3 月 29 日接受了 18 名维法格党议员中的 11 人的辞职（抗议对民主示威者的暴力行为）。三是，拔除反对派以清真寺为中心的抗议据点，压缩其活动空间。从 3 月下旬到 4 月，政府摧毁了二三十座什叶派的清真寺，这些地方曾是反政府抗议活动的聚集点。四是，对反对派的组织、人员以法律武器实施打击。4 月 14 日起，巴林司法部以违反法律和破坏“社会和平与国家统一”的罪名禁止维法格党和“伊斯兰行动协会”的活动；抓捕了反对派的 1 位重要人权律师；国家安全法庭的特别军事法庭以预谋杀害 2 名警察的罪名判处 4 名抗议者死刑，另外 3 人无期徒刑。五是，释放诚意，软硬兼施。王室表示积极开启政治和解与对话。抗议平息后，巴林王室也向民众伸出了“橄榄枝”，试图缓和因为抗议而激化的国内矛盾。巴林王储在 3 月 13 日提出了政治改革、对话建议的“七项原则”，包括“拥有充分权力的议会”、“符合人民意愿的政府”、公平的选举区等几个措施；① 巴林国王在 5 月底提出呼吁，在 7 月开始全国对话以协商解决国家的紧张局势。

“七项原则”满足了反对者中温和派的要求，造成了反对派内部分歧的扩大，此后，温和派举行了一些会议，但没有能够为寻求政治解决办法而达成一致或系统的纲领。强硬派则继续通过示威和抗议活动对抗政府。但是遭到巴林政府的武力镇压，造成人员伤亡，实际上进一步削弱了反对

① Bahrain：Reform，Security，and U. S. Policy，CRS Report，March 18，2016，p. 6.

派内部强硬派的力量，表明了政府毫不妥协的态度。

巴林政府的上述举措，不断分化了示威者和反对派内部的诸多力量。后期虽仍有一些要求激进改革的力量活动，但已经对局势的发展难以产生实质性的影响，也难以调动国内外因素对巴林政府继续施加有力的影响，因此，巴林的动荡最终以政府的胜利告终。

二、动荡前巴林主要的社会问题与矛盾

巴林的动荡反映出巴林的社会问题与矛盾。2011 年前巴林社会最为突出的问题与矛盾有以下几方面。

（一）经济发展权利的结构性歧视与不平衡问题

这一领域包括多种问题，核心的是巴林国民之间经济权利的结构性歧视及其导致的经济地位悬殊。以巴林王室为中心的经济寡头集团通过联姻、宗教或者利益捆绑等方式形成小群体，控制着巴林最紧缺的土地资源及相关开发项目，[①] 控制着战后重要的实业并收取巨额的佣金，[②] 经济运行不可或缺的能源行业的财富也为这一经济寡头集团控制。在这一问题上，经济寡头阶层与其他社会阶层处于对立面，最为底层的民众如什叶派普通民众、外籍人口的经济权利最少，而巴林国家政治结构与制度支持、保护着这样的经济歧视，这是巴林动荡的最根本的社会张力。在抗议活动中，一些什叶派示威者要求把国家权力交给经过选举的议会，实际上反映了长期以来巴林社会存在的经济发展权利不平等的问题。

（二）就业与劳动权利保障问题

青年就业困难、什叶派就业歧视、外籍劳工权益保障等问题，与第一个问题有直接联系，也是由国家政权和政策所直接引起的。巴林的很多就业岗位是公共部门，公共部门的就业由政府控制，基本不对什叶派开放，

---

① Sarah Chayes, Matar Matar, Bahrain's Shifting Sands, Carnegie Endowment for International Peace, February 13, 2013, http://carnegieendowment.org/2013/02/13/bahrain-s-shifting-sands-pub-50924.

② Toby Matthiesen, (No) Dialogue in Bahrain, Middle East Research and Information Project (MERIP), February 13, 2014, https://www.merip.org/mero/mero021314.

特别是警察、情报等安全部门。[①] 什叶派就业领域的严重受限导致了与逊尼派公民整体经济状况差距的不断拉大，甚至城市周边的什叶派村镇出现贫民窟化的倾向。

巴林青年对就业歧视最为敏感，尤其是接受了现代教育及社会发展理念的青年。此外，巴林有很多外籍劳工，他们的权益在巴林的相关法律中基本得不到保护，[②] 维权非常困难[③]。就业与劳动保障问题涉及的人口范围非常广，成为巴林社会动荡的基本原因。

（三）教派差异、对立、压制

教派问题是指巴林的逊尼派与什叶派的差异、对立和矛盾。从族群的角度来看，巴林可以分为“Baharna”“Huwala”“Tribes”“Persian” 和 “Najdi”等族群，[④] 但是这种基于血缘的划分并不是导致巴林国内分裂的主要因素，而是教派的分野。

什叶派穆斯林是巴林的原住民，1783 年起，哈利法家族为首的逊尼派部落征服、统治了巴林，出现了处于统治地位的人口少数的逊尼派与处于被统治地位的人口多数的什叶派，教派问题在巴林自一开始就被打上“征服者与被征服者”“外来者与本地人”的对立烙印。[⑤] 1971 年巴林独立后，教派成为政治阵营的划线基础，教派关系成为政治对立问题。2001 年 2 月 14 日《民族行动宪章》在巴林以 98.4% 的全民投票高支持率通过，巴林出现了民主改革、改善甚至根本改变教派对立的曙光。2002 年 2 月 14 日，巴林颁布了新宪法，将“酋长国”改为“王国”，实行君主立宪，国王拥有任命上院全部议员（共 40 名议员）的权力、否决下院（共 40 名议员）的任何立法议案的权力、任命所有部长的权力，国王不向议会等任何机构负责；根据新宪法规定的选区划分，什叶派永远不可能获得多数议席。这样，巴林的教派社会关系一步步紧张并高度政治化，根据新宪法每四年举

---

① Justin Gengler, Bahrain's Sunni Awakening, Middle East Research and Information Project (MERIP), January 17, 2012, https://www.merip.org/mero/mero011712.

② Kenneth Katzman, Bahrain: Reform, Security, and U.S. Policy, Congressional Research Service Report, August 29, 2016, p. 16.

③ U.S. Department of State, 2016 Trafficking in Persons Report: Bahrain, https://www.state.gov/j/tip/rls/tiprpt/countries/2016/258720.htm.

④ Omar Hesham AlShehabi, Contested Modernity: Divided Rule and the Birth of Sectarianism, Nationalism, and Absolutism in Bahrain, British Journal of Middle Eastern Studies, Vol. 44, No. 3, p. 336.

⑤ Laurence Louer, Transnational Shia Politics: Religious and Political Networks in the Gulf, London: Hurst &Company, 2008, p. 24.

行的大选都保持了逊尼派在政治生活中的统治地位。

（四）其他人权问题

国际社会对巴林的社会不公正、紧张关系多有批评。除有些问题与教派、劳工权利有关外，女性权利问题比较突出。虽然相对于海湾其他国家来说，巴林比较注重保护女性的权利，是海湾六国中唯一允许女性参政的国家，但现实中议会、政府部门中女性占比很小。传统习俗、一些法律规定在社会生活中往往歧视、限制女性的权利。巴林女性可以开车，拥有和继承财产，并能够提起离婚诉讼，虽然宗教法庭往往会拒绝她们的离婚请求；其配偶或子女能因与其亲属关系自动获得巴林国籍。

女性权利之所以是重要的社会关系，是因为该关系反映了巴林社会发展的一个基本状况，与传统习俗及其观念的影响、宗教对女性权利的干预、政府对女性权利的保护不力等直接关联。女性权利保护与促进，虽没有成为动荡及其之后全国对话的主要议题，但巴林青年问题为国际社会所重视，也将在未来巴林社会、政治发展中越来越突出。

客观来说，巴林社会存在的上述问题在海湾地区的其他君主制国家中都不同程度地存在。也因为如此，沙特对巴林动荡的干涉十分迅速，有防止巴林动荡对地区其他国家产生溢出效应的考虑。

三、社会问题对巴林动荡的影响

社会问题及其张力对巴林社会、政治的影响是深远的，在巴林动荡及之后的全国对话会议中的影响是突出的。社会问题是观察巴林动荡与政治发展的基本要素。

（一）社会张力是巴林动荡与社会变革中的基本推动力

社会矛盾及其表现出的张力，是巴林2011年动荡的基本原因，也是动荡之前巴林社会持续发生示威抗议等活动的基本原因。

在2011年7月开始的全国对话会议的基本议题中，包含了重大社会问题，这些社会问题及其张力得不到解决，就无法从根本上消除导致巴林社会冲突与不稳定的要素。这是巴林社会长期存在的问题，其社会、政治稳定只能有赖于社会问题的有效解决、社会张力的有效缓解。

一方面，巴林的社会问题及其张力关系是导致两次全国对话会议无果而终的根本原因，同样也导致2002年以来的社会改革难有建树。在这样的状态下，即使政府实施了一些缓解社会张力的举措，但因为没有社会各方力量之间的协商一致，这些举措无法有效缓解社会张力，巴林的社会矛盾及其张力的紧张关系便仍将存在。另一方面，巴林通过国家政治制度等结构性力量能够在当前且长期有效控制社会张力，不至于导致社会全面崩溃。这样一种社会张力状态，让巴林在2011年动荡以后能够保持社会的基本稳定，但又承受着巨大的压力。各方都明白社会矛盾及其张力已经非常严峻，但都无力有效推进社会矛盾及其张力的根本解决或缓解。

（二）社会张力特点直接影响不同社会群体在动荡活动中的立场选择

由于什叶派民众对社会状况的普遍不满，参与针对政府的示威抗议活动的主要社会群体是什叶派民众。

与什叶派反政府的诉求基本对立，逊尼派主要是声援政府、支持政府的示威。双方各有活动中心，什叶派的抗议示威中心是“珍珠环岛”，逊尼派的则是阿法塔赫清真寺广场。每当什叶派抗议示威出现高潮时，逊尼派就会组织对立的示威活动。

由于社会境况的压力和社会心理的原因，青年群体是局势动荡中抗议、示威的积极参与者。虽然参与示威抗议的青年群体中什叶派占大多数，但他们对社会问题的解读具有更为明显的现代性，在女性地位、社会权利等方面的诉求强调消弭全社会各群体间的差异，从而给巴林社会问题的解决带来一些机遇。巴林社会变革与发展，需要更多地考虑青年要素。

（三）国家将控制社会的能力作为平息动荡的手段

第一，将工作岗位作为打压手段。2011年动荡最严重的3—5月期间，私人公司与公共部门解雇了近5500名员工，[①] 其中包括25%的工会领导层，一些原来对什叶派开放岗位的领域也被禁止。这一手段，既是震慑，打压示威抗议活动的组织者与参与者，也是威迫，迫使一些民众因经济压力而退出示威抗议活动。强力平息动荡后，巴林政府又通过恢复大部分人员的工作岗位来缓解来自国际社会的批评压力，同时缓解巴林社会的一些不满与对立情绪。动荡结束后，政府宣布了一系列政策：减免中低收入家庭的贷款负担、在3年内为民众提供5万套公寓、数年内增加2万个就业机会等。政府试图通过一些改善民生的举措来缓和、解决社会及政治

---

① Jane Kinninmont, Bahrain: Beyond the Impasse, Chatham House, 2012, p. 4.

动荡。

第二，将国籍、引进外籍劳工作为控制局势的手段。引进逊尼派劳工，并有序授予巴林国籍，成为巴林政府调整人口比例、控制社会的一个主要手段。巴林有着较为完整、有力的工会，在组织罢工、抗议示威等活动中起着重要的作用。近些年巴林政府从国外引进廉价劳动力而不是扩大本国劳动力就业的举措，就是为了削弱国内强有力的劳工组织。政府的政策遭致工会的强烈不满，加重什叶派国民的疑虑，但巴林政府却视之为一个控制社会局势的重要手段。除此之外，巴林政府引进大量的逊尼派外籍劳工，也为对冲什叶派对工作岗位的需求，将国内矛盾转化为外藉劳工与什叶派的对立。

动荡以来，巴林政府还将一些参与示威抗议以及其他活动的反对派人士剥夺国籍、驱逐出境，既直接打压相关人员在巴林的活动空间，也给其他反对派形成压力。

第三，将对宗教场所的管控作为手段。在动荡中，巴林政府摧毁了几十座什叶派的清真寺，以此摧毁什叶派的政治活动场所，阻止什叶派的社会、政治动员。因为大多数什叶派的社会、政治动员都是在什叶派的宗教场所、宗教活动中进行的。2014 年，巴林以涉嫌从事非法政治活动为由解散了巴林什叶派伊斯兰乌莱马委员会（Islamic Ulema Council）；2016 年 6 月国王签署一项关于政治社会的法律修正案，禁止从事宗教活动的人从事政治活动以进一步削弱反对派的社会基础。在打压什叶派宗教活动的同时，巴林政府还在一定程度上保障基督徒、犹太人和印度教徒的活动自由，借此一定程度上牵制什叶派。

（四）社会张力迫使巴林政府采取了一些缓解社会矛盾的举措

2017 年 7 月，巴林削弱了宗教法庭对婚姻等事务的监管权，在一定程度上促进了女性地位的提升。动荡后巴林成立了独立于劳工部和社会发展部的新机构——劳工市场监管局（LMRA），主要任务是促进劳动权益及其保障。在该机构的敦促下，在工人调换工作、外籍劳工的医疗保险、打击人口贩运、设立“劳动基金”以提高工人技能水平等方面取得了进展。

四、动荡对立时期的主要矛盾和议题

（一）对局势动荡的不同认识

不同力量对这场局势动荡有不同的态度。

王室认为动荡反映了一定的社会、政治诉求，但希望尽快控制动荡的局面，其方式是开启全国对话、与反对派协调，和平地结束动荡。巴林政府认为动荡是反对派施压、谋取权力并最终颠覆政权的事件，要采取强硬的手段迅即控制局势，打压引发动荡的活动。王室与政府的目标是一致的，特别是担心动荡事态扩大而给其他势力的介入提供机会。

反对派中的立宪派支持抗议示威活动，其目标是通过抗议示威活动推动与王室的对话、“推动政治改革”以增加反对派、什叶派参政的地位，但不主张推翻政府与现存政治体系，如立宪派很多政治人物在动荡中退出了议会以向王室施加压力，但不愿意与政府强硬对抗。共和派、草根政治力量将动荡视为推翻现政权的一个机会，希望能够在巴林实现类似突尼斯、埃及等地的政权更迭。但这些力量只是有这样一种政治期望却没有任何可行的路径与依托。

（二）巴林动荡升级剧烈，但持续短暂

这一现象产生的原因主要是政府以武力等强力方式在很短的时间内结束了动荡，巴林政府动用的强力包括本国武装与安全力量、地区组织的武装力量、紧急状态等国家机器力量。

巴林的动荡演化非常剧烈、迅疾。2 月 14 日发生的动荡很快在规模、政治要求等方面升级，到 17 日政府就开始以强力弹压，到 19 日政府的态度出现一些缓和。14—16 日的抗议示威活动迅疾扩大是民众、反对派力量对巴林社会、政治现实的严重不满经过长期积蓄后的爆发，也是受到了地区形势的影响。王室与政府拥有绝对的强力优势，一方面，担心动荡的迅疾扩散会造成不可控局势，因此在 17 日就以安全力量加强了对抗议示威活动的打压，其主要目标是避免动荡的扩散；另一方面，王室又希望以对话等方式缓和国内紧张的政治关系，避免出现类似其他国家政治对立升级、政权被颠覆的局面，因此在 19 日后做出了释放反对派等举动来缓和局势。

3 月上旬，是巴林各政治力量集中表达其政治愿景的时期，反对派提出了各种政治改革的诉求，还有力量提出了推翻政府的要求；抗议示威活动出现了两个阵营的对峙；王室提出了对话改革的“七项原则”；政府强硬派则坚持强力平息、不做妥协的态度。3 月中旬，巴林政府采取全面的强力平息行动，其原因：一是政治对立的严峻形势，各派政治诉求对立越来越严重，动荡持续下去导致局势失控的可能性很大；二是王室与政府拥有绝对优势的政治强力资源，而反对派基本是束手无策；三是巴林政府得

到了有力的国际支持而非国际打压干预。

随后，巴林政府以三个月的紧急状态来稳定安全、政治局势，并以司法手段判处了一些反对派代表人物等，充分发挥了国家机器的政治强力优势。

第三节　巴林政治和解与建设阶段的矛盾及其张力

巴林动荡的第二阶段，从2011年6月到2014年10月的大选。这一时期的主要任务和议题是推进政治、社会和解，通过政治、社会建设促进国家的全面稳定与发展。但在这一时期，一方面零星的抗议活动继续存在，政府持续打压抗议活动及反对派的活动；另一方面政府在控制政治局势后力图推进政治和解、民族团结，缓和社会矛盾及其张力，但收效甚微。

一、第二阶段的主要事件

第二阶段的重大事件有两个：一是王室与政府力图缓和政治、社会紧张关系以稳固政权，反对派也试图通过对话达到政治、社会目标；二是王室与政府继续强化对局势、政权的控制。

（一）独立调查委员会及其报告

为了给强力平息动荡的行动增加合法性，也为了促进政治和解，表达与反对派和解的姿态，巴林国王在2011年6月29日任命了一个由国际机构专家组成的五人“巴林独立调查委员会”（BICI），其使命是调查、评价政府对局势动荡的反应是否得当，并提出相应的建议。巴林国王还希望该委员会的调查及其报告能够为全国对话奠定基础。

调查委员会的工作并不顺利，其遭到了反对派什叶派的批评，他们将调查委员会的一些言论解读为对政府高级官员的无罪开释。

调查委员会在2011年11月23日发布了500多页的报告，包括对动荡危机中冲突双方的调查、对事件的分析评判以及建议。这份报告的基调是涉事方责任各半。对于国内的冲突双方，报告认为政府平息活动存在“系统性”和“蓄意”使用过度武力、酷刑等现象；反对派在动荡过程中不断提出的要求，激化了矛盾。对于国际干预，报告认为巴林政府没有能够提供证据证明巴林动荡与伊朗存在关联，也没有证据表明海合会的部队犯下了侵犯人权的罪行。

该报告提出了促进政治与社会和解、避免动荡再次发生的26项建议。巴林国王接受了报告，并承诺全面落实26项建议。反对派包括维法格党在内接受报告中部分内容，但批评报告没有明确指明“虐待抗议者是政府的蓄意行为及政策”。随后，各方对报告的落实成为一个焦点。国王在2011年11月26日要求建立一个19人的国家委员会监督这些建议的执行情况，委员会与政府共同努力，改革司法、人权政策。国家委员会多次发布工作报告。

由此，政府认为已充分执行了建议要求，反对派则认为绝大部分特别是涉及核心内容的建议没有落实，特别是保护一些官员免受追责处罚。争议的主要方面在于：在动荡中被政府解雇、逮捕人员的就业、自由、赔偿等问题；追究动荡中滥用暴力人员的责任问题；司法、情报、警察等国家强力部门的改革问题；被摧毁的什叶派清真寺的重建问题。巴林各界普遍认为政府已经重建了2011年被拆毁的所有的什叶派宗教场所。

“巴林独立调查委员会”的报告基本达到了巴林政府预设目标，不仅没有否定政府在动荡中的举措（虽然有批评意见但基本予以肯定），对反对派也有批评；政府对提出的意见基本落实，包括重建了什叶派宗教活动场所。但这只是稳定了强力平息动荡后的国家局势，对解决核心的、持久的社会、政治改革问题，巴林各界希望通过全国对话会议来解决。

（二）两次对话会议

巴林王室与政府十分重视全国对话会议，既注重这一形式，也希望通过该对话寻求相互妥协，解决重大社会、政治问题。但对话会议由政府主导且占据绝对代表席位，其“稳健”就意味着拖延、无为。

“全国对话”是动荡开始之初政府寻求政治和解、改革的渠道，也以此推动2001年《民族行动宪章》公投时的政治改革承诺。巴林国王在2011年2月18日授权王储全权负责全国对话工作，其目标是召集各政治派别共同协商解决巴林当前面临的重大危机。2月24日，即动荡发生后的10天，政府就表示寻求举行全国对话，赦免2010年涉嫌发动政变的25人，通过全国对话讨论、解决巴林面临的一切问题，这些问题中包括改组政府等。巴林王储为此还提出了“七项原则”。国王在结束紧急状态前呼吁在7月召开对话会议。显然，王室将全国对话视为减缓社会、政治矛盾，寻求政治共识，稳健推进政治改革，稳定局势，扩大王室统治基础的平台。但动荡开始前10年启动的迟缓、没有进展的改革，在动荡后也没有实质性的进展。王室与政府一则重视“对话”这一形式的存在，因为这一形式具有某种政治形象意义，二则难以有重大政治改革举措。看似美妙的政治“对话”设计，事实上已经成为一种政治保守与无为，最后可能失去政治声誉。

紧急状态解除后一个月，政府主导的全国对话会议于7月2日开幕，议会最大反对党维法格党在最后决定参加对话会议。反对派在议会40席中占18席，在全国对话会议300个席位中拥有35个席位。对话会议于2011年7月下旬结束，在会议结束前的17日反对派宣布退出会议，因此会议达成的结果事实上是单方面的。会议最终成果主要包括：扩大民选议会（下院）的权力，拥有包括批准或拒绝任命内阁、确认或否决政府四年工作计划、讨论国家事务中的任何议程项目，以及就部长的表现或计划提出质询等权力。议长的产生应由议会中的相关组织负责；政府必须反映人民的意志；更加合理地划定选区以提高什叶派政治参与度；外来务工人员的融入及其国籍问题；打击金融和行政腐败；努力减少宗派分歧；有82项经济建议，包括向最需要的公民提供粮食补贴的机制。①

对于对话会议的结果，形成了明显对立的两种立场。王室与政府积极制造落实对话会议成果的氛围。第一次全国对话会议结束后，巴林政府在2011年8月8日释放了维法格党的两名重要领导人，以及其他几名活动人士。国王在8月28日宣布赦免一些抗议者，恢复了在动荡中被解雇人员中的部分人的职位。国王与政府希望借此表达和解、促进对话会议成果落实的诚意。

而反对派则提出了自己的政治、社会改革意见——“麦纳麦文件”对抗第一次对话会议成果。什叶派反对派组织拒绝了对话的成果，主要原因是对话成果中没有包含之前王储的“拥有充分权力的议会”的提议。针对对话会议的成果，反对派团体的主要要求包括：组建一个拥有立法权的完全选举的单一议院议会；由选举产生的议会中最大的联盟直接选举首相；由一个独立选举委员会进行选举，反对政府提出的“公平划分”选举，政府的提议中划分边界模糊，因而政府能够继续通过选区划分确保逊尼派在下议院占多数。

对话会议的宗旨是协商解决当前紧迫的政治问题、消除社会各阶层矛

---

① Kenneth Katzman, Bahrain: Reform, Security, and U. S. Policy, CRS Report, Specialist in Middle Eastern Affairs, October 5, 2012, pp. 10 – 11.

盾。但很快反对派在 7 月 17 日宣布退出，理由有三：一是在对话中处于边缘化的地位，在全国对话会议 300 个席位中仅占 35 个席位，与其在议会中的比例严重失衡；二是该组织提出的建议不是被拒绝，就是被忽略；三是认为全国对话会议非但不能促成巴林危机的彻底解决，反而会导致危机的复杂化。该组织的退出时间临近对话会议结束，显示了全国对话会议内在的脆弱性。这样，第一次对话会议事实上分裂了，将王室、政府与反对派的对立公开化，双方在政治、社会改革立场上相去甚远。

不仅在对话会议“一致意见”成果上对立，在会议后的改革落实环节中双方也处处对立。王室和政府为了落实对话会议成果专门任命了由副首相领导的委员会来具体执行，在 2012 年 1 月 16 日宣布了巴林宪法修正案草案，2012 年 5 月 3 日由国王批准通过。宪法修改的主要内容是：限制国王的一些权力，其任命舒拉议会成员的权力有所限制，国王在解散议会前向国民议会两院的领导人征求意见；增加国民议会立法的权力（上院也有此权力)；国民议会议长代表议会而不再是舒拉委员会主席，增加了议长可否决政府四年工作计划的权力。而反对派拒绝了宪法修正案。

双方的对立根本无法实现社会稳定、无法推进政治改革，反而会诱发社会不稳定因素。2012 年 10 月，巴林政府宣布为确保公共安全禁止一切集会行为。2012 年 11 月 5 日，巴林首都麦纳麦发生 5 起爆炸案件，导致 2 人死亡、1 人受伤。自动荡发生以来，巴林发生过多起针对警察的袭击，而现在暴力袭击波及了平民。

面对持续的示威和不断增加的反政府暴力事件，政府和反对派都有意恢复对话。在双方共同努力下，2013 年 2 月开始了第二次对话。除了面对共同的动荡威胁外，双方在“七项原则”、国家对话方式及第一次对话成果、“麦纳麦文件”等方面有许多共同点。

2012 年 12 月上旬，巴林王储发表呼吁重启全国对话会议的讲话；2013 年 1 月 22 日，巴林国王重申关于重启对话的呼吁，同一天，维法格党及其盟友接受了对话的邀请。2013 年 2 月 10 日，第二次全国对话会议正式开始，参加对话的代表包括 3 名政府部长、8 名反对派代表、8 名支持政府的代表和 5 名议员。国王在 2013 年 3 月 11 日任命王储为第一副首相，以此表达王室对促成对话会议成功的意愿，因为王储一直支持对话而受到政府的干扰。

对话会议很快在两点核心问题上产生分歧：一是，最终协议生效的方式，反对派坚持将协商一致的建议提交全民公投而生效；政府坚持对话达成的共识由议会制定协议而生效。其核心是谁主导协议生效的权力。二是，反对派要求提升对话级别，不仅限于部长级别的参与对话，还应包括权威的决策者和国王的代表；但王室与政府内部意见不一，且担心在对话会议中过多地承诺而陷于被动，没有提升对话会议的级别。

第二次全国对话会议很快陷入僵局。反对派代表在 2013 年 9 月中旬开始抵制谈判，并以此抗议谈判缺乏进展；政府则逮捕了反对派的主要代表及其国内的主要领导人，2014 年 1 月 8 日，政府正式暂停对话。

第二次全国对话会议失败后，王储不顾相关人员医动荡受到的指控而在 2014 年 1 月 15 日与反对派重要领导人会面，试图尽快推动重启对话，表示王室同意提升对话会议的级别。2014 年 9 月 19 日，王储提出了新的全国对话的“五点框架”，其中满足反对派诉求的内容包括：重新界定选区以扩大什叶派政治参与的权力；修宪会议及修订宪法的程序；赋予选举产生的议会新的权力，批准或者否决新内阁的组成；让国际组织监督巴林的司法机构工作；制定新的安全部队行为准则，避免酷刑与迫害。但在一个最为核心的问题上，反对派提出的首相的产生必须由选举产生的议会通过而非由国王任命，双方难以达成一致。由此，第二次全国对话会议失败后一直没有能够重启召开新的全国对话。

全国对话会议对于巴林动荡后的社会、政治重建十分重要，应该说是最为核心的工作。其重要性表现在：首先，巴林各界非常重视。自 2002 年依据新宪法产生新议会起各界就期待全国对话；在 2011 年动荡中王室与反对派都突出对话会议的重要性，国王与王储为此也做出了积极的努力，持续呼吁、提出建设性的对话原则和框架。其次，国际社会普遍支持巴林的全国对话会议工作，高度评价对话会议工作并敦促各方积极达成对话成果，认为全国对话方式是解决类似动荡、地区热点问题的最佳方式。再次，以这样方式达成的协议成果最具有政治认同性和合法性，也最能体现各界的共同意愿；巴林民众也普遍抱有期望。

但对话会议最终未能成功，其原因是复杂、深刻的。首先，虽然对话会议的主题是政治、经济领域的改革，社会和人权问题，但对话旨在勾勒一幅远景而不是具体的方案和步骤，因此在实操性上欠缺。这本身限制了反对派对对话会议的认可程度和积极投入的程度，反对派可能会认为即使是达成了对话会议成果，也无法落实。其次，巴林各方在对话会议问题上矛盾尖锐，不仅反对派与王室、政府之间有矛盾，王室与政府特别是首相之间也有激烈的矛盾，王储虽然多次积极提议推动对话会议的原则与框架，但一直没有进展。再次，对于有影响力的议题，如民众如何参与议会选举（选区的划分决定着占人口多数的什叶派的投票权）；民选议会的权力及其运作；首相如何产生，由国王任命还是由议会决定，双方无法达成一致。

巴林王室非常重视对话工作。2014 年 1 月 15 日，第二次全国对话会议停止后不久王储就与反对派主要领导人会面，取消了针对相关反对派领导人的旅行禁令。王室与政府同意增加什叶派参与政府的名额；而反对派要求更换强硬派首相的提议则没有得到回应。2014 年 6 月，政府释放了反对派的一些重要领导人。但第三次全国对话会议没有得以启动。

这一推动巴林政治、社会改革进程最为重要的和解形式，最终流于形式甚至到最后连形式也无法存在了，巴林的政治、社会改革进程似乎又回到了 2002 年 2 月的起点。对话的拖延实质上是巴林政治、社会改革的拖延。2011 年 2 月起的动荡，动荡之后持续的社会、政治紧张氛围，都没有能够实质性地推动对话会议前进，并产生效果。

巴林的社会、政治局势似乎处于可控的状态，但在可控的状态下却无法有效地推进政治、社会改革。这样一来，巴林政治家的改革意志与社会问题的堆积、激化（各种危机）所显示的改革紧迫性，形成了时间上的突出张力。在危机爆发前的巴林已经意识到了改革的必要性，但相关改革却直到动荡与危机爆发仍没有任何进展。

（三）2014 年大选

按照 2001 年通过的《民族行动宪章》规定，2014 年是巴林的大选年。这次大选成为巴林国内什叶派和逊尼派博弈的焦点。同时，这也是巴林动荡后的首次大选，是检验政府处置动荡的成效，维护社会、政治稳定的主要标志。大选成为巴林政府塑造其政治“正常化”形象战略的突出组成部分，因此，巴林政府与国际社会都非常重视。

2011 年 9 月 24 日至 10 月 1 日，巴林议会举行了一次特别选举，因为有 18 名反对派议员在动荡开始时辞职，因此这次特别选举是来填补空缺的席位。在特别选举中，10 个席位由逊尼派赢得，[①] 表明大多数什叶派不认可这次特别选举，没有参与。虽然逊尼派获得了特别选举的胜利，但什叶派与逊尼派的政治隔阂却加深了，这对于一个从动荡中刚平息下来的国家来说绝非好事。2014 年大选是巴林发生动荡以来的首次议会选举，约 35 万选民从 266 名候选人中选出 40 名议员。因此，争取什叶派积极参加成为一项重要的工作。

---

① Kenneth Katzman, Bahrain: Reform, Security, and U. S. Policy, Specialist in Middle Eastern Affairs, CRS Report for Congress, 7 - 5700, www. crs. gov, 95 - 1013, October 6, 2011.

但在此次大选中，政府一方面大力呼吁、敦促反对派参加选举；另一方面却将选区数量从5个减少到4个，以减少什叶派赢得席位的机会。因此，一些反对派政党宣布抵制选举，政府随之宣布抵制大选的组织禁止政治活动3个月。这些因素导致2014年11月的投票率远远低于以往，政府统计为51%，反对派统计为30%；多数席位是由独立候选人赢得的，这或许表明，选民寻求的是一种不那么两极化的政治氛围。逊尼派政治团体中有3名候选人获胜，有14位什叶派独立人士当选，亲政府的候选人大多落选。[①] 最终什叶派和逊尼派的人数在议会中再次大致持平，两院联合议会在2014年12月14日召开。

2014年选举后，国王重新任命原来的首相组建新政府。而反对派的一项主要要求就是以一位具有温和政治倾向的首相取代原来的首相，逐步实现对话、和解。但国王显然没有满足反对派的要求，而是更为重视王室的团结。2014年大选，对于政府与国家来说，基本稳定了局势，没有引发大的政治波动和动荡；其后于2018年11月举行的大选，巴林也采取了同样的策略。

（四）继续打压抗议活动及相关人士

在2011年6月后的第二个阶段，政府对抗议活动和反对派的活动继续打压，以实现在稳定的基础上寻求和解。

其一，政府继续以强力驱逐、平息抗议活动。在解除紧急状态的6月1日，群众在珍珠广场周围游行、抗议，安全部队驱散示威人群。6月11日的抗议活动约有1万人参加，警方出动直升飞机盘旋监视。

其二，起诉反对派人士并判处重刑。6月13日，巴林政府起诉48名医务人员，这些医务人员对在抗议活动中遭到追捕、受伤的民众予以了收治。在6月18日，巴林政府虽然解除了对最大反对党的禁令，但在6月22日，巴林政府特别安全法庭审判了21名反对派人士，以参加动乱的名义判处8人终身监禁，其他被告被判入狱2—15年。这些起诉与判刑，是持续的、大范围的。

其三，以涉嫌参与恐怖活动为名抓捕反对派领导人。2013年9月24

---

① Justin Gengler, Electoral rules (and threats) cure Bahrain's sectarian parliament, Washington Post, December 1, 2014, https://www.washingtonpost.com/news/monkey-cage/wp/2014/12/01/electoral-rules-and-threats-cure-bahrains-sectarian-parliament/Kenneth Katzman, Bahrain: Reform, Security, and U.S. Policy, Specialist in Middle Eastern Affairs, CRS Report for Congress, 7-5700, www.crs.gov, 95-1013, February 20, 2015.

日，巴林以涉嫌参与恐怖活动为由逮捕了最大反对党的一名主要领导人。为抗议这一举动，反对派退出了正在进行的全国对话会议。2015 年 2 月，政府撤销了 72 名反对派人士的公民身份，并关闭了对反对派进行采访的独立卫星电视台；6 月，又有 56 名什叶派人士因“组建恐怖团伙、袭击警察和非法拥有武器”等罪名被取消国籍。撤销签证、取消国籍、驱逐，成为巴林政府打击反对派领导人的主要手段。

二、第二阶段主要矛盾、议题及其张力

（一）是否需要进行政治改革以及进行什么样的政治改革

从 1970 年 1 月 19 日巴林建立了一系列现代意义的政府机构以来，陆续对国体、政体等进行了许多调整，但是巴林君主制一直没有改变，哈利法家族在巴林长期进行统治。

在此次动荡中，王室与政府的强硬派认为，改革只是反对派特别是什叶派力量扩大政治诉求、提高政治要价，需坚持以国家力量为基础的强硬打压政策，坚持、巩固现有政治体制，不给反对派任何幻想、机会。因此，强硬派在动荡中组织对立的抗议示威活动，不做出任何妥协承诺特别是不给全国对话会议以任何先决条件。王室的中间派、改革派则愿意以此次动荡为契机开启全国对话，实现稳健的改革，以消弭动荡的社会与政治根源。

事实上，政治改革自 20 世纪末国王即位以来就成为巴林的重大话题。哈马德在 1999 年上台后也进行了一些改革，尤其是其推行的政党政治和民主选举，暂时缓和了国内的矛盾，维护了哈利法家族的统治地位。在巴林经济发展的黄金时期，巴林王室给予了民众较高的生活福利，民众的生活水平相比之前有了很大的改观，但是民众的民主意识也在不断酝酿。埃米尔的多次改革都没有触及君主制的根本。2002 年颁布的新宪法中虽然承认了民众具有游行、示威和结社等政治自由的权利，但同时也强化了王权。地区性的剧变、动荡再次推动了地区民主化的议题；而巴林也再次面临民主化变革的挑战。

（二）政治改革的方式

王室与政府强硬派对待改革的态度阻挠了巴林其他政治力量推动的全国对话会议。王室的中间派、改革派，以及反对派中的立宪派，都非常重

视全国对话会议这一促进改革的方式、渠道，希望对话会议能够达成实质性、法律性、符合各方利益的协议成果，以此实质性地推进长期以来的政治改革议题。共和派也主张召开对话会议，但其目标是通过对话会议实现对现存政治体制的否定，推翻现政府与政治结构。

2014 年 10 月，维法格党和其他几个在野党以议会权力不足和选举规则不公平为由宣布抵制议会选举，他们要求改革，比如他们首次提出要实行首相选举制度。其背后的原因：一方面，时任巴林首相是国王哈马德的叔叔哈利法，他从 1973 年起一直担任巴林首相，任职时间已经足够长；另一方面，既然在短期内无法推翻现政权的统治，那么通过实行首相选举制度，在不反对王室统治的前提下，更容易获得国内外的同情，可以对巴林王室和政府形成一定程度上的制约。可以说，维法格党提出实行首相选举制度是非常具有创新意义的改革要求。

青年草根政治力量对对话会议不抱太大希望，其政治改革的主张是通过抗议示威甚至暴力直接表达的；该力量也没有参与全国对话会议的政治机会。但该力量中的一些人实施的针对警察甚至平民的暴力袭击却恶化了全国对话会议的环境。

三、政治张力对巴林动荡的影响

各种政治紧张关系等张力，决定了巴林动荡演化进程各阶段、各方面的特点，以及一系列重大政治议题及其解决。

（一）政治民主化改革的热切期望及其破产

经过数月的动荡后，巴林各界对国家推进民主化有着比较强烈的愿望及期待。在动荡前的 2011 年 1 月，巴林政府和国内的什叶派及其他政治力量开展了“国家共识对话”（National Consensus Dialogue），但是由于双方诉求的差异过大，这次对话没有取得成果，只取得了一些原则性的共识，即召开全国对话会议，通过和平手段解决各派之间的矛盾。王室与政府再次认识到政治民主化的巨大压力及其风险，因此其中的一些力量试图借助全国对话会议缓解民主化压力，甚至实质性地推动一些政治改革。反对派中的立宪派等力量也希望通过对话实质性地推动政治改革，扩大政治权力。这样，巴林的政治较量从激烈的广场对抗转向对话较量。

但民主化问题的主导权一直在王室与政府手中，此次也不例外，王室与政府一直主导着全国对话会议的进程。首先，王室与政府掌握着参加对话会议的人员的决定权，在参与代表权问题上继续抵消什叶派的影响，并使其边缘化。2011 年 7 月 1 日召开的第一次全国对话会议的 300 席位中反对派只有 35 个席位，青年群体没有自己的代表也不支持参加会议的什叶派代表。其次，王室与政府否定反对派设置的议题，对话会议的议题主要包括政治、经济、社会和人权四个方面，其中政治权利平等是会议的主题，也是讨论最多的议题。什叶派要求消除在就业、教育和住房等方面的歧视，要求给对话会议设置明确的改革目标，要求在一个独立的选举委员会监督下，进行公开透明的选举并改革司法机构。但正如巴林最大反对派维法格党发言人在全国对话会议召开的第二天所说，在“全国对话会议，我们的要求得到满足的可能性十分渺茫”。[①] 双方的意见分歧很大，政府对反对派关注的议题都不予重视。再次，王室与政府主导成果的决定权。会议的最终成果，王室和政府要求由国王批准生效，而反对派则要求通过全民公决生效。

在这样一个失衡的会议中，民主化进程是难以推进的；什叶派和逊尼派的关系一旦出现了裂痕，全国对话会议的进程就立即出现了危机。巴林的政治建设在全国对话会议后实际上陷入了停顿状态，似乎又回到了动荡之前的局面。

（二）巴林政府继续强力维持政权

其一，巴林王室维持了政权的稳定。此次动荡中，巴林王室的统治地位尚未受到威胁，政府仍然保持了执政地位，牢牢控制着国家权力，甚至掌握了变革的主导权。巴林政治似乎进入持续的政治循环中。

其二，王室继续控制选举以保障控制国家立法权。巴林王室长期通过选区制度保障议会选举中逊尼派的优势地位。动荡后，王室继续调整选区范围以进一步减少什叶派议员数量，保障逊尼派议员的数量优势。因此，巴林王室、政府有选择地重新划分地方选区，以达到此目的。如动荡以来，巴林已经举行的 2011 年补选与 2014 年大选，什叶派重要反对派都因选区的限制感到无法获得胜利进行了抵制，巴林什叶派在巴林政治中被高度边缘化。为了保障 2018 年秋季大选，巴林政府进行改划选区，再次引发什叶派抵制。[②]

---

① Michael Stephens, Bahrain at the Crossroads, Al Jazeera, 6 July 2011, http://www.aljazeera.com/indepth/opinion/2011/07/201175111653980667.html.

② Kenneth Katzman, Bahrain: Reform, Security, and U.S. Policy, Congressional Research Service, November, 2012.

其三，国王进一步强化对权力的控制。虽然国王继续任命首相组阁，维持政府的延续性与王室关系的稳定性，但国王在动荡后采取了强化对国家控制的措施。一是任命王储担任第一副首相，掌握了政府的实权；二是培养其小儿子参与政治，以保障强硬派对王储的改革立场发难时可以有人递补。

其四，继续强化对反对派的打压。2017 年 5 月 23 日，在美国总统访问沙特并表示要加强美国和巴林的关系后，巴林政府采取了果断措施，查抄了什叶派精神领袖的住所，并逮捕了 286 名什叶派穆斯林,[①] 同情什叶派的政党也被巴林政府解散。巴林政府的这些行动进一步实现了对什叶派的打压，巩固了逊尼派在政治上的统治地位。

（三）政治风险继续发酵

虽然巴林王室与政府利用其现有政治权力能够继续维持其统治，但动荡以来巴林重大的政治、社会问题都没有得到解决，政治反对派力量在增强，政治活动形式有了新的发展。这些都是巴林政治安全的风险。

其一，青年政治力量的壮大。青年政治力量在动荡中的作用凸显，青年对政治进程的广泛参与使其民主化意识进一步觉醒，有可能成为未来巴林社会一支重要的政治力量。年轻人更倾向于直接地表达自己的政治观点，参与政治进程。“2 月 14 日”联盟中的年轻人不仅包括什叶派的年轻穆斯林，更有大批的逊尼派的年轻穆斯林参加。巴林青年协会（Youth Society of Bahrain）是巴林王国的一个青年组织，在教育、保健、民主、自由和参与政治生活方面为年轻的巴林人争取权利。该组织是世界民主青年联盟的一员，注重国际行动，在海湾地区影响很大，国际社会认为该组织代表了海湾青年。2008 年 10—11 月，该组织举办了一次名为“海湾青年与民主之路”的国际会议，得到了广泛的国际和地方参与，并为该地区未来改革提出了一些建议。巴林青年政治组织虽然刚刚起步，但是潜力不可小觑，尤其是许多年轻人并不强调什叶派和逊尼派之间的教派矛盾和差异，使得年轻人的政治组织具有较强的吸引力和号召力。而政治上世俗

---

① Noah Browning, Bahrain Security Forces Raid Home of Shi'ite Spiritual Leader, https://www.usnews.com/news/world/articles/2017-05-23/bahrain-security-forces-push-into-shiite-leaders-home-village, May 23, 2017.

化、宗教上效法阿亚图拉，是其一个突出特点。①

其二，网络等新的组织方式有很大的动员、组织能力。巴林政府继续采取强硬措施，加强政府的管控，通过禁令压缩什叶派政治组织的活动空间。2013 年 8 月 7 日，哈马德国王颁布了两项新法令，重点是禁止在首都医院、机场和商场等公共场所，以及日出前和日落后，举行游行、示威和静坐等集会，在游行示威中禁止使用车辆等。但是什叶派通过网络在线社交媒体，开辟了与政府对抗的新战线。② 尤其是青年政治力量利用现代通讯工具的空间依然很大。

其三，暴力袭击在增加。巴林自动荡以来持续发生暴力袭击事件，极端分子的袭击目标主要是警察，但也开始针对平民。国内政治衍生的暴恐袭击持续发生的同时，国际恐怖势力也有向巴林扩散的迹象。暴恐袭击及其复杂性会增加巴林政府对安全治理、政治管控的压力。2014 年议会选举后的 12 月 8 日和 9 日，在一个什叶派村庄连续发生了两起爆炸事件，造成两名警察和一名平民死亡。这反映出动荡后的巴林仍然没有完全弥合由于动荡而造成的社会分裂。

第四节　巴林强化国家安全及周边安全

2014 年 11 月大选后至今，是巴林动荡的第三个阶段。这一阶段巴林国内安全的主要工作是强化国内动荡与地区安全环境的联系，强化地区安全保障以促进国内安全与稳定。主要活动包括：从地区环境层面来处理国内的动荡问题，特别是打击恐怖暴力问题；将国内反恐怖工作与地区要素联系在一起以强化国内反恐怖工作的合法性；加强与沙特在地区安全中的一致行动以强化国内安全的地区支柱。这一阶段，巴林进行了 2018 年 11—12 月的议会选举。11 月的第一轮选举中只选举出 9 人，有 31 名议员需要 12 月的第二轮选举。③ 第二轮选举在 2018 年 12 月初进行，并选举出了女议长。巴林政府宣布第一轮选举中民众参与投票率达到 67%，比 2014

---

① Federic Wehrey, The Precarious Ally: Bahrain's Impasse and U. S. Policy, The Carnegie Papers, Middle East, Feb. , 2013.

② Luke G. G. Bhatia, Intersections Between the Local and Global: the Bahrain Human Rights Movement, The International Journal of Human Rights, Vol. 22, No. 2, 2018, pp. 286 – 304.

③ Sandeep Singh Grewal, Run – off for 31 seats after first round of Bahrain's elections, GDN Online, 26 November 2018, http: //www. gdnonline. com/Details/442775/Run – off – for – 31 – seats – after – first – round – of – Bahrains – elections.

年的53%有明显增加[①]，但反对派认为只有28%—30%[②]。

2014年大选以来巴林延续了内战的高压、紧张状态，但基本保持了政治稳定。2018年12月组建的新政府中，哈利法·本·萨勒曼·阿勒哈利法依然是首相，王储兼第一副首相。

一、第三阶段的主要事件

在这个阶段，巴林政府以反恐议题为主要抓手，在国内通过将伊朗与其支持的反对派贴上恐怖主义的标签，以恐怖分子的名义抓获了大量反对派的骨干，继续削弱反对派的影响；在国际上以沙特为轴心开展了反恐和对卡塔尔的外交制裁，为稳固国内局势寻求外部支持。

（一）巴林议会出台新的反恐政策

巴林政府将反恐议题与反对派和伊朗的影响挂钩，将国内的暴恐袭击活动与伊朗的支持相联系，意在借助反恐议题将反对派和伊朗的影响降到最低。

巴林议会2013年通过决议加大打击反政府的暴力恐怖活动的力度，其手段包括剥夺国籍在内的多项严厉措施。2013年6月，巴林宣布逮捕44名涉嫌发动恐怖袭击的犯罪嫌疑人，这些嫌疑人都是“2月14日”组织的成员。2015年1月，巴林以反恐工作需要为名剥夺“危害国家利益”的72名什叶派公民的巴林国籍。

除将“伊斯兰国”活动作为反恐重点打击目标外，巴林还将恐怖活动与伊朗的支持相联系。[③] 2011年11月，巴林宣布破获一个5名巴林人的“恐怖团伙”，巴林强调该团伙的计划是“前往伊朗接受暴力培训，之后对巴林、沙特的一系列重要目标发动恐怖袭击”。伊朗对此予以坚决的驳斥。自2011年2月动荡以来，巴林一直指责伊朗支持巴林的什叶派反对派的反政府活动，伊朗则予以否认，“巴林独立调查委员会”也认为巴林的指责没有依据。2017年11月10日，巴林发生输油管爆炸事件，爆炸对周围建

---

① Record number of Bahraini women elected to parliament, Aljazeera, 3 December 2018.

② Bahrain opposition: Voter turnout did not exceed 30%, Middle east monitor, 26 November 2018, https://www.middleeastmonitor.com/20181126-bahrain-opposition-voter-turnout-did-not-exceed-30/.

③ Bahrain: Unrest, Security, and U.S. Policy, CRS (Congressional Research Service) Report, 95-1013, December 4, 2018, p. 23.

筑物造成不同程度的破坏。巴林认定爆炸事件是恐怖袭击，并认为伊朗参与了该事件。不仅如此，巴林输油管道遭到袭击后沙特随之对巴林所有石油设施提供安全防范保障。这样，巴林国内暴恐袭击的影响扩大到沙特。

（二）积极参与反恐领域的国际合作

巴林也将本国恐怖活动与国际重大恐怖势力的活动联系起来，强化本国反恐工作的国际合法性。

2013 年以来，巴林将国内恐怖活动作为国际恐怖活动的一部分不断强化打击策略。巴林一旦发现与国际恐怖势力有联系的暴恐活动，即予以严厉打击。这样的打击，既出于维护国内安全的考虑，也增加了巴林反恐工作的国际支持及国际合法性。2016 年 6 月 23 日，巴林判决了 24 人的“伊斯兰国”团伙，团伙头目被判终身监禁，其他人各 15 年监禁，其中 13 人被取消国籍。这些恐怖分子在伊拉克和叙利亚参与“伊斯兰国”的暴力活动后返回巴林并试图在巴林组建“伊斯兰国”的分支机构，图谋通过武力颠覆巴林政权。

（三）卡塔尔断交风波中对沙特的“一边倒”

巴林参与针对卡塔尔的断交、制裁活动，进一步强化与沙特等国家的联系以巩固国内政权的周边安全环境。

2017 年 6 月，巴林与沙特、阿联酋、埃及一道宣布与卡塔尔断交，同时实施人员来往、海空联系的禁令，指责卡塔尔支持恐怖主义活动、破坏地区安全局势。进入 2017 年下半年，以沙特为首的海合会认为卡塔尔政府存在“支持恐怖主义”等问题，对卡塔尔进行了外交封锁，巴林也参与了这次外交封锁。巴林政府还认为卡塔尔在 2011 年以来的政治动荡中，鼓励巴林的什叶派与政府对抗，故在卡塔尔外交危机中，巴林在海合会内部提议冻结卡塔尔政府的成员国资格。①

巴林参与对卡塔尔的断交、禁运等活动，对于其处理国内问题，有几层目的：其一，强化国内反恐工作，打击反对派活动的国际、国内联系。在与卡塔尔断交时，这些国家的主要理由是卡塔尔近年来一直多方面与伊朗一道支持针对沙特和巴林的“恐怖活动”。其二，通过打击卡塔尔间接打击地区反对派的活动和气势。这些国家批评卡塔尔的另一个重要理由是卡塔尔支持穆斯林兄弟会的活动。穆斯林兄弟会在海湾多国、埃及等被视

---

① Bahrain Calls for Suspending Qatari Membership in GCC, Egypt Today, Oct 30, 2017.

为反对派和恐怖势力。其三，通过共同行动强化与地区国家特别是沙特、埃及的联系，形成对国内安全有利的地区环境，核心是得到相关地区大国的支持，将本国的安全与相关大国的政治利益、安全利益交汇在一起。

强化与海湾国家的联系是巴林国家安全的主要基础。2012 年海合会第三十三届最高理事会通过了一个决议，计划在海湾阿拉伯国家建立打击网络恐怖主义的统一体系，保障地区数字空间安全。为了落实该决议，巴林在 2013 年 9 月通过了强化打击网络恐怖主义活动的立法，特别是打击网站或信息技术工具帮助恐怖组织传播信息、扰乱公共秩序、破坏道德的行为。同样，巴林在 2015 年 3 月起也积极参与沙特牵头的对也门局势的军事干预。

巴林国内的动荡、政治与社会改革，与地区环境联系密切。2011 年 3 月平息国内动荡就是依托地区性安全力量。2015 年以来，巴林处理国家安全的重点转向地区安全层面的原因：一是 2015 年以来地区安全局势发生了重大变化，也门内战扩大化并导致地区国家的介入、“伊斯兰国”突起严重影响地区安全、因叙利亚问题和核问题导致伊朗在地区安全中的敏感度再次激增，巴林必须更加关注地区安全及其对国内的影响。二是国内政治环境在 2014 年 11 月大选后进入一个僵持阶段，全国对话会议难以为继，政治、社会改革举步维艰，巴林政府在国内问题上难以有所作为。同时，国内抗议活动虽然时有发生但都没有酿成国内动荡，反对派的活动也被有效控制，国内政治、安全局势基本可控。但巴林也面临较为严峻的恐怖活动威胁。可见，国内局势为巴林关注地区安全提供了条件，同时巴林也需要通过参与地区安全事务为国内问题提供保障。

这一阶段，巴林与沙特的共同行动促进了双方的关系，也提升了巴林的地区国家形象，同时 2013 年 12 月第九届“麦纳麦对话会议”在地区动荡的背景下举行，显示了巴林在地区事务中的独特作用。巴林借助这一国际对话平台阐述国内局势及政府处理动荡局势的政策、立场。国际形象、地位的提高，与地区事务联系的加强，确实为巴林处理国内问题增加了一些资源。

长期以来，巴林主要的问题是推进社会、政治改革，国际因素只能是巴林解决国内紧迫、重大问题的条件。巴林将动荡以来处置重大国内议题这一中心工作淡化，既是国际、国内条件的客观需要，也是无力有效推进国内问题的无奈之举。

二、第三阶段的主要矛盾和议题

巴林国内政治与地区国家的关系，不仅有中东国家的普遍特点，还有本国教派政治的天然的国际性。此外，巴林的动荡与西亚北非其他国家的动荡、整个地区局势，与美国在海湾的军事存在等国际要素都有直接关联。

（一）海湾地区局势恶化与巴林寻求国内稳定之间的矛盾

什叶派力量在巴林虽然被削弱，但海湾地区什叶派力量总体反而有所增强，这一形势是沙特和巴林所要面对的。

2014 年 11 月巴林大选结束后，海湾地区及其周边局势发生了新的变化：一是也门局势恶化，什叶派胡塞力量控制了也门政局，2015 年 4 月沙特为首的联军军事介入也门内战；二是 2015 年 7 月，伊朗核协议在联合国通过，沙特与伊朗的关系进一步对立；三是 2017 年 6 月，沙特联合一些国家与卡塔尔断交。巴林毫不犹豫地与沙特一起行动，既是巴林一贯的海湾外交政策使然，也是国内政治局势的一种延伸。

在国际层面，海合会的支持对于巴林来说至关重要，正是海合会的帮助才使得巴林能够短期内平息动荡、控制局势。在 2011 年以来的中东剧变发生后，海合会各国领导者对内采取经济改革、满足抗议者的部分要求、让渡部分权利给民众等柔性方法，对外采取团结一致、抱团取暖和借助海合会的军事干涉等强硬方法，保持了各国局势的稳定。依托海合会、依托沙特是巴林周边安全的核心政策。因此，越是在地区国际关系紧张的时候，巴林越是要与沙特站在一起。以沙特为首的海湾国家在巴林动荡中最担心的是，该国的什叶派力量增长会引发海湾地区的连锁反应；同时担心巴林王室、政府与反对派在行政、司法等领域达成任何协议或妥协（抑或沿着这个方向前进），这些协议与妥协产生的地区溢出效应会引发海湾地区国家的政治动荡。

沙特在巴林危机的解决中收获颇丰。为了对抗以伊朗为首的什叶派对巴林的影响，[①] 沙特对哈利法家族鼎力支持。在巴林王室开启与示威者的谈判并犹豫不决之际，沙特为首的海合会不仅为巴林王室出谋划策，还通

---

① Amir Bagherpour，Religion and the Evolution of Democracy：a Revised Electorate Model for the Arab Spring，Claremont Graduate University Ph. D. thesis，2012，p. 62.

过直接派军队和支援物资等方面的支持，平息了巴林的国内动荡。事实上，海和会的策略一举扭转了巴林王室和政府在应对游行示威时的颓势，不仅维护了与巴林王室和政府的传统友谊，更扩大了海合会的地区影响，为科威特等国政治动荡的解决树立了标靶，客观上增强了逊尼派阵营的团结，使沙特在借助于海和会与伊朗的对抗中占得先机。

伊朗的影响在巴林动荡中被认为是一个不可忽视的医素。① 但与在也门问题上相似的是，伊朗对巴林什叶派提供的援助十分有限。伊朗多年来受到美西方国家的封锁，自身发展有限，其影响力投射也自然受到限制。在巴林问题上，伊朗除了在道义上给予什叶派同情外，对巴林局势的进展实际上并没有太多的影响。但是巴林基于传统的对伊朗支持其国内什叶派的担心，认为“伊朗是地区安全真正的威胁”②，甚至将伊朗与地区恐怖主义联系在一起。

巴林指责伊朗对巴林的干涉反映在国内层面，是由于其国内政治和解长期停滞、反对派主要力量抵制2014年大选所造成的政治紧张关系。这是巴林王室与政府借助国际事务转移国内问题视线的一种策略。这种策略取得了效果，巴林王室和政府借助沙特与海合会的保护，不仅巩固了与沙特阵营的关系，还进一步增强了对社会的控制力。

（二）对美关系中的矛盾

美国仍然是域外大国中对巴林有重要影响的大国。在对美关系中，巴林既面临着美国政府对巴林武力镇压反对派的指责，同时由于在安全上严重依赖于美国的保护，如何将美国的压力转化为发展与美国关系的动力，是巴林在动荡后急需解决的矛盾。

西方国家虽然支持巴林政府平息国内局势动荡，但也一直呼吁巴林进行民主化改革，并通过国际人权组织发布报告来向巴林施压。2011年2月27日，美国总统奥巴马在哈利法国王改组内阁后发表声明，将继续支持巴林政府主导的全国对话会议。美英力促萨勒曼王储与君主立宪派达成协议，希望巴方以实质性政治改革平息渐趋升级的动荡。美国对巴林施压的表现还有：美国驻巴林大使馆以年度巴林人权报告的形式批评巴林政府在动荡中的一些行为；在2011年秋取消了一笔对巴林的军火销售。巴林王室与政府以及沙特等其他海湾国家，强烈反对美国的批评及其敦促改革的要求。

---

① Mitchell Belfe, Small State, Dangerous Region: A Strategic Assessment of Bahrain, Frankfurt am Main, Germany: Peter Lang AG, 2014, p. 191.

② Bahrain Foreign Minister, Iran is Real Danger on Reigion, Eggpt Today, Nov 6, 2017.

但美国的全球战略需要巴林，美国继续在巴林驻军，长期和巴林政府保持着密切合作，并继续维持巴林作为抵御伊朗和什叶派影响的前哨阵地在巴林政府和反对派之间积极斡旋。巴林一方面适当向美国等让步，另一方面又加强对外舆论的监管与宣传工作，接受国际社会的一些批评。此外，巴林还宣布接受国际调查。

特朗普总统执政为巴林改善与美国关系提供了新机遇。2017 年 5—11 月，巴林王储与美国总统三次会见，两国关系升温。巴林加强与美国关系来增加国家安全的策略得到明显推进。

（三）沙特的干涉与巴林独立性之间的矛盾

巴林的逊尼派长期掌控国家政权，其在政治、安全等问题上与沙特有着较多的相同之处，在对待什叶派的态度上也较为相似，两国王室和政府在许多问题上都保持一致。巴林的什叶派则与伊朗和伊拉克南部地区的什叶派有着宗教和移民上的联系。伊朗伊斯兰革命后，巴林的什叶派受到鼓舞，曾组织游行对抗逊尼派政府；巴林政府采取了一系列压制什叶派的举措，使其在政治、经济和社会领域更加处于边缘地位。国际社会对巴林的影响具有一定的延续性，仍然是以沙特和伊朗的影响最为直接。但同时两个地区大国在巴林的博弈也从外部保证了巴林的独立性。

巴林的这种独立性随着沙特以海合会名义军事介入巴林而发生了微妙的变化。一方面，沙特的影响从背后走向了台前，并随着其帮助巴林政府打压反对派而达到了顶峰，而且从传统上的教派领域扩展到了政治领域。另一方面，在动荡中，巴林和沙特一直指责伊朗在背后对巴林的什叶派进行的支持，但是实际上，两国政府并没有实质性和充足的证据。因此，对于沙特和巴林的密切关系，巴林什叶派认为，巴林有可能丧失国家的独立性。

如果从这个角度来看，在巴林动荡中获益最大的不是最终保住政权和稳定的巴林政府及哈利法家族，而是沙特，“鹬蚌相争渔翁得利”。

三、巴林动荡的特点

巴林的局势动荡及其发展是巴林国内外各种力量相互之间的张力及其变化的结果。沙特为首的海合会和巴林政府最终联合以武力手段平息了巴林什叶派的活动，这显示出巴林政治发展的各种力量已经被充分地调动了起来，双方已经“图穷匕首见”——最终只能用暴力的手段解决。动荡后的巴林，政治局面似乎又回到了动荡前。

从外部来看，巴林的政治动荡受到了地区局势动荡等域外因素的影响，巴林的动荡发生后迅速引起了地区国家和国际社会的关注。以沙特为首的逊尼派阵营出于对巴林政府的支持、对抗伊朗的影响和巩固逊尼派势力范围等方面的考虑，利用海合会作为媒介，果断出兵巴林，不仅达到了目的，还扩大了沙特作为逊尼派领袖的地位和地缘政治影响。

从内部来看，巴林动荡发生的原因在于占人口大多数的什叶派处于经济上贫困、政治上无权的地位，与掌握大量经济资源和政治权力的逊尼派长期矛盾不断。从巴林政府方面来看，政府在历史上进行过一系列的改革，但是始终没有改变国内现有的政治、经济和社会结构，政治建设也一直停滞不前，这不仅没有缓和两派的矛盾，反而导致了教派矛盾激化和局势动荡。巴林的什叶派通过游行示威方式争取权力的行动失败后，双方之间矛盾的化解方法转移到了全国对话会议上。在全国对话会议期间，双方对政治权力的分配、在经济和社会权力公平等议题上仍然存在着不小的差距，全国对话会议也因为两派之间的关系而不断出现波折，最终几乎是无疾而终。什叶派提出了新的路线图计划，但是遭到了逊尼派的反对。全国对话会议后，双方之间的斗争仍然在继续，但是逐渐转移到了对民生问题和政治权力上，手段也转变为谈判。但由于谈判并没有取得太多的成果，两派之间未来的博弈仍将继续存在。

除此之外，巴林的动荡也逐渐改变了这个海湾国家在未来一段时间内对外政策的选择，沙特实际上成为巴林动荡最大的受益者。沙特不仅是巴林的盟友，而且通过海合会武装介入巴林，进一步巩固了与巴林政府的关系。美国出于地缘政治的考虑，也支持沙特的行为。经过动荡的巴林，在外交选择上，实际上呈现出一边倒向沙特的倾向，在随后的也门问题和卡塔尔问题上亦步亦趋地追随沙特。

经过 2011 年的动荡，巴林的逊尼派实际上取得了对什叶派的又一次胜利，什叶派的力量被大大削弱，巴林的政治建设进程似乎又回到了动荡前的局面：什叶派和逊尼派之间的界限没有随着动荡的消失而消失，而是随着两者之间的冲突变得更加清晰起来；在冲突的方式上，两派之间的冲突也从之前的和平方式走向了包括冲突在内的多种方式，实际上更加凸显了两派之间不可调和的矛盾。当前，巴林的政治建设仍将以逊尼派的哈利法家族为主导，什叶派短期内改变当前的政治局面的可能性微乎其微。

第六章　叙利亚局势演变中的内外张力

叙利亚在 2011 年 1 月开始的抗议活动迅速导致民众与政府的对立，并演变为全国性的、持续到当前的战乱。这一内生性、求变革的社会运动危机的爆发及其迅速扩大化，体现了政治与民族主义、宗教的复杂结合，[①] 以及内部紧张的张力关系。而外部势力的强力干涉使叙利亚危机愈演愈烈，从一场国内动荡迅疾演变为内战、从内战很快扩大为地区性国际冲突、从地区性国际冲突又导致域外大国直接武力介入。当前，叙利亚问题依然是国际热点、焦点。其结果是叙利亚国家政权支离破碎，民众伤亡惨重、流离失所，"伊斯兰国" "胜利阵线"等恐怖组织不断做大。

叙利亚危机爆发、演变的根本矛盾及其张力，在国内层面，是政治治理不善、社会发展水平长期滞后、发展过程中不均衡问题突出等内部因素；在国际层面，是域外大国美国、俄罗斯等和地区大国土耳其、沙特、伊朗等在叙利亚的地缘政治博弈。在危机爆发前后，叙利亚的国内政治、社会和国际张力有着明显不同的表现形式。正是内外两个方面的张力关系加剧了叙利亚局势的复杂性，使得危机持续胶着。未来，叙利亚危机的解决面临着内外张力的挑战。

第一节　叙利亚危机演化的三个阶段

2011 年 1 月以来的叙利亚危机到当前依然没有能够结束。数年来的危机演化过程，可以划分为三个阶段，每个阶段的突出矛盾有所不同。

第一阶段：叙利亚危机的迅即升级及其国际化（2011 年 3 月至 2014 年 6 月）。

---

① Sari Hanafi, Gulf Response to the Syrian Refugee Crisis, Sociology of Islam 5, (2017) 112 - 137, pp. 131 - 132.

这一阶段主要矛盾是如何看待叙利亚政治危机，和以什么样的政治制度安排来化解政治危机。叙利亚危机在这一阶段呈现三次升级，一是从抗议示威迅即演化为国内政治冲突，二是国内冲突的迅即国际化，三是暴力冲突迅即滑向内战。

2011 年 1 月下旬，叙利亚出现了反政府示威活动。到 3 月 15 日这些抗议活动因 15 名少年学生进行反政府活动被捕而升级，学生家长等群众不仅要求释放学生，抗议活动还向政府提出“扩大民主、惩治腐败”等要求。政府认为局势严重，一方面逮捕了一些参与反政府活动的人，另一方面出台了一系列改革举措，包括在 2011 年 4 月 21 日宣布取消紧急状态（自 1963 年开始实施），但 2011 年 4 月 22 日就出现了“伟大星期五”更大规模的抗议活动。到 2011 年 6 月 30 日，叙利亚境外反对派宣布组成统一的协调机构，国内反对派成立了新的组织，拒绝政府提出的民主对话。

国际社会很快就对叙利亚政府施加压力。联合国人权理事会在 2011 年 4 月 29 日谴责叙利亚政府使用暴力，并要求对侵犯人权法的行为进行调查；11 月，人权理事会宣称从其收集的证据中可以认定叙利亚政府在国家动乱中犯下了“危害人类罪”。欧盟在 2011 年 5 月对叙利亚实施经济制裁，包括制裁叙利亚总统（禁止其入境并冻结其海外资产），在 11 月又实施针对叙利亚政府的经济制裁。这一阶段，法国、英国等多次在联合国安理会提出批评、制裁、打击叙利亚政府的议案。美国、加拿大以及英国、法国、德国等欧洲国家领导人在 2011 年 8 月 18 日要求叙利亚总统下台。西方国家还通过“叙利亚之友”国际会议来支持反对派。在 2013 年 4 月的第二次会议上，美方决议向反对派提供总额约 2.5 亿美元的各项援助。[①]阿盟也深度卷入叙利亚动荡，在 2012 年 7 月下旬宣布与叙利亚政府断交，呼吁叙利亚反对派组建过渡政府。

到 2011 年 7 月，反对派与政府开始了规模化的武装冲突。从 2011 年 8 月到 2012 年 11 月形成了叙利亚四大反对派武装势力，国内迅速出现了一大批反对派武装，最多时达到 6000 多个。这些组织人员构成复杂，且背后得到美欧以及中东地区土耳其、沙特等国的支持，试图趁机推翻巴沙尔政权。叙利亚的库尔德势力也趁乱扩大自己的实力，试图在维护自身力量的同时，借机实现其独立建国的目标。一方面，库尔德武装坚决维护自己盘踞的地盘，防范其他势力入侵；另一方面，开始向外扩张势力范围，2012

① 刘中民：《外部力量干预与叙利亚危机的多层博弈》，澎湃新闻，2018 年 5 月 15 日，https：//www.thepaper.cn/newsDetail_forward_2130602。

年之后，趁乱先后占领了科巴尼、阿穆达和阿夫林等地。①

域外大国在内战中纷纷选边站队。美国与西欧大国支持反对派，他们在联合国四次推动（2011 年 8 月、2011 年 10 月、2012 年 1 月和 2012 年 2 月）讨论授权以美国为首的多国对叙发动军事打击的方案，但美国等国的动武提议遭到否决。俄罗斯支持叙利亚政府。沙特等大多数域内国家支持叙利亚反对派，伊朗、黎巴嫩真主党则站在叙利亚政府一边。土耳其出于地缘政治的考虑在最初选择上大力支持反对派阵营，但后来出于国家统一的安全考虑而发生了变化。②

2013 年 8 月，叙利亚发生化学武器攻击事件，反对派指责是叙利亚政府所为，美国准备对叙利亚政府实施武力打击。在俄罗斯等国的斡旋下实现了“化武换和平”，叙利亚同意将国内化武材料运出本国。美国在 2013 年化武危机前主要以资助反对派武装、派遣军事顾问的方式介入叙利亚武装冲突；化武危机后，美国开始向叙利亚派遣军队，向反对派提供武器。虽然反对派得到域外与域内很多国家的支持，但在 2014 年 5 月却因战局不利而被迫放弃其活动中心、中部重镇霍姆斯。

第二阶段：“伊斯兰国”势力在叙利亚的盛衰（2014 年 6 月至 2017 年 12 月）。

这一阶段是内战最为激烈的时期。2014 年 6 月“伊斯兰国”（IS）势力短时间内攻城略地，控制了叙利亚和伊拉克的大片地域。其后遭到各方面的打击，到 2017 年 12 月，该势力在叙利亚的存在基本被消灭。美国、俄罗斯在叙利亚军事介入不断加深，土耳其的叙利亚政策发生了重大改变。两大阵营间的和谈与军事对峙甚至冲突交互进行。

IS 势力到 2015 年上半年发展到顶峰：控制了叙、伊两国北部地区约 4 万平方公里、约千万人口的地域，其核心武装人员达 3 万—5 万人；以阿勒颇、拉卡、哈赛克等北部省份为据点，并在 5 月向南推进至中部省份霍姆斯，严重威胁叙利亚首都与东部代尔祖尔地区的补给线；到 6 月，该势力又进攻北部重镇科巴尼、东部主要城市哈赛克和代尔祖尔。③ 与此同时，“基地”组织分支“支持阵线”也趁火打劫，于 2014 年初开始攻击伊德利

① 到 2015 年下半年，库尔德武装“人民防卫军”得到美国扶持，成为“叙利亚民主军”的主力，协助美军打击极端组织。此后，叙利亚库尔德武装成为美国在叙利亚的代理人。龚正：《叙利亚危机中的三个“阵营”与三个“配角”》，《世界知识》2018 年第 4 期。

② Adam Szymański，Turkish Policy Towards War in Syria，Institute of Political Science University of Warsaw，OL PAN，2017，12/1，63 – 84，p. 67.

③ 郑迪：《中东反恐，美国“超脱”策略难奏效》，《中国社会科学报》2015 年 7 月 16 日第 4 版。

卜省，并最终占领了该省大部分地区。

叙利亚政府一度濒临崩溃，但在俄罗斯、伊朗等力量的支持下扭转了局势并掌握了主动权。在反对派武装、极端组织等势力的攻势下，叙利亚政府到2015年9月仅控制全国领土的20%—30%。[①] 整个国家处于失序状态，民众大量流离失所，引发全球最大人道主义危机。但俄罗斯在2015年9月30日开始空袭叙利亚境内的IS目标，很快扭转了战局。在俄罗斯、伊朗和黎巴嫩真主党武装的支持下，叙利亚政府到2016年2月逐渐控制了土叙边境的局势，并对反对派大本营（阿勒颇、伊德利卜等地）形成了合围。[②] IS、“支持阵线”等的控制区已缩小至叙利亚领土的40%。伊拉克在安巴尔省取得对IS的接连胜利，在2015年11月切断了IS势力从伊拉克到叙利亚之间的公路联系，并对安巴尔省首府拉马迪完成了战略包围，还击毙了多名恐怖组织头目。[③] 2016年9月开始的阿勒颇之战是具有重大象征意义的节点，至2017年年初，叙利亚政府军接连收复阿勒颇、霍姆斯等重要城市，2017年10月IS重要据点、北部城市拉卡被反对派收复。到2017年11月下旬、12月上旬伊朗、伊拉克宣布击败了IS势力，俄罗斯宣布从叙利亚撤军。

美国优先加强在叙利亚的军事打击，突出支持库尔德力量。2014年8月，美国与北约、中东地区大国在伊拉克实施以空军打击为主、地面援助为辅的针对IS的“空中干预”新模式。[④] 但在叙利亚，美国、沙特和土耳其等国坐观极端组织侵蚀叙利亚领土，希望借恐怖组织之手削弱和推翻巴沙尔政权，针对IS的军事行动比较有限。随着俄罗斯的军事介入、IS势力的明显衰落，美国等联军在2015年10月后也明显加大了对IS的打击力度。这一时期美国在叙利亚大力支持伊拉克和叙利亚的库尔德力量，使库尔德人在叙、伊北部地区占据了大批地域。在美国支持下，库尔德力量甚至一度发动对拉卡等城市的反攻。

土耳其则对库尔德力量在叙利亚活动及其壮大非常担忧，担心引起本国库尔德诉求独立的再次膨胀。2016年起土耳其多次跨境打击叙利亚境内

---

① Activists: Syria Troops Advance Under Russian Air Cover, The Associated Press, October 12, 2015.

② 龚正：《叙利亚局势再一次站在打与谈的十字路口》，《解放军报》2016年2月16日第8版。

③ Iraqi Security Forces Advance On Ramadi From Two Sides After Capturing Key Supply Line, Bridge, International Business Times, November 29, 2015.

④ 牛新春：《美国中东政策：开启空中干预时代》，《西亚非洲》2017年第1期，第4—5页。

的库尔德武装，如“幼发拉底河盾牌”军事行动在叙利亚北部打击极端组织、阻止库尔德人控制土叙边境，并切断了叙利亚库尔德武装控制的位于叙利亚西北角的阿夫林地区与其他库尔德武装控制区的联系。2017 年 10 月，土军以建立冲突降级区和打击极端组织为名，越境进入叙利亚并开始建造数个观察点，其中一些观察点可以瞭望阿夫林地区。土耳其在叙利亚问题上与美国分手，是这一时期突出的事件。

随着战场局势的明朗化，叙利亚内部各方、域内外相关大国，都希望重回政治解决的轨道。① 进入 2017 年以来，美、俄这两大阵营之间围绕叙利亚局势主导权的争夺又上升为主要矛盾。俄罗斯支持的巴沙尔政权、美国支持的库尔德武装、土耳其支持的“叙利亚自由军”，各自形成了较大的势力范围，相互牵制；美俄矛盾、美土矛盾、美伊矛盾、中东地区大国之间的多重矛盾，相互交织。围绕叙利亚问题的解决，出现了这两大并行的国际机制：俄罗斯主导下的阿斯塔纳机制和此前西方主导的联合国框架下的日内瓦机制。目前，形势的发展不断显示出阿斯塔纳机制作用的强势。②

俄罗斯宣布撤军也是出于这样的考虑，在从叙利亚撤军的同时强化政治解决叙利亚危机的力度。但联合国主导的日内瓦会谈中叙利亚反对派坚持巴沙尔下台作为政治过渡与重建的条件，这一巨大鸿沟是谈判难以取得进展的原因。③ 2017 年 3 月之后，国际社会召开多轮日内瓦会谈，围绕巴沙尔政权的去留、恐怖主义界定等问题各方难以达成共识，会谈始终无法取得实质性成果。一些推动叙利亚问题解决的新平台和新渠道也在出现，如俄、土、伊推动的阿斯塔纳和谈、叙利亚全国对话大会等。“阿斯塔纳机制”于 2017 年由俄、土、伊发起，2017 年 5 月第四轮阿斯塔纳和谈签署了“冲突降级区”备忘录。但由于叙利亚问题张力关系复杂而紧张，诸多外部力量的搅动对叙利亚政治进程产生着各种深层次的影响，如 2017 年 11 月、12 月伊朗及伊拉克宣布击败 IS 就有向美国、叙利亚反对派施压的意味。

第三阶段：武装冲突逐步走向缓和（2018 年 1 月至 2019 年 10 月）。

进入 2018 年，叙利亚危机有重大新变化。叙利亚政府不断收复被极端势力、反对派控制的区域。美国再次挑起化武危机并强化对库尔德力量的

---

① 郑迪：《俄调整军事介入叙利亚政策》，《中国社会科学报》2016 年 4 月 14 日第 5 版。

② 刘中民：《外部力量干预与叙利亚危机的多层博弈》，澎湃新闻，2018 年 5 月 15 日，https：//www. thepaper. cn/newsDetail_forward_2130602。

③ 《叙利亚政治进程亟待转圜》，《人民日报》2017 年 12 月 13 日第 21 版。

支持，但到2018年12月中旬又宣布撤军。土耳其在2018年1月下旬出兵叙利亚打击库尔德力量，并在2018年年底美国宣布撤军后与美国协调在叙利亚打击库尔德力量的行动。

叙利亚政府在2018年进一步稳住阵脚并不断扩展力量。在2017年军事成果的基础上，依托俄罗斯、伊朗的军事支持，叙利亚政府比较顺利地收复了一些重要地区（阿勒颇、霍姆斯、德拉、库奈特拉等），将大片领土连接了起来。[①] 但在9月起准备收复伊德利卜全境的军事行动受到了阻碍，土耳其反对叙利亚政府的军事行动并提议以“非军事区”方式解决。伊德利卜剩余地区是美国支持的叙利亚反对派的最后一块战略要地，叙利亚政府的军事与政治解决道路依然不平坦，美国宣布撤军对这一地区的军事解决增加了新的变数。

美国在2018年4月与英国、法国一起向叙利亚政府实施导弹袭击，其借口是大马士革东古塔的疑似化武袭击事件。这是特朗普政府自2017年3月向叙利亚增兵、4月首次对叙利亚实施导弹袭击、10月支持反对派从“伊斯兰国”手中夺取拉卡等举措的延续。但到2018年12月19日美国突然宣布从叙利亚迅速撤军。对于美国突然撤军，各方反应不一。但美国绝不会放弃对叙利亚的干涉，美国特朗普政府尽管考虑降低对叙利亚的战略投入，却不可能在军事层面放弃争夺，[②] 只是策略、手法有所变化。

2018年，土耳其在叙利亚打击库尔德力量的军事行动明显强化，其目标是针对阿夫林、曼比季、幼发拉底河两侧等地区的库尔德力量，并迫使美国放弃对库尔德力量的支持，以有效遏制土耳其库尔德分裂势力的坐大。2018年1月21日，土耳其在叙利亚北部阿夫林地区实施“橄榄枝行动”。阿夫林地区在叙利亚西北部阿勒颇省，与土耳其毗邻，被受到美国支持的库尔德武装“人民保护部队”掌控，西侧是土耳其；该地具有与其他库尔德控制区连成一片的战略意义，有利于伊拉克库尔德控制区石油向西外运。土耳其依托其地缘便利、“叙利亚自由军”的帮助，在阿夫林地区实施速战速决。6月，驱逐了曼比季的库尔德力量，到12月中旬、下旬，又宣布要解决幼发拉底河东岸的库尔德力量。到2018年12月中旬美国宣布从叙利亚撤军后，土耳其打击库尔德力量的优势更加明显，但也面临一些挑战。一是美国与法国一直对土耳其打击库尔德力量持反对态度，

---

① Lisa Beyer, Islamic State Has Lost the Battle Yet the War Goes On: Quick Take, The Washington Post, January 30, 2018.

② 《特朗普：美将很快从叙利亚撤军 望留下“持久足迹”》，新华网 http://www.xinhuanet.com/world/2018-04/25/c_129858485.htm。

在宣布撤军前后强调土耳其不要武力打击幼发拉底河东岸的库尔德力量；二是叙利亚政府对土耳其的打击行动有不同意见，在2018年12月底，叙利亚政府就进入曼比季，防止土耳其在该地区的军事行动。2018年1月，库尔德力量就请求叙利亚政府的支持与保护，因此叙利亚政府谴责土耳其在阿夫林的军事行动。

域内外各方势力的博弈更趋激烈。特朗普调整了中东政策，在伊朗核问题上的态度更趋强硬，中东地区局势变得复杂，以此为背景，各方尤其是中东地区大国在叙利亚问题上争夺更加激烈。土耳其对叙利亚北部阿夫林地区的进攻持续不断，美国支持下的库尔德武装面临困境，美国与土耳其在叙利亚库尔德问题、土耳其政变相关人员的去留等问题上分歧很大。以色列公开加入打击叙利亚政府军的行列，与伊朗和黎巴嫩真主党武装矛盾激化。4月，因化武事件俄美两国一度兵戎相见。事实上制造化武危机与针对政府军的军事打击行动一样，是为了搅乱叙利亚局势，其问题很复杂。①

与此同时，以联合国和阿拉伯国家联盟等为代表的国际组织，尽管深度介入了叙利亚危机的各阶段进程，但始终无法发挥有效作用。以联合国为例，由于其调停存在有欠公正、缺乏包容性和未能处理好与阿盟关系等“痼疾”，时至今日，叙利亚危机日内瓦谈判并未能取得任何实质性进展。②不仅如此，各方为了各自利益，经常性地无视联合国的权威。2017年4月7日和2018年4月24日，美、英、法等国置联合国决议于不顾，两次强行对叙利亚政府军驻地发动空袭，宣告了联合国影响力的式微。③

综观当前局势，叙利亚危机的彻底解决仍将是未知数。在这种形势下，厘清社会结构的内外张力在危机不同阶段的不同表现，对于更为准确地把握当前叙利亚国内种种乱象背后的实质、更为科学地预测其未来局势走向，无疑有着重大的现实意义。

无论是通过对相关文本的深度解读，还是对现实事态的持续追踪，都不难发现，引发这场持续数年的严重动荡和严重人道主义危机的背后推手，既包括叙利亚国内长期治理不善这一根本性因素，也包括外部势力争夺地区主导权这一诱发性因素。其中，前者是导致此次危机的自变量，而

---

① Rodriguez – Llanes et al，Epidemiological findings of major chemical attacks in the Syrian war are consistent with civilian targeting：a short report，Conflict and Health，2018. 12. 16，p. 6.

② 申文：《从边缘到中心：叙利亚危机中的联合国调停》，《国际观察》2017年第2期。

③ 新华社：《给叙利亚做“外科手术”，美国打的什么算盘?》，新华网，2017年4月7日，http：//www. xinhuanet. com/world/2017 – 04/07/c_129527263. htm。

后者则是助推危机持续升级的干扰变量。而从动荡前后叙利亚的国内政治、社会和国际这内外三重张力来看，在2011年危机爆发前，国内社会张力是占据主导地位的，主要表现为民众对改善生活的期待和巴沙尔政府治理不善之间的矛盾。2011年危机爆发之后，叙利亚局势受到国际因素影响的力度显著提升。这一时期，国内的社会张力表现为民众对国家稳定的诉求和叙利亚各派政治势力持续敌对的矛盾。国内政治张力主要表现在巴沙尔政权的去留，国际张力则表现为以美国为首的反恐联军和以俄罗斯为首的反恐同盟之间的明争暗斗。其中，国际张力表现得最为突出，影响甚至决定着国内政治张力和社会张力的形态。

2018年初至2019年10月（土耳其进行“喷泉行动”之前），叙利亚政府在俄罗斯、伊朗支持下连续取得战场的重大推进，收复了南部的库奈特拉等多处失地、攻破了大马士革周边东古塔等反对派据点，反对派、极端势力的武装力量被迫转移到位于叙利亚西北部伊德利卜。2018年9月17日，俄罗斯、土耳其两国总统发布关于在伊德利卜省建立非军事区的联合声明，内容包括：叙利亚伊德利卜省的政府军与反政府武装之间的非军事区范围将有纵深15—20公里；将于2018年10月15日前完成（后延期数月）；不允许“支持阵线”等极端组织在这一区域存在；反对派武装的坦克、火炮等重武器必须撤出这一地区；非军事区将分别由土耳其军人和俄罗斯军警人员组成的机动巡逻队监管。伊德利卜省与土耳其接壤，该地区成为叙利亚反对派武装和极端组织在叙利亚境内控制的最后一块主要地盘。

叙利亚政府推进伊德利卜的解放，实现国家统一。9月中旬，俄叙联军清扫伊德利卜外围。但土耳其期望长期控制叙利亚的一些领土，希望保住“沙姆自由人”“解放沙姆运动”和“全国解放阵线”等反政府武装，借以在库尔德问题上保持主动权。因此，各方达成了伊德利卜非军事区的协议。但这一协议严重损害了叙利亚主权。叙利亚政府逐步收复伊德利卜的战略据点。从2019年3月起，对伊德利卜实施从南向北挤压反对派武装空间的行动，以空袭、炮击等方式袭击“解放沙姆运动”（前身为“基地”组织在叙分支“支持阵线”）等恐怖势力，到2019年8月，叙利亚控制了连接大马士革和阿勒颇的高速公路。

随着战场的军事胜利，叙利亚政府从2019年年初开始推进经济恢复的多项措施，包括在农业、工业、能源、电力、通讯、住房等方面，提振旅游业。2019年8月，叙利亚还举办第61届大马士革国际博览会。

第四阶段：战乱的延宕（2019年10月9日至今）。

2019 年 10 月 9 日，土耳其在叙利亚北部发起“和平之泉”军事行动，土耳其派出大量部队进入叙利亚北部地区，占领了一条宽 30 公里左右的所谓“缓冲带”，这一地区原本属于库尔德武装。2019 年 12 月 19 日，叙利亚政府军对伊德利卜发动了“伊德利卜黎明 2 号”的全面进攻，向伊德利卜稳扎稳打，叙利亚反对派武装被压缩到叙利亚北部靠近土耳其边境的狭长地带；到 2020 年 2 月底，叙利亚政府已经基本控制了伊德利卜的外围，兵临伊德利卜城下。3 月 1 日土耳其在伊德利卜附近发起了“春季盾牌”行动；3 月 5 日，土耳其总统埃尔多安和俄罗斯总统普京在莫斯科峰会上达成关于叙利亚伊德利卜冲突的新停火协议。通过协议，叙利亚政府继续控制现有交火线（M5 公路），俄罗斯、土耳其在 M4 号公路南北建立 12 公里宽的安全走廊，两国联合巡逻队沿着 M4 号公路的安全走廊巡逻。

到 2020 年 6 月初，叙利亚政府向伊德利卜地区持续增派兵力；而从 3 月 6 日土叙双方停火后，土耳其军队几乎每天都会有几十辆军车抵达伊德利卜地区。双方似乎都在为下一场即将到来的战争做着准备。

极端势力也在伺机活动。2020 年 2 月 27 日，极端武装分子针对土耳其士兵实施了爆炸袭击；6 月 16 日，极端武装分子针对联合巡逻的土耳其、俄罗斯军队实施了炸弹爆炸袭击。

2019 年 10 月以来叙利亚局势发生了重大变化，美、俄的叙利亚战略有重大调整，引发地区关系的连锁反应。

第一，美国与土耳其在叙利亚的战略合作关系重新强化。土耳其在 2019 年 10 月 9 日及其之后的武装行动，改变了美国与土耳其的关系。2015 年以来，土耳其与美国在叙利亚的政策有渐行渐远的态势，在 2019 年 10 月“和平之泉”开始后美国还对土实施了新制裁，如将钢铁关税提高到 50%，并暂停价值 1000 亿美元的贸易协议谈判。后来美国副总统彭斯访问土耳其，要求土军停止军事行动。10 月 17 日，土军停止了军事行动并要求叙利亚库尔德武装必须撤出土叙边境 30 公里宽的“安全区”。

但美国必须考虑调整在叙利亚问题上与土耳其的关系。2019 年 8 月 7 日，土耳其与美国协议在叙利亚东北部建立“安全区”“和平走廊”，在库尔德问题上美国进一步向土耳其让步。美国总统在 2018 年 12 月宣布从叙利亚撤军的计划虽然没有实现，但美国减少其在叙利亚的军事行动将是一种趋势。因此，美国需要土耳其在叙利亚承担更多的责任，以配合美国的战略。2020 年 10 月的“和平之泉”行动是土耳其继 2016 年和 2018 年后的第三次越境在叙利亚的军事行动。面对此次土耳其的军事行动，美军很快撤出土耳其将要攻打的区域，并且对接下来的土耳其军事行动“不支持、不参与”。正是美国的这一立场，土耳其的此次军事行动才能够顺利实现目标，即打击土耳其库尔德反政府势力，在叙利亚北部推进建立“安全区”。2020 年 4 月，土耳其与美军在叙利亚的美国军事基地加强了合作，特别是防范难民进入美国的控制区。

第二，俄罗斯在叙利亚面临的压力有所增加。土耳其与美国靠拢，俄罗斯在叙利亚问题上的压力就会增加。俄罗斯期望叙利亚尽快实现统一、俄罗斯尽快在军事上摆脱叙利亚问题的牵制，但美国一直没有从叙利亚撤军，土耳其在叙利亚不断发动军事行动，俄罗斯被迫继续在叙利亚保持较大的军事、政治投入。

2020 年 4 月，俄罗斯在叙利亚东北部改建一大型军用机场（卡米什利基地），这将是俄罗斯在叙的第三个军事基地。该基地紧靠土耳其边境。2020 年 6 月，俄罗斯扩建在叙利亚的基地，包括新建军事基地，也包括对现有两座军事基地（赫梅米姆空军基地和塔尔图斯海军基地）的扩建。俄罗斯的这一举动是为减轻北约在乌克兰、波兰等地对俄罗斯的压力。为了适应军事基地扩建需要，俄罗斯在 5 月向叙利亚增兵。

土耳其在叙利亚的军事行动不断，成为对俄罗斯的突出压力。2020 年 2 月 29 日，土耳其要求俄罗斯停止对叙利亚政府的军事支持。3 月 1 日，土耳其在伊德利卜发起了新的军事行动；3 月 5 日，俄罗斯、土耳其协议停火后不久，土耳其在 9 日就威胁在伊德利卜省重启军事行动。美国海军、空军在伊德利卜地区的活动也明显针对俄罗斯。

2019 年以来，俄罗斯积极推动叙利亚经济恢复工作，包括打通经贸往来的交通要道。但美国与土耳其却不断给俄罗斯的相关计划增加困难。2020 年 6 月，美国出台了《凯撒法案》，强化对叙利亚的制裁；土耳其也在其控制区采用土耳其货币，割裂相关地区与叙利亚的经济联系。

第三，以色列的参与力度加大，伊朗在叙利亚问题上承担的压力激增。叙利亚危机发生以来，以色列对叙利亚局势保持高度关注，其干预的方式主要是空袭，目标主要是叙利亚、伊朗在叙利亚的重要军事设施。2019 年以来，随着叙利亚政府在军事上的推进，以色列加大了空袭。2019 年 1 月，以色列空军摧毁叙方反隐身雷达站；7 月 1 日，以色列空袭了叙利亚中部地区的导弹基地研发中心；7 月 24 日，以色列再次对叙利亚空袭；8 月 4 日，以色列导弹袭击了叙利亚整座雷达站及其雷达天线。

叙利亚 2018 年 9 月进攻伊德利卜省时，以色列就出动战机对叙利亚境内的伊朗军队进行轰炸。以色列还将针对叙利亚的频繁空袭作为向伊朗施压的工具，公开宣称只要伊朗不从叙利亚撤军，就不会停止频繁袭击叙利亚（包括伊朗在叙利亚的目标）。2020 年 6 月 23、24 日，以色列袭击了叙利亚中部和南部多处军事基地，主要针对伊朗在叙利亚的军事基地。

以色列在打击伊朗目标时将美国捆绑在自己的战车上。2020 年 6 月中旬，以色列总理宣布将戈兰高地上的一处犹太人居住点以特朗普命名，以感谢特朗普明确表态戈兰高地“归属以色列所有”。在以色列和美国的打压下，伊朗在叙利亚的活动越来越谨慎，2020 年 5 月首次宣布从叙利亚撤军。伊朗军队从戈兰高地南侧后撤 100 公里，俄军进入戈兰高地原来联合国的缓冲区，才使以色列没再进行军事打击。到 2020 年伊朗在叙利亚的力量主要部署在南部地区、叙利亚首都大马士革附近，在叙利亚南部为叙利亚提供后勤保障、防范以色列。

但伊朗在继续支持叙利亚。美国通过制裁叙利亚的新法案后，伊朗宣布将会进一步加强与叙利亚的经济合作。2020 年 1 月，伊朗与叙利亚在经济、社会和教育等领域达成了长期合作协议。

第二节　叙利亚危机背后的国内张力

叙利亚冲突始于和平的抗议活动，因政府没有有效处置而与之后的打压形成紧张的张力关系，为极端主义、反对派的发展创造了条件。[①] 中东地区的持续动荡，尽管很大程度上归因于域外以及地区大国间的地缘政治博弈，但是，该地区国家的国内社会因素始终是无法忽视的重要原因，如政治制度建设落后，经济发展不均衡、不充分问题突出，民族、宗教矛盾交织叠加等。这些消极因素长期积累发酵，使得国内政局极易因为偶然性事件产生巨大动荡。中东国家的大多数民众未能充分享受到现代化和全球化带来的红利、成果，其核心是政府的相关政策未能促进民生水平的提升，一系列民生、社会问题突出。这些严峻的问题不能通过国家机制中现有的渠道来解决时，诉诸暴力、大规模社会冲突等方式便成为可能的选择。[②] 叙利亚的不同宗教（基督教、伊斯兰教、犹太教）之间、同一宗教的不同教派之间（11 个基督教派别，4 个伊斯兰教派别）关系复杂。因此叙利亚社会治理难度很大，宗教与宗派之间的矛盾、分裂一直是叙利亚社

① Michael Singh, Syria After the Missile Strikes: Policy Options, Testimony submitted to the House Foreign Affairs Committee, April 27, 2017, p. 1.

② 王泰：《阿拉伯剧变后中东的政治发展：困境与反思》，《阿拉伯世界研究》2017 年第 1 期。

会紧张的根源。[①] 叙利亚危机也正是在这样的背景下发生的。

21 世纪头十年，叙利亚国内经济状况得到了一定改善，属于收入中等偏低但经济发展迅速的国家。比如：2000—2010 年，叙利亚国内生产总值（GDP）年均增长 4.3%，并且几乎完全由非石油部门的增长驱动；国内平均通胀率约为 4.9%，也位于合理区间。[②] 但总体而言，该国仍属于欠发达国家，政治制度建设滞后，尤其是经济增长因治理不善而未能惠及普通民众，贫富差距长期悬殊，社会结构张力不断加大。

一、政治张力导致政府合法性基础较弱

从 20 世纪 70 年代开始，哈菲兹·阿萨德（Hafiz Assad）在叙利亚建立了以复兴党为核心的军政合一的威权政治体制的“强人政治”。2000 年 7 月，巴沙尔·阿萨德（Bashar al – Assad）子承父业就任总统，也延续了该国的威权统治。复兴党一党独大、总统独揽大权的局面长期制约着叙利亚的政治体制改革。

巴沙尔政权仍然由复兴党掌控，它是叙利亚国家和社会的领导者，推选总统并对其负责。[③] 复兴党在叙利亚人民议会中占据绝对多数席位，不仅控制军队，还控制全国和地方各级工会。2007 年叙利亚人民议会 250 个席位中，复兴党占了 169 个。[④] 虽然阿萨德家族依靠复兴党维持了国家的相对稳定，但权力高度集中导致叙利亚国内人口占多数的逊尼派缺乏政治参与。再加之其党内的反对派基本被清洗殆尽，一定程度上沦为阿萨德家族的政治工具，导致复兴党自身也逐渐丧失活力。[⑤] 这就不可避免地造成民众的政治自由化和民主化诉求长期得不到满足，叙利亚国内政治生态僵

---

① International Journal of Humanities and Social Science, The Syrian Dilemma: a U. S. led Invasion or a U. N. Sponsored Resolution (2013), January. 2013, p. 2.

② World Bank Group, the Toll of War—the Economic and Social Consequences of the Conflict in Syria, July 10, 2017, http://www.worldbank.org/en/country/syria/publication/the – toll – of – war – the – economic – and – social – consequences – of – the – conflict – in – syria.

③ 根据叙利亚宪法，复兴党地方议会有权提出总统候选人，而鉴于复兴党在叙利亚国内独特的政治地位，复兴党的候选人就是未来的叙利亚总统人选。Volker Perthes, The Political Economy of Syria Under Asad, London and New York: I. B. Tauris, 1997, p. 140.

④ 近半个世纪以来，其比例始终不断增加，从 1973 年的 122 个席位，上升至 2016 年的 200 个席位，http://www.parliament.sy/forms/cms/viewStatistics.php。

⑤ 王晋：《叙利亚重建面临的政治、经济和外交挑战》，《国际关系研究》2018 年第 2 期，第 29—30 页。

化、腐败问题严重等一系列弊端，国内矛盾持续上升。

危机爆发前夕，叙利亚国内在权力均衡度、政治参与主体的多元性、民众的言论自由度、打击和惩治腐败和垄断的效度等方面都存在突出的政治张力，其国家政治治理水平远低于同期的“经济合作与发展组织”（OECD）国家和包括埃及、约旦和突尼斯等在内的中东地区中等收入国家。相较于上述国家，叙利亚行政和政策执行部门的表现尤其糟糕，政府向公民和企业提供监管和服务的质量偏低且长期得不到改善。① 而2013年巴沙尔政府关于《第十个五年计划的中期评估报告》也指出，叙利亚国家政治体制改革执行不力、改革措施进步不足。② 此外，民众的言论、结社、集会、宗教信仰等自由权利受到压制，尽管叙利亚身处伊拉克、巴勒斯坦等动荡国家的包围中，但其国家的强制能力（coercive capacity）却和中东地区其他国家持平。③

国家需要长期举措来支持其政府结构和经济发展，特别是需要制定可以解决国家层面问题的政策，并预测将来可以实现治理和发展经济所需的更广泛的结构。④ 但这些政治举措在叙利亚都很薄弱。2011年之前叙利亚政治治理不善的另一个重要特征是腐败程度高，民众对政府机构的信任度低。“透明国际”发布的《2010全球清廉指数报告》（Corruption Perceptions Index，简称CPI）显示，21世纪头十年，叙利亚政府的腐败程度总体处于全球高位，在约190个被纳入统计的国家当中，其清廉排名始终比较靠后，而且低于同时期中东地区多数国家。2005年以前，叙利亚政府在控制腐败和打击经济垄断等方面的得分仅略低于沙特、卡塔尔、巴林等中东地区国家，但进入2005年之后，差距开始迅速拉大。这种态势严重破坏了叙利亚公民对国内公共机构的信任。2009—2010年的盖洛普调查显示，对当地警察和司法系统等关键公共机构表示信任的叙利亚人的百分比，明显低于同期中东地区其他国家的数值。例如，在2010年，只有48%的叙利亚人表示对当地警察信任；相比之下，则有87%的约旦人对其国家警察

---

① Baroutt，M. J.，The Past Decade in Syria：the Dialectic of Stagnation And Reform（Part 1 of 5），2011，Research Paper Arab Center for Research and Policy Studies，Doha Institute.

② SCPR（Syrian Center for Policy Research），Socioeconomic Roots and Impact of the Syrian Crisis，Damascus，2013.

③ Hinnebusch，R. A.，The Political Economy of Economic Liberalization in Syria，International Journal of Middle East Studies，27（3），1995，pp. 305 – 320.

④ Lina Khatib，Tim Eaton，Haid Haid，Ibrahim Hamidi，Bassma Kodmani，Christopher Phillips，Neil Quilliam，Lina Sinjab，Western Policy Towards Syria：Applying Lessons Learned，Chatham House：The Royal Institute of International Affairs，Middle East and North Africa Programme，March 2017，p. 7.

表示认同。①

二、民生领域张力关系激化诸多矛盾

叙利亚民众生活虽然比较稳定，但长期难以有明显的改善，国内社会发展失衡不断加剧。一旦出现动荡，经济发展迟滞会成为人们发泄不满的一个决堤口。

第一，HDI 长期处于低水平。2010 年纳入统计的全球 169 个国家，HDI 均值为 0.624，叙利亚仅为 0.589，排名第 111 位，属于中低水平国家。② 而从 20 世纪 80 年代至危机爆发前的宏观数据来看，叙利亚的 HDI 一直徘徊在 0.55 的低水平，排名长期维持在全球 100 名之后，民众生活状况始终没有得到明显改善。同中东地区沙特、卡塔尔、阿联酋等多数国家相比，长年存在较大差距。在 HDI 年均增长率方面，1980—2010 年、1990—2010 年和 2000—2010 年三个时间段，叙利亚的数据也明显低于同期阿拉伯国家平均水平的 1.32、1.12 和 1.14。

1980—2010 年叙利亚 HDI 相关情况③

	HDI 数值						
年份	1980	1990	1995	2000	2005	2009	2010
数值	0.470	0.519	0.546	—	0.576	0.586	0.589
	HDI 排名变化		HDI 年均增长率			HDI 进步排名	
年份	2005—2010	2009—2010	1980—2010	1990—2010	2000—2010	1980—2010	
数值	-3	0	0.75	0.63	—	74	

在对外经济关系中，2014 年叙利亚的十大贸易伙伴主要是本地区国

① World Bank Group, the Toll of War—the Economic and Social Consequences of the Conflict in Syria.

② United Nations Development Program, Human Development Report 2010, November 20, 2010, http: //www. undp. org/content/undp/en/home/librarypage/hdr/human_developmentreport2010. html.

③ United Nations Development Program, Human Development Report 2016, March 21, 2017, http: //www. undp. org/content/undp/en/home/librarypage/hdr/2016 - human - development - report. html.

家，① 对外经济难以大幅度拉动国家经济。

第二，失业率高，女性就业困难。2000 年巴沙尔上台执政之后，推行建立“社会市场经济”等举措，以刺激私营经济增长和促使叙利亚经济运行以市场为导向，一定程度上增加了就业机会。但就业始终跟不上人口增长的速度。21 世纪头十年，叙利亚的就业率以平均每年 1.3% 的速度增长，但是同期人口和劳动力的增长速度则分别达到 2.9% 和 1.7% 。比较明显的是农业就业率的萎缩。据统计，该行业的就业比例从 2000 年的 32.9% 下降到 2011 年的 13.2% 。②

多余的劳动力，尤其是女性，被赶出了劳动力市场。由于劳动力市场未能吸收不断增长的劳动力规模，从 2001 年到 2010 年，叙利亚劳动力总参与率下降了约 7 个百分点（从 50.2% 降至 43.5%）。这一调整对女性来说更为严重：她们的劳动力参与率下降近 10 个百分点（从 20.4% 降至 13.2%）。到 2010 年，叙利亚成为世界上劳动力参与率最低的国家之一，仅为 69% 。即使按中东区域的标准来衡量也很低，当年埃及和突尼斯则分别是 76% 和 70% 。造成这一差距的主要原因是女性对经济的参与率极低，而且不断减少。叙利亚女性劳动力参与率比中东和北非平均水平（不包括高收入国家）低约 5 个百分点，比埃及和突尼斯低 10 个百分点。同样，女性失业率（25.2%）高于男性失业率（6.1%），是中东和北非地区失业率最高的国家。

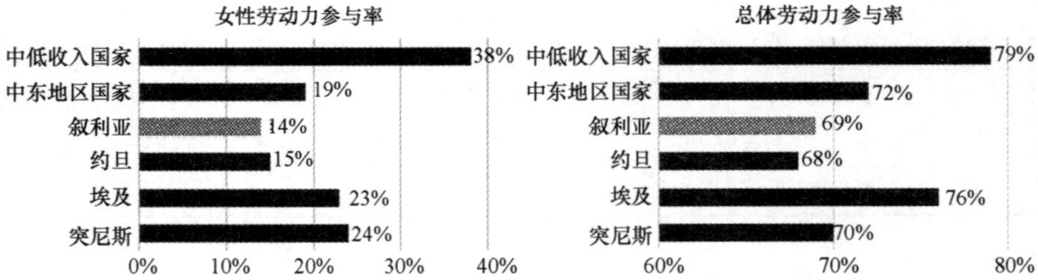

2010 年叙利亚等国的“女性劳动力参与率”和“总体劳动力参与率”

① Agata Wlodkowska – Bagan, Syria in Russia's Foreign Policy in the 21st Century. Kielce: Jan Kochanowski University, Institute of International Politics and Security Political Theory, International Relations, Foreign Policy, 2017, 12/1, p. 30.

② 部分原因是 2006—2011 年发生的旱灾，导致人口从农村地区向城市转移，使服务业和工业的就业比例分别增加到 55.3% 和 31.4%。有学者认为，2006—2009 年的干旱和随之而来的城市移民是造成 2011 年叙利亚危机的一个主要风险因素，但很难从经验上证实这一点。World Bank Group, the Toll of War—the Economic and Social Consequences of the Conflict in Syria, p. 9.

第三，贫困人口众多，地区贫富差距悬殊。进入2000年以后，叙利亚总体贫困率呈上升态势，从基尼系数上来看，属于中等水平。① 1996—1997年，叙利亚极端贫困率为14.3%，总体贫困率为33.2%，基尼指数为0.337。2003—2004年，赤贫率和总体贫困率分别下降到11.4%和30.1%，但基尼指数上升到0.374。因此，巴沙尔政府推行改革所带来的经济增长并未更多地惠及穷人，由于支出分配更加不平等，增长的部分反而被增加的人均支出所抵消。2006—2007年，贫困率继续上升（赤贫率为12.3%，总体贫困率为33.6%），抵消了1997—2004年期间的经济增长。根据联合国开发署2014年的数据，2010年叙利亚的多维贫困指数达到5.5%，远高于当年的突尼斯（1.2%）和约旦（2.4%），略好于动荡中的埃及（6.0%）。② 可以说，21世纪头十年，叙利亚的贫富差距总体较大，且长期得不到改善。

1997年、2004年和2007年叙利亚国内贫困的相关情况

指标 年份	赤贫率	极端贫困率	总体贫困率	基尼系数
1997	—	14.3%	33.2%	0.337
2004	2.2%	11.4%	30.1%	0.374
2007	1.2%	12.3%	33.6%	0.326

就地域而言，地区、城乡贫富差距悬殊。叙利亚的贫困问题主要集中在东北部地区，尤其是农村地区。叙利亚农村地区长期比城市中心贫穷，城乡差距自1997年之后不断扩大。2007年，该国最贫穷的地区是东北部的农村地区，贫困人口占全国的19.7%，比排在第二位的南部农村地区（12.8%）高出7个百分点。东北部地区的人口占叙利亚总人口的44%，赤贫人口却为全国的56%。同时，东北部的农村也是1997—2004年贫困加剧的唯一地区。总的来看，在2007年，叙利亚的城市贫困率与农村贫困率的差距为6个百分点，远高于同时期的约旦等国。③ 而一些外部因素也

① 基尼系数介于0—1之间，系数越大，表示不平等程度越高。依据联合国开发计划署的标准：0—0.2表示指数等级极低，0.2—0.29为低，0.3—0.39为中，0.4—0.59为高，0.6—1为极高。通常把0.4作为收入分配差距的“警戒线”。

② World Bank Group, the Toll of War—the Economic and Social Consequences of the Conflict in Syria, p. 11.

③ World Bank Group, the Toll of War—the Economic and Social Consequences of the Conflict in Syria, p. 12.

加剧了叙利亚农村地区贫困状况的恶化。1998—2009 年，叙利亚肥沃的新月地区持续遭受干旱，2007 年更是自 1931 年有记录以来最干旱的一年。这造成了大规模农作物毁坏和牲畜死亡，150 万多人被迫从农村迁移到南方的城市地区寻求生计。[①] 因此，直至叙利亚危机爆发，叙利亚农村地区的贫困问题始终未能得到有效解决。

上述政治制度僵化、经济社会发展水平较低、地区城乡贫富差距悬殊等痼疾的存在，持续侵蚀着巴沙尔政府的政治合法性基础。2009—2010 年，当中东地区爆发局势动荡之际，叙利亚很快卷入动荡的漩涡。而叙利亚在地缘上的重大意义、域外大国的全球博弈、地区大国的主导权之争，使得这场原本由叙利亚国内民众推动的要求政府改善治理模式、促进社会进步的政治运动，上升为反对派与政府的军事对垒，并在外部势力长期的强势干预下，最终演化为一场持续的战争与危机。

三、叙利亚经济面临的三大难关

（一）封锁黎巴嫩金融贸易通道的破坏性影响

自 20 世纪 50 年代开始，黎巴嫩就是叙利亚与外部世界金融和贸易交往的主要通道。2011 年叙利亚危机以来，黎巴嫩通道的作用日益凸现，叙利亚人储蓄、购汇、开立信用证以及支付进口货款全部仰赖黎巴嫩银行。但自 2019 年 8 月黎巴嫩经济危机加剧以来，黎镑和叙镑相继大幅贬值，黎银行开始冻结叙人存款，限制储户购汇，导致叙利亚储户包括进口商均无法履行进口协议，叙利亚进口贸易受阻。

首先，小麦进口受影响，2020 年初叙利亚政府招标进口 60 万吨小麦，三家主要进口商因支付账户在黎巴嫩银行无法签约，直接导致叙利亚市场面粉紧缺、面包涨价，威胁叙人主食安全。其次，其他生产生活用品进口也广泛受到影响，特别是工农业生产原材料进口受限，直接影响到战后重建的启动。

另外，黎巴嫩经济危机还带来了在黎叙利亚侨民大量失业和向国内汇款大幅减少，再加上近年叙利亚油气出口和旅游业停滞，赚汇能力降低，叙利亚经济遭受前所未有的压力和风险。

---

① Kelley, C. P., Mohtadi, S., Cane, M. A., Seager, R. and Kushnir, Y., Climate Change in The Fertile Crescent and Implications of the Recent Drought in Syria, December, 2015, In AGU Fall Meeting Abstracts.

（二）“恺撒法案”对叙利亚制裁的长远影响

美国总统在2019年12月20日批准“恺撒法案”。这是基于美国、欧盟、瑞士、加拿大、日本、土耳其和海湾国家多项针对叙利亚制裁法案的二级附加法案。“恺撒法案”的主要措施和影响是：除了可以制裁与叙利亚发生特定领域商务往来的美国企业和个人外，还可以对与叙利亚受制裁机构发生商务往来或在特定领域合作的俄罗斯等他国企业进行制裁。

“恺撒法案”强制要求总统必须实施某些二级制裁措施，比如：对与叙利亚政府、军方，或与叙利亚、俄罗斯、伊朗政府项目的承包商发生重要合作或重大交易的外国人进行制裁。对向叙利亚政府销售或提供扩大石油产能的产品、服务、技术和信息，提供军用飞机、零部件，提供建筑、工程服务的外国个人进行制裁。要求美国财政部确定叙利亚央行是否从事洗钱活动，如确定，则施加更多制裁措施，包括对其经营进行监督监测。对外国个人的制裁措施包括冻结其在美国资产、禁止入境美国等。

“恺撒法案”在2019年12月颁布后，预计将有新的一批在叙利亚市场活跃的外国企业进入美国政府制裁名单。如俄罗斯的MERCURY和VELADA两家油气公司被指刚刚与叙方签署油气扩产合同。一些俄罗斯、伊朗、阿联酋、中国和黎巴嫩的建筑工程企业也将受到牵连。

从中长期看，该法案影响较大。首先，叙镑大幅贬值，半年之内已超过100%，尽管叙央行多次出手干预，仍不见效。有报道称叙利亚外汇储备已经从两年前的4亿美元到目前的接近“0”。其次，制裁特别针对建筑行业，这对本来就起动乏力的战后重建影响深远。近期，阿联酋与叙利亚外交关系开始回暖，阿方企业看好叙利亚的重建机会。但“恺撒法案”明显是破坏叙利亚大规模战后重建的主要障碍。

（三）新冠肺炎疫情的潜在影响

自2020年3月22日，叙利亚官方宣布第一例新冠肺炎病例以来，叙利亚政府同周边国家政府一样，立即采取了相关防疫措施。截至5月31日，叙利亚共确诊122例，康复46例，死亡4例，其中多半确诊病例为从伊朗、伊拉克等国乘包机回国的叙利亚侨民。总体看，叙利亚疫情形势并未失控，医院和社区未发生大规模就诊等危急情况。但在全球疫情尚未出现明显缓解、国际航班多数尚未复飞的情况下，叙利亚疫情防控仍存在不少隐患和潜在风险。一是叙利亚全国医疗设施严重受损，9年反恐战争使全国 50% 以上的医院停业，[①] 医疗药品设备短缺严重，医务人员多数移民海外。二是叙利亚境内多数城市房屋遭炸毁，人口集中在几个主要城市，另外，全国有 70 多座难民营以及监狱等，这些高密度的人口聚集地是疫情暴发的重大潜在隐忧。三是叙利亚医药用品价格大幅上涨，尽管叙利亚政府多措并举鼓励国有和私营企业加大医药品生产力度，但远难满足本国市场需求。

总体看，黎巴嫩经济危机和金融贸易通道的封锁是叙利亚经济重建最大的障碍，“凯撒法案”将导致外资对叙利亚市场丧失信心，而新冠肺炎疫情防控对叙利亚经济恢复发展也带来不小的挑战。

第三节　外部力量干预与叙利亚局势演进中的外部张力

叙利亚的地理位置、多样化的社会以及领导人的外交政策都加剧着本地区、域外等外来力量在叙利亚政治对抗的风险。[②] 因此叙利亚危机的演进，始终伴随着西方大国和中东地区强国的介入，并且，危机爆发后外部力量成为主导叙利亚国内局势走向的决定性因素。外部力量干预的方式不尽相同，但各方都以自己的国家利益为基本出发点，保持对叙利亚问题的强力干预。随着叙利亚国内形势的不断演进，各方矛盾不断涌现，合作与对抗相互交织，最终形成了以美、俄为首的两大对立的军事阵营。

一、美国在叙利亚危机中的诉求与张力

一直以来叙利亚都是美国在中东利益的十字路口。[③] 美国自叙利亚危机出现以来一直想颠覆叙利亚政权，扩大其在中东的霸权影响力。但其诉求又与其他国际力量产生了紧张关系。

第一，美国在叙利亚的战略目标。美国在叙利亚的政策服从和服务于

---

① 《2020 年的叙利亚的政治经济形式及相关建议》，澎湃网，2020 年 6 月 17 日，https：//m. thepaper. cn/baijiahao_7868686。

② Jeremy M. Sharp. & Christopher M. Blanchard，Unrest in Syria and U. S. and sanctions against the Asad Regime，Congressional Research Service，2011，（4）：1 – 19.

③ Abramowitz and Eric S. Edelman，U. S. – Turkish Cooperation Toward a Post – Assad Syria，National Security Program，Washington：Bipartisan Policy Center，2013，p. 19.

其国家的整体中东政策。根据奥巴马政府2010年的《国家安全战略报告》中排序的美国“四项持久利益”,[①] 美国明确的中东政策方针是“与恐怖主义做斗争，阻止核武器的扩张；维护自由贸易，确保地区安全；立足以色列安全，寻求阿拉伯伊斯兰和平”,[②] 其本质是颠覆叙利亚政府。2015年的国家战略报告延续了其战略目标。[③] 总之，美国将颠覆巴沙尔政权、输出美国的民主价值观、遏制伊朗和挤压俄罗斯战略空间等视为其在叙利亚的核心利益。

第二，奥巴马政府对叙利亚战略目标中的张力关系。奥巴马政府的叙利亚政策，既在自身的目标与手段之间，也在国际关系层面存在重大的张力。

一方面，奥巴马政府既追求颠覆叙利亚巴沙尔政权，又服务其中东战略从中东地区抽身，防止再次陷入区域战争泥潭。2011年至2013年，美国政府始终在是否直接推翻巴沙尔政府上犹豫不决，尽管在盟友的裹挟下尝试以化武危机为借口强行武力介入，但最终还是选择政治方式解决了这次危机。2014年夏季极端组织坐大后，虽然奥巴马在第一时间宣布了打击“伊斯兰国”的战略，但该战略的实施仍倾向于通过盟友分摊成本，并在打击的方式上选择了空中打击，而拒绝部署地面武装。同时，又期待极端组织和反对派削弱叙利亚政府。从军事开支方面来看，2014年以来，奥巴马政府投入反恐战争中的资金也相当有限。[④]

另一方面，美国的叙利亚政策存在激烈的国际冲突，包括与叙利亚政府之间的，与俄罗斯、伊朗等国家之间的，以及与土耳其之间的。叙利亚危机以来，奥巴马政府采取多种手段打击叙利亚政府，为此，美国不断扶持叙利亚反对派，为其提供武器装备、资金支持、人员培训、军事情报等，希望借机削弱甚至推翻巴沙尔政府。从叙利亚危机之初召开“叙利亚之友”大会、拨款5亿美元培训反对派武装，到2015年之后开始力挺库尔德武装，都是这种意图的反映。

同时，通过外交、军事压力等手段，削弱俄罗斯阵营的影响力。无论

---

① The White House, The National Security Strategy of the United States of America (2010), May, 2010, p. 7.

② Abramowitz and Eric S. Edelman, U. S. – Turkish Cooperation Toward a Post – Assad Syria, National Security Program, Washington: Bipartisan Policy Center, 2013, p. 19.

③ The White House, The National Security Strategy of the United States of America (2015), May, 2010, p. 24.

④ 自2014年8月美国发动反恐行动至2016年10月，美国共耗费资金27.4亿美元。截至2016年底，美国在整个叙利亚和伊拉克反恐战场的总投入仅约50亿美元。马晓霖：《“奥巴马主义”与叙利亚危机》,《阿拉伯世界研究》2017年第1期，第63—64页。

是2015年11月俄罗斯战机遭土耳其击落、2015年12月俄罗斯驻土耳其大使遇刺身亡，还是2017年9月俄罗斯中将在叙利亚遭迫击炮“精确”袭击丧身，其背后都有以美国为首的西方阵营的影子。2015年9月，俄罗斯空袭叙利亚境内的极端势力并取得重大成果，美国被迫开始改变之前的选择性介入策略，于2015年11月在叙利亚部署小规模地面部队。①

而美国支持库尔德力量在叙利亚发挥突出作用的做法，引起土耳其的强烈反应。土耳其不仅在叙利亚政策上与美国拉开距离，还与俄罗斯、伊朗形成了盟友关系。这给美国的叙利亚政策以很大冲击。

第三，特朗普政府的叙利亚政策中依然存在紧张的张力关系。一方面，特朗普政府在叙利亚的战略目标追求与其手段之间的张力关系更加紧张。特朗普政府在叙利亚问题上展示出了强硬的一面，在2017年扩大了其在叙利亚的军事基地网络，强化了对叙利亚反对派武装的支持并协助叙利亚民主军在2017年10月攻占了极端组织在叙利亚的重要据点拉卡。美国甚至直接军事打击巴沙尔政府目标。特朗普政府不仅调整了美国在叙利亚的援助计划，还积极寻求获得新的外国捐款以支持反对派稳定其从IS手中夺取的地区。② 但2018年12月中旬，特朗普政府却突然宣布从叙利亚撤军，其叙利亚政策中的手段、能力的有限性再次凸显出来。

另一方面，特朗普政府的叙利亚政策引发的国际社会的紧张关系更为突出。其一，美国与俄罗斯、伊朗、土耳其的对立持续并有所升级，针对俄、伊、土协调、主导设立的停火与冲突降级区，美国针锋相对地宣布将其控制的坦夫地区设立为“去冲突区”。③ 其二，特朗普政府的中东政策引发了地区国家关系的紧张。如特朗普政府实施“限穆令”、撕毁伊核协议、支持耶路撒冷作为以色列首都等，导致了中东地区国际关系的紧张与复杂化，给地区稳定和叙利亚问题解决增加了新障碍。其三，美国突然宣布撤军后与土耳其就相关问题进一步协调，特朗普政府的这一做法对库尔德势力的伤害很大，引发多种紧张关系，将长期影响中东局势。

但总体而言，经过七年的博弈，美国与俄罗斯阵营大体以幼发拉底河为界划分了势力范围，对俄方形成了强有力的牵制，维持了美国在叙利亚

---

① 截至2016年12月上旬，美国向叙利亚增派了包括特种部队、排雷专家和军事顾问在内的200名士兵，同已在叙利亚的300名美军士兵共同协助当地的库尔德武装发动针对“伊斯兰国”的军事行动。《美国宣布向叙利亚增派200名士兵对抗“伊斯兰国”》，新华网，2016年12月10日，http://www.xinhuanet.com/world/2016-12/10/c_1120093551.htm。

② Carla E. Humud, Armed Conflict in Syria: Overview and U.S. Response, Congressional Research Service, August 21, 2018, p. 26.

③ 吴冰冰：《美国对叙利亚危机的政策》，《国际战略评论》2018年（上），第144—145页。

问题上的发言权。这些为美国在叙利亚危机解决之时实现其利益诉求奠定了坚实的基础。

二、俄罗斯在叙利亚危机中的诉求与张力

叙利亚危机的走势及其解决方式，对俄罗斯来说至关重要。一方面，俄罗斯在叙利亚有重大战略利益，另一方面，俄罗斯介入叙利亚危机面临影响力挑战。目标与手段之间的张力紧张关系给俄罗斯的叙利亚政策以严峻的挑战。

第一，重大战略利益迫使俄罗斯必须介入叙利亚危机。对于俄罗斯来说，如果叙利亚巴沙尔政权垮台，将大大损害俄罗斯的外交声誉，以及其在地中海的国际威望。[①] 防止叙利亚合法政府被外部势力强制颠覆，重蹈阿富汗、伊拉克、利比亚等国的覆辙，进而损害本国在中东地区的利益，是俄罗斯在叙利亚的一贯政策。俄罗斯在叙利亚的重要利益诉求主要有以下几个方面。

其一，地区战略层面，叙利亚一直是（苏）俄前进中东、震慑北约的前哨。20 世纪 70 年代起，老阿萨德统治下的叙利亚就是苏联的亲密伙伴。苏联解体之后，俄叙关系经历过渡性冷淡，随即于 90 年代中期迅速恢复到结盟状态。叙利亚的塔尔图斯军港，是俄罗斯唯一（原苏联加盟国之外）的海外军事基地，是俄罗斯打破北约地理封锁、在地中海和大西洋间仅存的桥头堡。若巴沙尔政权遭颠覆，俄罗斯进出地中海的通道将完全被北约堵死，随着美欧力量在乌克兰和格鲁吉亚的不断前进，俄罗斯西部的战略空间将被大幅度挤压。

其二，双边关系层面，俄罗斯在叙利亚有着各种具体的现实利益。在叙利亚危机前夕，有大约 10 万俄罗斯人生活在叙利亚境内，维护侨民人身安全有赖于俄罗斯的具体政策。而近年来，随着俄方不断加大对叙利亚的各种资源投入，后者已成为俄罗斯重要的武器出口国和贸易投资地。俄罗斯不断用战机将武器运抵叙利亚。[②] 仅 2011 年一年，俄罗斯就同叙利亚签订了 40 亿美元的武器出口合同；2009 年至 2013 年，俄罗斯企业在叙利亚

---

① Jeremy M. Sharp. & Christopher M. Blanchard. Syria: Unrest and U. S. Polic. Congressional Research Service, 2012, (5): 1－35.

② Armenak Tokmajyan, Conflict Transformation In Syria: Tampere: University of Tampere School of Management Administrative Sciences, 2014, p. 42.

累计投资规模达到200亿美元。[①] 因此，俄罗斯不只停留在声援，而是持续采取一系列实质性行动来展示捍卫其在叙利亚利益的决心。[②]

其三，在叙利亚的反恐行动关系到俄罗斯的国家安全利益。叙利亚聚合了能够严重威胁俄罗斯的恐怖势力。2014年俄罗斯联邦安全局（FSB）确认的“恐怖犯罪”多达78起（其中59起“恐怖犯罪”和8起“恐怖袭击”未遂），与北高加索地区问题有关的恐怖袭击事件继续发生，分裂分子与暴力伊斯兰极端分子在该地区的主张构成主要恐怖威胁。[③] 而高加索地区的恐怖活动尤以“基地”势力和IS势力为甚。“基地”组织分支“高加索伊斯兰国”在俄罗斯境内非常活跃，是一个强大的恐怖组织。该组织部分头目在2014年3月宣誓效忠IS，推动IS势力进入俄罗斯。尤其是，俄境内外恐怖分子流动性增大趋势日益明显。自叙利亚危机爆发以来，有3000名恐怖分子从高加索地区到叙利亚参加极端势力的暴力活动。[④] 若这些人员因叙利亚局势崩盘而回流，将对俄罗斯和中亚地区安全产生巨大冲击。

第二，俄罗斯全面介入叙利亚危机导致其与一系列国家关系紧张。俄罗斯力挺巴沙尔政权，甚至不惜代价实施直接打击IS的军事行动。但俄罗斯的叙利亚政策背负沉重的负担，除了国力与介入行动巨大消耗之间的张力外，与其他国家的冲突、对立等紧张关系直接影响俄罗斯叙利亚政策的成效。

其一，与美国、沙特、阿盟等对叙利亚危机态度的直接、结构性对立。伴随着叙利亚危机的解决，俄罗斯与美国等在叙利亚的战略目标操作的结构性矛盾，以及在中东的战略伸缩空间有限，使俄罗斯必须在叙利亚危机中投入全力。

其二，叙利亚危机与乌克兰危机的交织给俄罗斯巨大的战略压力。叙利亚危机以来，俄罗斯一直在外交、经济和军事上帮助叙利亚政府，俄罗斯是叙利亚的一个强大盟友。[⑤] 但另一场持续数年的危机——乌克兰危机也一直在牵制着俄罗斯在叙利亚的行动。两场危机同时存在是对俄罗斯的

---

① Ishaan Tharoor, Why Russia Is in Syria, The Washington Post, September 11, 2015.

② Armenak Tokmajyan, Conflict Transformation In Syria: Tampere: University of Tampere School of Management Administrative Sciences, 2014, p. 42.

③ U. S. State Department, Country Reports on Terrorism 2014, pp. 134 – 135, http://www.state.gov/j/ct/rls/crt/2014/index.htm.

④ Russia: 11 Allied with IS Group Killed in North Caucasus, Daily Mail, November 22, 2015.

⑤ Syrian Civil War: A Historical Study from the Russian Perspectives, International Journal of Humanities Social Sciences and Education (IJHSSE), October, 2016, p. 8.

重大扼制，让俄罗斯的国力感到捉襟见肘。而俄罗斯在危机中只能采取较为保守的有限反击，避免事态扩大化而影响其在叙利亚事务的投入。

其三，在叙利亚问题上与土耳其关系有重大起伏。在叙利亚危机中土耳其最初站在美国主导的阵营，与俄罗斯对抗，如 2015 年 11 月击落俄罗斯一架战机。随着美国对库尔德力量的支持，2016 年 7 月土耳其发生政变后与美国关系恶化，与俄罗斯关系迅速走近，俄罗斯与伊朗、土耳其在叙利亚危机中形成了联盟。2016 年下半年以来俄土关系转圜、阿斯塔纳机制和“冲突降级区”的建立等，就是俄罗斯在外交层面的巨大成果。但这一联盟因 2018 年 12 月中旬美国宣布撤军并协调与土耳其在叙利亚政策后，面临重大挑战；土耳其在 2017 年的战事中就反对叙利亚政府收复伊德利卜地区。由此，土耳其与俄罗斯在叙利亚危机中的分歧会进一步明显。

总之，2011 年以来俄罗斯始终未放松对叙利亚问题的介入，且随着形势的演进，俄方的干预力度不断增强，逐渐获得了显著的优势地位。或者通过军事介入，力保巴沙尔政权，打击极端组织和反对派，震慑美欧等西方国家，确保其在叙利亚的优势；或者通过多边手段分化瓦解以美国为首的联军以及其附属反对派，寻求在联合国等多边框架内的对话，争取在政治层面有利于己方的安排。

尽管当前俄罗斯在叙利亚问题上具有相当大的优势，包括在拉塔基亚港口拥有基地等，[①] 但受中东问题的复杂性和长期性、自身国内经济状况等因素的掣肘，俄罗斯在叙利亚危机上的军事介入和强硬态度具有一定的脆弱性，其在叙利亚优势态势的维持也注定需要付出巨大的代价。推动政治和谈将始终是俄方解决叙利亚危机的核心选项。

三、中东地区大国在叙利亚危机中的诉求与张力

中东地区的一些重要国家深度卷入了叙利亚危机，这些国家在叙利亚危机中的博弈行为，或者其本身存在紧张的张力，或者与其他力量之间存在紧张的张力，影响了叙利亚危机的演变。

第一，土耳其在叙利亚危机中的诉求与张力。土耳其十多年来对叙利

① Ali Sarikaya, What is Russia's role in Syria? Cultural Relations Quarterly Review, Spring 2016, p. 74.

亚的政策急转突变有如过山车一般。[①] 在叙利亚危机中，土耳其追求的两大核心目标之间存在明显的矛盾冲突张力。保障国家稳定、阻止动荡与冲突暴力波及土耳其，是土耳其参与叙利亚危机博弈的核心目标，其突出表现就是遏制库尔德力量在叙利亚危机中壮大，从而引发土耳其国内库尔德问题的激化。这一目标与土耳其试图介入叙利亚危机、扩大土耳其在中东地区的影响力这一重大目标[②]产生了冲突，形成了目标与目标之间的张力。土耳其在叙利亚危机中一度着力颠覆叙利亚政府，因而助长了叙利亚危机的乱局，极端势力、库尔德力量都在土耳其的这一政策中受益而膨胀；随着库尔德力量在叙利亚危机中的急剧增长，土耳其又将重点转向打击在叙利亚活动的库尔德力量，包括多次出兵叙利亚实施武力打击，也包括与美国、叙利亚进行外交折冲。

2011 年以来，土耳其在叙利亚危机中是一个十分活跃的角色，如何看待、处置、介入地区危机与动荡，特别是作为邻国的叙利亚的危机与动荡，直接影响土耳其在该区域内的政治、经济核心利益。[③] 土耳其在叙利亚的利益包括：借助西亚北非局势动荡重返中东地区，增强其地区软实力，借以弥补加入欧盟失败的负面影响；同时，推行积极务实主义外交，希望影响叙利亚政治进程，践行国家发展的“土耳其模式”，并削弱伊朗等什叶派国家的影响力。在追求其重大目标、介入叙利亚危机的过程中，土耳其与相关国家产生了激烈的冲突，波折起伏：其一，土耳其一度试图颠覆叙利亚巴沙尔政府，2016 年后又与叙利亚政府合作打击反对派，但在对待叙利亚库尔德力量的态度上两国又有很大分歧。土耳其一度与美国结盟致力于支持反对派—极端势力、颠覆叙利亚政府，到 2016 年 7 月后却与俄罗斯改善关系还事实上在叙利亚问题上成为盟友。其二，土耳其最初与美国在叙利亚危机中的行动是一致的，但因土耳其政变、库尔德力量问题与美国发生了严重的分歧和冲突，两国关系趋紧，土耳其出兵打击美国支持的库尔德力量，直到 2018 年 12 月美国宣布从叙利亚撤军后，双方在库尔德问题上的紧张关系才有所缓解。

叙利亚危机以来，土耳其的政策先后发生了较大的变化。未来，土耳其的叙利亚政策仍然具有一定的不确定性。

---

① Abramowitz and Eric S. Edelman，U. S. – Turkish Cooperation Toward a Post – Assad Syria，National Security Program，Washington：Bipartisan Policy Center，2013，p. 21.

② Abramowitz and Eric S. Edelman，U. S. – Turkish Cooperation Toward a Post – Assad Syria，National Security Program，Washington：Bipartisan Policy Center，2013，p. 25.

③ Jeremy M. Sharp. & Christopher M. Blanchard. Syria：Unrest and U. S. Polic，Congressional Research Service，2012，（5）：1 – 35.

第二，沙特阿拉伯在叙利亚危机中的诉求及张力。沙特在危机期间的政治诉求始终是巴沙尔政权倒台。其在叙利亚的利益主要包括：其一，清除巴沙尔领导的复兴党的意识形态，树立沙特倡导的意识形态的绝对主导地位。其二，通过推翻巴沙尔政府，打击什叶派在中东地区的影响力，借以遏制伊朗等什叶派国家的地区发展势头。为此，沙特长期资助叙利亚反对派，打击叙利亚政府军；在国际舞台上，利用多边平台坚决要求巴沙尔下台，削弱其政权合法性。

沙特介入叙利亚危机给自身带来多方面的国际紧张关系。一是，与伊朗关系更加紧张，两国长期敌对，在叙利亚问题上态度截然相反，沙特支持反对派打击叙利亚政府，伊朗则大力支持叙利亚政府。二是，与土耳其关系一度紧张，土耳其政府在叙利亚危机中将重点从颠覆巴沙尔政权转向打击库尔德力量后，沙特与土耳其的立场对立起来。土耳其为了打击沙特，进而促使美国在叙利亚改变支持库尔德力量，在卡舒吉之死事件上对沙特施加压力。三是，地区影响力受到多方面影响，由于支持叙利亚反对派而导致叙利亚危机久拖不决，严重牵制、消耗了沙特的国家力量，而国际油价下跌、国内社会改革压力、也门内战等因素与介入叙利亚行动相互叠加，沙特在地区的影响力，包括在叙利亚问题上的发言权受到较大的制约。

第三，伊朗在叙利亚危机中的诉求与张力。维持和扩大地区影响力，是伊朗在叙利亚的主要利益诉求，具体包括：维护“什叶派新月地带”的发展，制约沙特等逊尼派国家的影响力；抗衡美国的中东霸权主义特别是对伊朗的挤压；维护巴沙尔政权在叙利亚的影响力；打击“伊斯兰国”和“努斯拉阵线”。[①] 为此，伊朗坚决支持巴沙尔政权。在具体的策略上，一方面，叙利亚内战期间向叙方派遣大量的武装人员，直接参战，力挺叙利亚政府军；另一方面，联合俄罗斯、黎巴嫩真主党武装等，构筑反恐联盟。[②]

伊朗在叙利亚危机中全力支持叙利亚政府，不仅消耗着伊朗的综合国力，而且其叙利亚政策导致了严峻的国家间关系的紧张。其一，在叙利亚问题上与美国长期对立。随着特朗普对伊朗政策的日趋强硬，伊朗在叙利亚问题上的立场更趋强硬。其二，与地区国家关系更加紧张，如伊朗与沙

① Aniseh Bassiri Tabrizi and Raffaello Pantucci, Understanding Iran's Role in the Syrian Conflict, Royal United Services Institute for Defence and Security Studies, August, 2016, pp. 7 – 9.

② Report: Syria arming Hezbollah with 75 Soviet – era tanks, The Times of Israel, September 26, 2015.

特的紧张关系因叙利亚危机而加剧并扩散到地区事务如也门冲突上来。

第四，以色列卷入叙利亚危机及其国际张力。叙利亚危机爆发后的很长一段时间内，以色列的叙利亚政策相对低调，基本不介入叙利亚危机。2016 年之后，随着伊朗军事力量、黎巴嫩真主党武装在叙利亚的不断壮大，以色列对叙利亚局势的关注度显著提升，并对上述势力影响力的扩大日益担忧。出于对自身安全的维护和对伊朗等国势力的抵制等目的，以色列最终于 2017 年之后与叙利亚政府军交恶，双方爆发了直接的冲突。

以色列虽然小心翼翼地不愿直接卷入叙利亚危机，但又不得不卷入其中。叙利亚危机给以色列带来了巨大的国际关系张力。其一，因叙利亚危机而与伊朗等国的矛盾进一步激化，以色列担心伊朗因支持巴沙尔政权成功度过危机而扩大地区影响，更加积极地鼓动美国特朗普政府打击伊朗。其二，在阿拉伯地区动荡中膨胀的极端主义思潮会长期存在，将通过巴勒斯坦等问题对以色列形成持久的压力，而在叙利亚战场上聚合的极端暴力分子对以色列的威胁也可能在叙利亚危机缓解后而逐步显现。其三，特朗普在巴以问题上立场的日益明确以及对伊核协议的公开撕毁，使以色列对叙利亚危机的介入很可能进一步加大，将会引发巴以冲突的新一轮较量并国际化。

第四节　内外张力对叙利亚局势的影响

一、国际社会环境是叙利亚危机发生、演变的重要诱导原因

2010 年西亚北非局势动荡的发生，以及由此引发的叙利亚问题，既有外部因素的影响，包括西方大国长期主导中东地区事务的战略利益驱动，更有地区内生性因素的作用，包括政治体制落后、改革动力不足、经济社会发展不平衡等。前者是外因，后者是内因，是根本原因。在这种背景下，叙利亚危机在 2011 年 3 月爆发后，很快从国内政治对立冲突演化为域外大国和地区大国介入的国际冲突，地区与域外国家在介入叙利亚危机时以自己的国家利益为导向，但激烈博弈所围绕的主题则是叙利亚政权的去留、政治发展方向。国际势力数年持续的较量后形成了叙利亚问题的两个对立阵营，一方是支持反对派政治与武装力量的阵营，包括美国、欧盟、

沙特等；另一方是支持叙利亚政府的阵营，包括俄罗斯、伊朗、黎巴嫩真主党等。

两个对立阵营在当前有所变化，但整体的对立关系没有改变。因此，叙利亚问题的解决还有待时日。美国在2020年6月加大了对叙利亚的制裁，这是其制裁叙利亚政策的延续与强化。2011年叙利亚危机爆发前后，美国冻结叙利亚政府的资产，禁止美国公司与叙利亚进行石油贸易或在叙利亚进行投资。2017年4月，美国以伊德利卜省化武袭击事件为由追加对叙利亚的制裁。欧盟在2020年5月宣布对叙利亚实施的制裁继续延长一年至2021年6月。

地区动荡局势还没有根本扭转。利比亚内战依然在进行，东西两个政权的武装对峙在2020年6月回到了新的平衡，西部政权收复了大部分地盘；而土耳其自2020年初军事介入后，外部干涉的平衡被打破，西部政权在得到西方国家承认的基础上又得到了土耳其的公开军事支援。也门内战陷入了僵局，南部力量与哈迪政权的关系破裂，胡塞力量在军事上有所反弹。而沙特领导的盟军在也门的军事行动受到很大的牵制，沙特承担的干预成本包括军事开支给本国造成沉重的负担，沙特盟军难以在短期推动也门内战的结束。

这样，2011年以来的西亚北非地区动荡局势在多地进入一种内战僵持阶段，西方国家在颠覆政权、组建亲美政权方面没有达到自己目的之后，就采取了拖延的政策。在这一背景下，叙利亚内战也难以顺利结束。

二、战争成为叙利亚危机演变中的决定性因素

各种紧张的张力关系导致叙利亚危机迅即滑向了战争。国际社会一些力量对叙利亚反对派的支持力度很大，叙利亚现政权一度面临被推翻的危机。①

如何促成有关各方通过谈判实现政治和解，进而实现叙利亚国内和平稳定，是当前两大阵营亟待解决的问题。但面对反对派及美国提出巴沙尔下台等政治要求，叙利亚政府及其国际盟友一直在以战争方式捍卫政治互

① Abramowitz and Eric S. Edelman，U. S. – Turkish Cooperation Toward a Post – Assad Syria，National Security Program，Washington：Bipartisan Policy Center，2013，p. 15.

信利益。[①] 进入2018年，虽然IS溃散、叙利亚政府收复大片地区、美国在叙利亚撤军，但叙利亚依然存在国家分裂的巨大风险。[②] 如果不能通过外交和政治手段实现这一目标，叙利亚的战争可能会持续相当一段时间。

此外，推动叙利亚危机的彻底妥善解决，需彻底清除“伊斯兰国”残余势力、“支持阵线”等“基地”组织势力。叙利亚的反恐形势依然严峻。对此，美国时任防长马蒂斯在2018年2月访问欧洲时明确表示：“进入2018年以来，叙利亚的形势依然十分复杂，IS在幼发拉底河流域中部不断发起反击。”他进一步指出，反恐联盟成员之间的“明确共识”是“这还没有结束”，而各成员也仍需专注于消除IS散播的仇恨言论、信息和其意识形态，及切断资金来源。[③] 有资料显示，当前极端组织尽管遭到重大打击，但其资金链并未遭到根本性摧毁，使得该组织仍然有能力获得资金支持，借以招兵买马，实施破坏行动。[④] 2018年7月25日，叙利亚南部苏韦达省多地遭极端组织袭击，造成215人死亡，180余人受伤。这一惨痛事实再次表明，尽管直接的正面武装进攻的可能性已基本被消除，但极端组织仍然有能力在叙利亚发动大规模的恐怖袭击，彻底根除“伊斯兰国”等恐怖组织在叙利亚的势力道阻且长。

2019年起叙利亚政府在战场上进展一度比较顺利，但土耳其在2019年10月起加大了在叙利亚的军事介入，2020年3月又发起“春天之盾”行动，核心是要保住伊德利卜反政府武装的大本营，阻止叙利亚政府实现统一。而以色列则加大了空袭的频度，向伊朗施压。叙利亚的极端武装还保持着很多实力，2020年6月中旬，伊德利卜地区的极端武装分子包围了17辆载着中学准毕业生的中巴车，阻止车辆、人员离开伊德利卜。极端武装试图把整个伊德利卜的民众当作人质，以阻止叙利亚政府军的军事攻势，而一旦放开控制区边界管控，平民逃离伊德利卜地区，那么政府军就可以实施无差别炮击和空袭。

可见，叙利亚内战难以在短期结束，经济、社会重建难以有序、有力地展开。

---

① Hussein Ibish, What's at Stake for the Gulf Arab States in Syria? The Arab Gulf States Institute in Washington, June 30, 2016.

② Abramowitz and Eric S. Edelman, U. S. – Turkish Cooperation Toward a Post – Assad Syria, National Security Program, Washington: Bipartisan Policy Center, 2013, p. 16.

③ Lisa Ferdinando, Mattis Hails Strong Collaboration in Defeat – ISIS Coalition, U. S. Department of Defense, February 13, 2018, https://www.defense.gov/News/Article/Article/1440949/mattis – hails – strong – collaboration – in – defeat – isis – coalition/.

④ Renad Mansour, Hisham al – Hashimi, ISIS Inc., Foreign Policy, January, 2018.

三、叙利亚危机的前景取决于域外大国的地缘利益博弈、协调

当前诸大国博弈的前景依然不明朗。从大国博弈的角度来看，两大阵营的“代理人战争”如火如荼，美俄两国甚至面临着直接交火的困境。当前的博弈持续胶着，能为各方接受的折中方案尚未成型。而随着2017年特朗普强硬外交政策的不断出台以及欧洲对俄实施新一轮的制裁，近几年美俄关系转圜的预期显然不乐观。特朗普政府在2017年12月出台的《美国国家安全战略报告》中，将在叙利亚危机中对立阵营的国家与国际恐怖主义并列，作为美国国家利益的挑战者。[①] 基于这种背景，结合当前特朗普政府的外交政策倾向，不难预测：美俄对抗，美伊对垒，沙特、土耳其、以色列、伊朗等区域强国的各种矛盾纠葛，仍将是大国关系的“常态”。而如果域外和地区大国不能从“零和博弈、绝对安全、赢者通吃和集团政治”的陈旧安全观中跳出来，叙利亚将注定长期深陷“代理人战争”的泥潭中。[②]

美国在2018年12月中旬宣布撤军后开始了在叙利亚的政策调整。美国与土耳其、俄罗斯与土耳其、土耳其与法国、美国与伊拉克等，就撤军事宜、撤军后的叙利亚局势等问题展开了磋商，引发新一轮地缘政治较量。以色列在叙利亚问题上更加紧密地与美国特朗普政府联系在一起，乘美国加大向伊朗施压的机会加大打击伊朗在叙利亚的力量。土耳其与美国关系在叙利亚问题上重新走近，一方面2019年以来美国对土耳其在叙利亚的行动予以默许，另一方面美国放弃了对伊拉克、叙利亚库尔德力量的支持，默许土耳其对库尔德力量的新一轮打压。2020年3月上旬、4月中旬，土耳其在叙利亚东北部地区针对库尔德武装“叙利亚民主力量”展开新一轮军事行动；6月14日于伊拉克北部进行“鹰爪”军事行动，打击当地的库尔德人据点。自2015年以来，土耳其打死“库尔德工人党”武装力量1万多人。2019年9月，联合国报告认为美国在叙利亚犯下了“战争罪”，没有采取必要的预防措施将军事目标与平民充分区别开来。美国事实上没有从叙利亚撤军，只是在减少直接的军事卷入，推动盟友更多地承担军事

---

① The White House，National Security Strategy of the United States of America，December 18，2017，p. 2& p. 46，https：//www. whitehouse. gov/wp – content/uploads/2017/12/NSS – Final – 12 – 18 – 2017 – 0905 – 2. pdf.

② 孙德刚：《域外大国干预下，叙利亚危机出路何在》，《光明日报》2018年4月16日。

行动。到2020年6月，美国对其没有实现2018年宣称的从叙利亚等中东国家撤军做出的解释是：美国需要在叙利亚等中东国家保护当地的平民。以色列、沙特等国家也不愿意美国从叙利亚等中东国家撤军。在美国政策调整的影响下，沙特一方面保持与美国的配合，2019年12月沙特公司开始勘探叙利亚境内美军占据的油田，3月3日至4日的阿拉伯议会联盟大会商讨叙利亚重返阿盟事宜，沙特持反对态度；另一方面则开始与叙利亚政府接触、合作，2020年5月沙特在叙利亚成立了一家公司。

四、叙利亚内部结构性张力将决定叙利亚危机的化解

化解叙利亚危机、促进有效的国家治理，既需要叙利亚内部各政治力量之间达成政治安排、实现政治稳定与重建，也需要切实促进社会发展，改善民生，满足民众对振兴经济、改善生活的期待。实现叙利亚危机的化解，两个方面的工作缺一不可。

不仅叙利亚各方的政治分歧严重，政治和谈无法有效开展，而且当前叙利亚经济社会的恢复和发展面临巨大困难。2014年以来，叙利亚国内形势持续恶化，重大恐怖袭击层出不穷，造成大量平民伤亡。持续的冲突致使叙利亚人道主义危机不断加剧，这种危机比1979年阿富汗战争后任何危机都严重。[①] 澳大利亚“经济与和平研究所”2017年6月发布的《全球和平指数报告》当中，叙利亚以3.184分位居全球最后一名；[②] 而在2017年的《恐怖活动指数报告》当中，叙利亚的恐怖活动指数高达8.621，居全球第四；2016年叙利亚因恐袭死亡人数高达2000人，另有5万人死于战争交火。[③] 与此同时，国内经济凋敝，民众生活陷入困境。统计数据显示，受战争影响，50%的叙利亚人处于失业状态，60%以上的民众极度贫困。而由此引发的难民问题更是日益突出。截至2018年初，25%的叙利亚人流

---

① Abramowitz and Eric S. Edelman, U. S. – Turkish Cooperation Toward a Post – Assad Syria, National Security Program, Washington: Bipartisan Policy Center, 2013, p. 13.

② Institute for Economic and Peace, 2017 Global Peace Index, June, 2017, http://visionofhumanity. org/app/uploads/2017/06/GPI17 – Report. pdf.

③ Institute for Economic and Peace, GTI Ranks and Scores, 2017, November, 2017, http://visionofhumanity. org/app/uploads/2017/11/Global – Terrorism – Index – 2017. pdf.

离失所，沦为难民，总数高达600万。[①] 要在上述这种基础上迅速重建叙利亚，可谓前景堪忧。

2019年叙利亚农业生产取得较好收益，小麦和大麦产量均超过300万吨。[②] 叙利亚政府为推进经济恢复进行了一系列的努力。但受近期国际环境变化和新冠肺炎疫情全球泛滥等影响，2020年叙利亚经济又面临着新的重大压力和风险。西方国家通过封锁黎巴嫩金融贸易通道打压叙利亚经济；美国新的制裁（“恺撒法案”）对叙利亚影响深远。

当前，叙利亚货币大幅贬值，到2020年5月，半年之内已超过100%，外汇储备已经从两年前的4亿美元到目前的接近零，国家被迫实行进口许可审批。[③] 经济崩溃也成为民众新抗议的一个诱因。2020年6月初，叙利亚南部的斯威达、德拉等地发生抗议，抗议人群对当前的经济、社会、安全等状况表达不满，提出的要求是政治性的，即总统下台、俄罗斯及伊朗撤离叙利亚。经济社会矛盾与政治矛盾交织，让叙利亚的局势呈现非常复杂的状态，而这些抗议活动的背后，也可能有国外势力的插手。德拉省一直以来暗杀、爆炸频发，走私武器猖獗，叙军多次在该省起获大批武器弹药。伊德利卜省的激进分子发起的一次大型游行示威活动呼吁民众参加，以继续所谓的“革命”。

恐怖活动与反恐行动是影响叙利亚局势的重要因素。叙利亚的暴恐袭击依然时有发生，2019年11月16日，叙利亚北部阿勒颇省发生一起汽车爆炸袭击，导致重大伤亡。2020年6月23日，叙利亚东北部哈塞克省发生一起汽车爆炸袭击事件，爆炸地点是一个商铺聚集区，靠近集市和公交始发站人员密集区。

2020年6月中旬，美国在叙利亚以导弹袭击打死了“基地”组织的两名重要头目；土耳其、俄罗斯也联合巡逻防范恐怖分子活动，但各方的反恐怖合作充满了矛盾与波折。

---

① 王晋：《叙利亚重建面临的政治、经济和外交挑战》，《国际关系研究》2018年第2期，第34—36页。

② 《叙利亚各主要生产行业基本现状》，中华人民共和国商务部，2020年5月12日，http：//www.mofcom.gov.cn/article/i/dxfw/gzzd/202005/20200502963788.shtml。

③ Syria Country Office Market Price Watch Bulletin Iss. 66，May 2020，28 Jun 2020，https：//reliefweb.int/report/syrian – arab – republic/syria – country – office – market – price – watch – bulletin – issue – 66 – may – 2020.

结　语

阿拉伯六国2011年以来的局势动荡，向世界呈现出了太多的灾难，让世界感受到了太多的挫败与失落。10年过去了，这六个国家中还有半数依然没有恢复国家与社会秩序，处于动乱之中；另外则有半数国家面对动荡之前的重大问题，试图有所突破，但举步维艰。除了困难与灾难外，还需要从在战乱后如何推动解决国家与社会发展重大命题这一视野来观察这一局势。

一、战乱，是一种选择

10年以来的动荡、纷争、战火，是阿拉伯相关国家的一种选择——一种在成本与成效之间的选择，这种选择在一定程度上也包括民众的意愿——民众希望以激烈的方式包括街头政治、一定规模与范围的暴力方式来改造国家。这一类选择在阿拉伯世界并不罕见，20世纪90年代以来阿拉伯世界就连续发生重大战乱，如1991年阿尔及利亚发生了持续数年的大规模动荡、海湾战争，1994年也门发生了内战，2000年巴勒斯坦地区发生第二次“因提法达”，2003年后伊拉克再次陷入战火。与此前动荡有所不同的是，2011年以来阿拉伯六国的动荡中民众的意愿表达更为直接、强烈，但相同的是，动荡的走势是很难控制的，受到很多因素的影响。选择，体现了人们的意愿，但选择的结果却远远超出了人们的意愿、意料。

利比亚、叙利亚的民众在2011年及此后一段时间大概很难预料到整个国家会陷入如此长时间的战乱、分裂状态，大概也难普遍意识到可能发生的严峻的人道主义危机。阿拉伯地区与整个国际社会也难以预料到新冠肺炎疫情的到来严重增加了国家恢复秩序的成本。而复杂的国际因素对战乱的影响，更是任何选择者无法把控的。土耳其在利比亚的直接军事卷入、沙特在也门的直接军事卷入，都大大增加了局势的复杂性。

面对战乱，人们会在选择前对该选择的种种可能性进行评估，也会在选择之后对现实结果进行多层面的反思与评估。无论如何，选择已经做出，已经成为事实，阿拉伯国家必须面对这一选择产生的严峻现实。

二、重启，是一种必然的方向

国家建设的重新启动，既意味着恢复国家、社会的秩序，从而开始国家与社会秩序的正常运行，也意味着解决问题的新路径、新探索的开始，战乱之后的国家重建，不是回归旧状态，而是开辟新时代，虽然面临很多比战乱之前更加严峻的挑战，但战乱之后的国家各方力量都朝向国家重建的光明方向，任何力量都必须服从这一趋势，否则会被历史抛弃。

利比亚对立双方在2021年2月开始组建统一的政府，并在2021年12月开始总统选举、2022年1月开始议会选举。大选为国家政治统一提供了条件。也门虽依然处于战火之中，但各方不断提出新的和平建议，试图推进和平进程。美国终于撤出了叙利亚，西方介入者并不愿意承担巨大的军费成本。战争中疲惫的各方也必须寻求恢复秩序。

再次开启国家建设的国家，虽然面临一系列旧问题、新困境，但经历战乱的国家各方力量在进行博弈时会对国家命运、国家建设有新的考虑与认识，建设国家、把握国家命运的能力会有新提升。2021年7月突尼斯进行了政府重组，一些势力煽动街头政治的做法没有得到民众的呼应，民众支持总统维护国家政局稳定的有力举措。巴林组织了2021年环球小姐选美大赛。埃及的迁都也可以理解为是国家建设的一种新尝试。一系列的新气象，值得关注、期待、肯定。

三、张力结构，具有敏感的感应能力

阿拉伯地区与国家的三重张力关系结构具有敏感的感应能力，对国际局势的敏感反应正是这种感应能力的突出体现。2011年以来阿拉伯地区性动荡体现了当代世界的变局。观察这种张力关系对世界局势的感应与反应，是理解地区、全球国际关系的一种视角，“一带一路”建设的深入开展、美国在该地区及全球布局的重大调整等，都会反应到这些张力关系之中。

张力关系每一层面的力量都具有敏感的反应能力，社会力量则表现得越来越突出。青年力量在 2011 年以来相关国家动荡的发生、演变中表现得非常突出，在国家重建中青年力量还没有被发挥出来，但青年力量必将对动荡、重建进行一种深刻的反思与提升。该地区恐怖势力的猖獗及其全球化，也是该地区极端势力对世界感应能力的一种突出表现。

近代以来，西亚北非地区一直追求现代化方向的变革与国家建设，经历了诸多重大战乱，打破—再造—再打破—再建造，似乎成为该地区解决现代国家发展重大问题的一种循环。但简单回到原点的历史循环是不存在的，这六个国家的重建必然与 2011 年之前的社会有重大不同，需要把握这些起伏中的进步。

写作说明

本专著在写作过程中，有相关学者的参加：郑迪博士参与了埃及、叙利亚章节的写作，初稿约9万字；任华博士参与了也门、巴林章节的写作，初稿约9万字；闫德华博士参与了突尼斯章节的写作，初稿约5万字；胡国霞参与了利比亚章节的写作，初稿约5万字。

图书在版编目（CIP）数据

三重张力与国家重建：以西亚北非六国为例/张金平著．—北京：时事出版社，2022.1
ISBN 978-7-5195-0466-3

Ⅰ.①三…　Ⅱ.①张…　Ⅲ.①国际关系—研究—西亚②国际关系—研究—北非　Ⅳ.①D837②D841

中国版本图书馆 CIP 数据核字（2021）第 276128 号

出版发行：时事出版社
地　　址：北京市海淀区彰化路 138 号西荣阁 B 座 G2 层
邮　　编：100097
发行热线：（010）88869831　88869832
传　　真：（010）88869875
电子邮箱：shishichubanshe@sina.com
网　　址：www.shishishe.com
印　　刷：北京良义印刷科技有限公司

开本：787×1092　1/16　印张：16.75　字数：310 千字
2022 年 1 月第 1 版　2022 年 1 月第 1 次印刷
定价：120.00 元
（如有印装质量问题，请与本社发行部联系调换）